细读隋朝四十年

一苇 著

华文出版社
中国出版集团公司

图书在版编目（CIP）数据

细读隋朝四十年 / 一苇著. -- 北京：华文出版社，2021.11

ISBN 978-7-5075-5511-0

Ⅰ.①细… Ⅱ.①一… Ⅲ.①中国历史—隋代—通俗读物 Ⅳ.①K241.09

中国版本图书馆CIP数据核字(2021)第225588号

细读隋朝四十年

XIDU SUICHAO SISHI NIAN

著　　者：	一　苇
出版策划：	品　雅
责任编辑：	南　洋
出版发行：	华文出版社
社　　址：	北京市西城区广安门外大街305号8区2号楼
邮政编码：	100055
网　　址：	http://www.hwcbs.com.cn
电　　话：	总 编 室 010-58336239　　发 行 部 010-58336267　58336230
	责任编辑 010-58336256
经　　销：	新华书店
印　　刷：	固安县保利达印务有限公司
开　　本：	710×960　1/16
印　　张：	17
字　　数：	247千字
版　　次：	2021年11月第1版
印　　次：	2021年11月第1次印刷
书　　号：	ISBN 978-7-5075-5511-0
定　　价：	52.80元

版权所有　侵权必究

目录

第一章　盛世的前奏

杨坚的出生之谜　　003
家世疑云　　007
杨坚的"草样年华"　　014
杨坚的发迹是否受到岳父独孤信的助力　　017
什么是关陇贵族集团　　020
杨坚在北周的仕途　　025
杨坚的权臣之路　　031
开国前夜的"三总管之乱"　　035
杨坚平定"三总管之乱"的关键性一步　　041
杨坚平定"三总管之乱"的三个帮手　　044
尘埃落定　　050
代周建隋　　055

第二章　开皇盛世

宇文氏之诛　　063
三省六部　　069
制定新法　　074
改革地方行政制度　　078

营建新都——大兴城　　082
来自北方的狼　　090
远交近攻，离强合弱　　096
重建东亚霸权　　103
消灭西梁　　115
平陈战争之前的准备和部署工作　　120
金陵王气黯然收　　126
隋朝的"大一统"对中国历史意味着什么　　131
隋朝的人口奇迹　　135
隋文帝是否举行了封禅大典　　144
从开皇到仁寿——隋文帝在位后期的政策转向　　148

第三章　炀帝风云

晋王杨广的逆袭之路　　159
扑朔迷离的仁寿宫疑案　　168
杨广即位的生死考验　　179
杨谅反叛　　187
走出关陇，营建东都　　196
隋炀帝开凿和贯通大运河对中国历史的意义　　204
巡游天下，重建丝绸之路　　212
开创科举　　225
来自辽东的威胁　　230
不计代价的豪华出征　　236
三征辽东为哪般　　244
大业的崩塌　　256

第一章 盛世的前奏

杨坚的出生之谜

魏晋南北朝近四百年，从三国（魏、蜀、吴）始，又以三国（周、齐、陈）终。

从东汉末年群雄割据到南北朝后期三国鼎立，在这个大的历史轮回中，无数英雄活跃在历史舞台上，各民族又一次融汇在一起，成就了中华历史上的又一次"大一统"时代——隋唐。

然而，罗马城不是一天建成的，隋唐帝国也绝非偶然形成，一切都要从隋朝建国四十年前的一个夜晚讲起。

公元541年，即西魏大统七年，六月十三，夜。

孤悬的明月下，西魏帝国冯翊郡的治所、位于关中平原腹地的同州城（今陕西大荔县）沉浸在一片静谧之中，月光为这座古城镀上一片银色。

此时已是三更时分，而般若寺里的人却无法入眠。

伴随着一阵女子痛苦的叫声，一个婴儿呱呱落地，所有守候在这里的人如释重负。

婴儿的父母已是而立之年，这是他们第一个孩子，婴儿的降生无疑给这个家庭带来了巨大的喜悦。

此时，大人们放眼窗外，发现整个庭院被一团紫气所笼罩（"紫气充庭"），这似乎在预示着这个婴孩的不平凡。

在一番斟酌后,父亲给婴儿取名为坚。坚,坚定、坚毅之意。这位父亲,叫杨忠;母亲,叫吕苦桃。

正在杨家人沉浸在喜悦中的时候,一个不速之客来到了般若寺。

这是一位比丘尼,法号智仙,俗姓刘,自称从河东(今山西)而来。

不早不晚,偏偏这个时候造访,定有特殊来意。杨忠夫妇是忠实的佛教徒,所以他们热情地招待了这位比丘尼。

这位比丘尼很快对杨忠夫妇说明了来意:"你们的孩子生来奇异,定非凡人,绝不可以在俗世间抚养。"

听到这番话,杨忠夫妇有点不解:"师太,照您这么说,应该如何抚养这孩子呢?"

"我佛慈悲,我与这小儿也算有缘,不如就交给我来抚养吧。"

杨忠夫妇本就笃信佛教,听完这番话也有所觉悟,毅然决然地将这个孩子托付给了这位比丘尼。

杨忠把自己府邸中的一处院落单独开辟出来,改建作尼庵,供比丘尼智仙居住。

就这样,这个叫智仙的比丘尼亲自将还是婴儿的小杨坚抚养起来,悉心呵护照料。直到今天,在陕西大荔县县城中,还有一条被称作"龙窝巷"的旧巷,据传,此处便是当年智仙抚养小杨坚的地方。

孩子刚一出生就被一个陌生人抱去抚养了,初为人母的吕苦桃,思子之情是可想而知的,所以母亲吕苦桃还是会时常来探望小杨坚,毕竟还是在自己的家中。

但有一天,意想不到的事情发生了。

吕苦桃耐不住思子之苦,来到了智仙的住所,抱起了还在酣睡中的小杨坚,抚摸着小杨坚可爱圆润的小脑袋。

就在这时,据说小杨坚的头上突然长出了角,身体上竟然长出了鳞片,活脱脱一个"小龙人"。受惊的母亲顿时手足无措,失手把怀中的小杨坚摔在了地上。

这时候智仙及时赶到，连忙将坠落在地的小杨坚抱起，并感慨地说："这一摔让这孩子受了惊吓，恐怕会推迟他今后得天下的时间。"

这意思已经说得很明白了，杨坚未来是要得天下的啊，那不就是做皇帝吗？皇帝怎么能随便磕碰呢？吕苦桃听完这话，只好离开了这里，她的心里五味杂陈，既想念儿子，又希望儿子日后得天下。

就这样，杨坚在智仙的抚养下，健壮地成长，而杨坚奇异的外貌也逐渐显现了出来。《隋书》记载，杨坚有龙一样的下巴，头顶有五根肉柱，两眼炯炯有神、外射放光，手心里掌纹的纹路，形成一个"王"字。

这样的外貌给人神话一样的感觉，如果是生在今天，估计早被当作怪物扔掉了。

如果你联想一下年画上的龙的样子，你就明白了，这相貌完全是比对着龙的样子弄出来的。这根本不可能是人的长相。

杨坚出生时的一切，都注定了两件事。

第一，杨坚日后要做皇帝。

其实，这是那些"居心不良"的史官刻意要告诉我们的，甚至不惜在史书里造假，编织出一些吸引人眼球的灵异事件，而且写得有鼻子有眼，就跟亲眼所见一样，目的就是要告诉我们伟人的出生都是非凡的。一来证明伟人之所以伟大，是因为人家天生就是"龙种"；二来警告当时那些出身寻常的草根人士，安安分分过日子，别总想着出人头地，你生来就没那个命。

第二，杨坚与佛教结缘。

这一点就非常值得一说了，因为在历史上，南北朝是佛教鼎盛的一个关键时期。

南朝历史上有一位著名的皇帝——梁武帝萧衍，他多次舍身佛寺，大臣们只能用钱去赎皇帝。杜牧的一句"南朝四百八十寺，多少楼台烟雨中"，更是南朝佛教盛行最真实的写照。

在北朝，北魏举全国之力开凿石窟，分别在平城（今山西大同）开凿了云冈石窟,在洛阳开凿了龙门石窟。记录北魏历史的《魏书》,对于当时存在的佛教问题也单独设置了《释老志》,用于记述佛教的流传情况,这在历代正史中是没有的。

可见,无论在南朝还是在北朝,佛教都空前盛行。

在当时佛教盛行的社会背景下,刚出生的婴孩被寄养在佛门寺院,是可以理解的社会现象。

由此,我们也就可以理解杨坚父母的行为了。杨坚的父母笃信佛教,因此愿意将自己的亲生骨肉托付给一个素未谋面的比丘尼抚养。

这位神秘的比丘尼智仙很可能是历史上真实存在的人物,因为杨坚始终没有忘记比丘尼智仙的抚养之恩,在他当上皇帝之后,不仅为其树碑立传,还让工匠为其塑等身像,并让画师描摹了智仙的画像,悬挂在自己的身旁。

《佛祖历代通载》记载,智迁(仙)自幼出家为尼,她常年居住在般若寺给人卜卦,经常能够准确无误地预测出吉凶成败,杨坚出生之时,智迁(仙)正好也居住在寺院中,于是便收养了还是婴儿的杨坚。在这个版本的故事中,杨坚的出生少了很多史书上光怪陆离的传说,并且明确记载,智迁(仙)绝非专程为杨坚而来,而是她本身就居住在寺院中,正好赶上了杨坚出生,这才收养了杨坚。

按照《佛祖历代通载》的这个记载,杨坚被智仙收养整个事件的来龙去脉就合情合理了。其实,只要褪去智仙身上的那些神话色彩,我们就会发现,她并不是什么远道而来的神尼,或许她原本就生活在般若寺中,她只是一个负责抚养幼年杨坚的普通比丘尼而已。

智仙送给杨坚一份陪伴他终生的礼物:她为杨坚起了一个小名——那罗延。那罗延,一听就不是普通人的名字,这是梵文的音译,在佛家典籍中,是金刚力士的意思,这与杨坚的本名"坚"有意义相通之处。

"杨坚,你以后就是我佛门的金刚力士。"

家世疑云

另外，关于杨坚的出身，还有一桩著名的历史悬案，那就是他的家世。

无论是在魏晋南北朝的乱世时代，还是在隋唐盛世时代，都是讲家族出身的社会，一个人的家族出身就是他行走社会的一张名片，也是走向仕途和上层社会的敲门砖，拥有良好的家族出身就可以在社会上畅通无阻。

在电视剧《长安十二时辰》中，主人公李必（历史原型为李泌）在出场时，曾这样介绍自己——"但我的李却不是唐李，乃前朝隋李"。李必主要想表达，李必（李泌）之"李"和李唐皇室之"李"虽是同姓，却不是一家子，观众可能也不会去深究。但是，这轻描淡写的一句话，背后却是两个家族的千年兴衰史，即以李泌为代表的赵郡李氏、以李唐皇室为代表的陇西李氏，也就是剧中所说的"唐李"和"隋李"之别。

如果探究这两个李氏家族的历史起源，就会发现可以追溯到先秦战国时期。从战国到唐末，足有千年，一个家族竟然可以在中国历史的舞台上绵延上千年，真是蔚为壮观。

然而，这样的家族在中国历史上绝非一家一姓，而是有几十家、上百家之多，它们共同影响了中国几百年甚至一千年的历史。

在了解了这些后，我们再回过头来看杨坚的家世。按照《隋书》的记载，杨坚是名门望族之后，其出身的家族是历史上著名的弘农杨氏。

弘农杨氏是一个影响了中国历史长达千年的华丽家族，它甚至要比"隋李"和"唐李"都更加显贵、更加影响深远。

所谓弘农杨氏，就是指以弘农郡为发祥地的杨氏家族。这种用"发祥地+姓氏"称呼的家族，在古代被称为郡望。弘农就是"郡"，即弘农郡（大致位于今陕西华山以南的华阴东），杨氏就是"望"，弘农杨氏，就是祖籍弘农郡的杨姓名门望族。

我们看《三国演义》的时候，想必也注意到，很多人自报家门或指称别人的时候，都会用到郡望。比如袁绍出自汝南袁氏，荀彧出自颍川荀氏，司马懿出自河内司马氏，这些都是郡望。

熟悉三国历史的朋友都知道，袁绍的汝南袁氏是东汉的豪门，在当时号称"四世三公"。所谓"四世三公"，就是指家族中有四代人连续做官做到了三公的高位。

在这里，我们顺便介绍一下历史上的"三公"。

三公，在中国古代，尤其是隋唐以前的历史上，可以算得上是显赫的三个官职，地位可谓"一人之下，万人之上"。我们都知道，秦始皇统一六国之后，改革官制，实行的是三公九卿制，三公就是仅次于皇帝的三个官衔。

事实上，三公的历史更加久远，至少在西周时期就已经有三公。三公属于周礼的一部分，一般认为是太师、太傅、太保，另外一说是司马、司空、司徒。

在当时，只有辅佐周天子的人才有资格获得三公的称号，比如我们熟悉的辅佐周文王、周武王推翻商朝的姜子牙，历史上又被称为"太公望"，因被周文王姬昌拜为太师，所以又有"师尚父"的称号。还有后来辅佐周成王的周公姬旦，周公也是太师，另外还有一个召公担任太保，二人共同辅佐周成王。

在先秦时期，三公属于最高的荣誉头衔，只有拥有极高声望的人才能获得，所以很多时候如果没有突出的有声望的大臣，三公是空而不授的。一直到了秦朝，秦始皇对三公重新作了定义，三公的官职才被固定下来，分别是丞相、太尉、御史大夫。不过，这一般是教科书上的说法，严格地说，秦朝是没有三公的，而是把三公的权力集于丞相一职。

汉朝建立以后，也没有明确设置三公。一直到汉武帝时期，才正式将丞相、太尉、御史大夫并列为三公。到汉成帝时期，又做修改，以大司马、大司空、丞相为三公。不过，丞相的权力在逐步削弱，在很长一段时间大司马都是权力和地位最高的。东汉以后，继续沿袭三公制，以司马（后改置太尉）、司徒、司空为三公。

袁绍出身的汝南袁氏就连续有四代人做到了三公的高位。袁绍的高祖袁安，在汉章帝时官至司徒，曾祖袁敞官至司空，祖父袁汤官至太尉，父亲袁逢官至司空，叔叔袁隗官至太傅，整整连续四代官至三公。这是货真价实的"四世三公"。

袁绍这样的家族出身，不管放在什么时代，都是值得炫耀的家世资本，尤其在东汉那个时代，家世往往是一个人步入社会最好的名片。了解了这一点，也就不难理解袁绍为人处世为何如此高调而自负了。

但很少有人知道的是，在东汉的历史上，除了汝南袁氏做到了"四世三公"，还有一个家族也做到了"四世三公"，这个家族就是弘农杨氏。

弘农杨氏崛起于西汉昭帝时期丞相杨敞，他也是弘农杨氏的一世祖。值得一提的是，杨敞还是史学家司马迁的女婿。

到了东汉，弘农杨氏出了一位大名鼎鼎且极具影响力的人物，此人就是在当时被称作"关西孔子"的杨震。在汉安帝时期，杨震先后做到了司徒和太尉的高位。

从杨震开始，杨家连续四代人都做到了太尉，分别是杨震、杨秉、杨赐、杨彪。后来曹丕篡汉建魏，曹丕也一度邀请杨彪继续出任太尉，但是都被杨彪婉言拒绝了。另外，我们所熟知的汉末名士杨修，就是出自弘农杨氏，杨彪就是他的父亲。

既然弘农杨氏如此显赫，那么杨坚家族真的是出自弘农杨氏吗？

尽管所有的史书都言之凿凿地称杨坚家族的确是出自弘农杨氏，但我们还是从史书的记载中发现了破绽，杨坚家族很可能不是出自弘农杨氏，而是一个戍边的普通军官家庭。

破绽一：杨坚的父亲叫杨忠，而杨震的曾祖父也叫杨忠。

可能很多人觉得这没什么大不了的，都隔了那么长时间了，和祖先同名又有什么关系？放在寻常人家来说，这或许确实没什么大不了的，但是，我们要知道，弘农杨氏可不是普通家族，它是天下头等的名门望族。对于名门望族而言，家规森严，冒犯祖先名讳，就是大逆不道的行径，是被绝对禁止的。

而且，像弘农杨氏这样的大家族，天下何人不知何人不晓。杨家的祖上有哪些显赫的大人物，不仅杨家自家人知道，全天下的士人也都知道，冒犯祖先名讳的事儿是不可能瞒得住的，会遭到天下士人的耻笑和讥讽。

破绽二：杨坚的母家出身低微。

在士族门阀时代，婚姻绝不是两个人的事，而是两个家族之间的事，要求十分严格。对于名门望族而言，婚姻最重要的就是门当户对，也就是注重门第。高门大姓只会和同等社会地位的家族缔结姻亲，是绝对不会和寒门小姓出身的人结为姻亲的。

根据《隋书·后妃传》的记载，杨坚的母亲叫吕苦桃。吕苦桃，人如其名，一看就是个典型的劳动妇女出身，没有任何家世背景可言。事实也的确如此，吕氏出身山东济南的一个寒微家族，《隋书·外戚传》甚至直言不讳地称"其族盖微"。

正是由于吕氏一族"其族盖微"，在杨坚发迹之前，杨家和吕家几乎没什么瓜葛和往来。一直到杨坚称帝之后，济南郡才有个叫吕永吉的人，自称姑母是当朝皇帝的母亲吕苦桃，换言之，这个人和杨坚是表兄弟的关系。

杨坚终于找到了母家的亲人，欣喜之余，他又追赠外祖父吕双周为上柱国、太尉、青州刺史、齐郡公，谥曰"敬"，追赠外祖母姚氏为齐敬公夫人，并下诏将二人改葬，在齐州立庙；表弟吕永吉承袭爵位，留居京师。

吕永吉的父亲叫吕道贵，也就是杨坚的亲舅舅，他也从乡里移居到了京师。

杨坚亲自接见舅舅吕道贵，不禁潸然泪下，泣不成声，而吕道贵却面无动容，反而说了一句极为粗鄙的话："种末定不可偷，大似苦桃姊。"这句话的意思是，谁家的种就是谁家的，别人想偷也偷不走，你看皇帝跟我苦桃姐长得多像啊。

吕道贵这番话说得十分粗鄙，根本不像有文化的人能说出来的，完全是乡野村夫的语气和口吻。这不仅让杨坚的脸上挂不住，而且直接暴露了杨坚母家寒门出身的真实情况。吕家但凡有点文化和教养，都不可能说出这种粗俗的话语。

破绽三：史书对弘农杨氏世系的记录存在漏洞。

按照《新唐书》"宰相世系表"的记载，杨震的孙子叫杨馥，其十世孙为杨孕，杨孕的六世孙为杨渠，其子杨铉，为前燕北平郡守。杨馥是汉灵帝时期（168—189）的人，杨铉是十六国前燕时期（337—370）的人，二人之间相差150年到200年。这一段时间，杨氏家族传承了十七代，而时间跨度却仅有150年到200年，平均下来，每10年左右就孕育一代人。从生物学的角度来看，这显然是不可能的，《新唐书》的这一记载显然也是荒谬的。

与《新唐书》完全不同，《隋书·高祖纪》记载，杨铉是杨震的八代孙。从生物学角度来看，八代是比较可信的，因为平均算下来，每20年左右孕育一代，是符合生育规律的。

但是，在这八代中，除了杨震到杨馥这三代比较确定，杨馥到杨铉这五代就又是一笔糊涂账了。因为《隋书·高祖纪》根本没有记载具体的世系传承，这就意味着从杨馥到杨铉这五代之间根本无从查考。换句话说，即便是《隋书》故意给杨家攀亲，我们也无从知晓，既不能证真，也不能证伪。

从《隋书》到《新唐书》，对于杨坚家族的世系传承，两部史书给出了完全不同的两种解释。而且，《新唐书》的记载完全可以视作荒谬，而《隋书》的记载同样无法考证。

因此，从史料记载来看，我们根本不能确定杨坚的六世祖杨铉和杨震之间到底有什么关系。相反，史书的这种错漏记录，有一种欲盖弥彰之意，这不能不让人怀疑。

破绽四：隋末叛乱中，弘农杨氏集体反叛隋朝。

隋朝后期爆发了著名的杨玄感叛乱，杨玄感叛乱从者众多，而且很多是名门望族之后。为什么这些名门望族会群起反叛隋朝呢？这里面固然有隋炀帝倒行逆施、穷兵黩武的原因，还有一个值得深究的原因，就是杨坚家族并非真正的弘农杨氏出身。

杨玄感的父亲是隋朝著名宰相杨素，杨素一族不仅在隋朝声名显赫，而且是东汉太尉杨震之后，是正宗的弘农杨氏。如果杨坚和杨素都是弘农杨氏的话，为何杨素的儿子杨玄感要发起反叛呢？这不是自家人反自家人吗？

另外，杨素家族追认的是杨震小儿子杨奉，而杨坚家族追认的是杨震长子杨统。杨素的家族世系非常清晰，而杨坚的家族世系却漏洞百出。让人不得不怀疑杨坚是为了盖过杨素家族的声望，故意称自己是杨震长子之后。

杨坚或许也知道杨素才是正牌的弘农杨氏，自己不过是普通军人家庭出身，朝中有这么一位正宗的弘农杨氏的后人在，自己这个杨氏的地位往哪儿搁呢？故而，杨坚不仅要自称是弘农杨氏之后，而且要在家族世系上分出个尊卑长幼之序。

我们可以看到，在杨玄感叛乱爆发之时，不仅有大批高门大族倒向了杨玄感，就连整个弘农杨氏也一边倒站在了杨玄感的一方，和隋炀帝站在了对立面。这就非常值得深思了，到底是隋炀帝倒行逆施得罪了包括世家大族在内的天下人，还是杨氏一族根本就和世家大族群体不在一个"朋友圈"呢？历史的事实恐怕是后者。

破绽五：李密称隋朝杨氏出自山东。

隋朝宗室中有个人物名叫杨庆，杨庆的父亲杨弘是隋文帝杨坚的族弟，受封河间王。因此，论起家族关系，杨庆和隋朝皇室的血缘关系已经比较疏远了。隋炀帝杨广即位之后，对很多宗室亲王十分猜忌，很多宗亲被废黜或流放，唯独杨庆得以保全。

为什么宗室中唯独杨庆能在隋炀帝的眼皮子底下安然无恙呢？一方面，这固然是杨庆和杨广血缘关系较远；另一方面，杨庆此人十分懂得处世之道，为人比较油滑、机警，用《隋书》上的话来说，杨庆"善候时变"，也就是非常懂得随机应变的道理，这才让他躲过了隋炀帝的猜忌和迫害。

后来，杨庆担任荥阳郡守，颇有政绩。然而，隋朝的天很快就变了，隋炀帝三征高句丽、巡幸江都，隋朝顿时陷入动乱中。当时，隋末群雄之一的瓦岗寨首领李密占据了洛口仓，荥阳郡周边很多县望风而降。面对这种局势，杨庆坚守住了杨家人的底线，他统领荥阳官兵，据守荥阳城，李密的军队来攻，都被杨庆成功击退。就这样，杨庆凭借个人能力，据守荥阳一年有余，没有让荥阳落入李密之手。

李密知道杨庆这块骨头不好啃，他也知道杨庆作为隋朝的宗室拥有非常大的号召力，于是便给杨庆写了一封劝降信。李密在信中极尽说客之能事，将隋炀帝描述成穷凶极恶的暴君，并且称杨庆和隋朝皇室根本没有多大血缘关系，让杨庆归顺自己，共举义旗。

值得一提的是，这封信中有这样一句耐人寻味的话："而王之先代，家住山东，本姓郭氏，乃非杨族。"这句话的一般解释是，杨庆的父亲杨弘和祖父杨元孙早年都流落山东（北齐），为了和在关中跟随宇文泰起义的杨忠家族撇清关系，避免祸及自身，索性都以郭为姓，直到北周灭北齐之后，杨弘家族才改回杨姓。因此，在李密看来，杨庆的祖上三代都是山东人，早就改姓郭氏，和杨家根本没有关系。

但是，如果往深里挖，这句话或许另有含义。这里的"王之先代"只是指杨庆的祖父吗？恐怕未必。

杨元孙为何会流落北齐？这在史书中没有记载。虽然杨庆和隋朝皇室的血缘关系比较疏远，但是杨庆祖父杨元孙和杨忠是堂兄弟关系，血缘关系并不远，杨忠或许真的和山东有着某种联系。

而且，杨元孙改姓郭氏，其实是跟随母家，可见郭氏一族本就是山东人。另外，《周书·杨忠传》也记载杨忠的生母为盖氏，被西魏追封为北海郡君，而北海大致位于今天的山东潍坊附近，可见杨忠生母盖氏很可能是出身山东。还有我们前面讲过的，杨忠的妻子吕氏也是出自山东寒门。

综上，我们可以清楚地发现，杨家的三桩婚姻，无不是和出身山东的女子结姻。

既然杨家三桩婚姻都是娶的山东女子，那么杨氏家族会不会本身也是出身于山东呢？历史学家陈寅恪对此做出一个大胆的推断——"疑杨家本系山东杨氏"，这也就等于否定了史书上关于杨家出身弘农杨氏的记载。对此，史学界赞同的声音很多，笔者也认为杨氏家族的真正出身应该正如陈寅恪所言，出自山东的一个寒门小户。

在古代，皇帝想给自己家族贴金的现象比比皆是。比如，后来的唐朝皇室认为老子李耳是自己的先祖，直系祖先是十六国时期的西凉武昭王李暠，出身是陇西李氏。又如，后来的武则天出身比较低微，她就把自己的祖先追认为周平王的小儿子姬武。这些都被记载在正史之中，但是这些不可轻易相信，我们必须用客观的眼光去看待。

杨坚的"草样年华"

杨坚从出生的第一天起，就被比丘尼智仙收养在寺院中，而且这一养就是13年。可以说，杨坚的整个童年都是在寺院中度过的。

历代开国皇帝中，还有一个与佛教结缘的皇帝，就是明朝的开国皇帝朱元璋。不同点在于，朱元璋做和尚是因为生活所迫，杨坚寄养在佛门是为了日后飞黄腾达。

在这青灯古佛相伴的寺院里，终日都是木鱼之声，这对于一个孩童来说，似乎缺少了很多乐趣。不过，我们还是从《隋书》中发现了长年累月生活在寺院中的杨坚的一点乐趣。

孩童时的杨坚有一个非常要好的玩伴，这个人成了杨坚一生的挚友，他叫窦荣定。

杨坚和窦荣定之间还有一层关系，那就是窦荣定是杨坚的姐夫，窦荣定娶了杨坚的大姐为妻。

后来，成为皇帝的杨坚回忆起自己的童年岁月时说："朕少恶轻薄，性相近者，唯窦荣定而已。"杨坚知道自己孤僻，对人刻薄，幼年能够和他趣味相投的，只有窦荣定一人而已。

也许就是在这个时期，窦荣定和杨坚一同许下了报效国家、纵横疆场的远大志向。终有一天，他二人的雄心壮志，将飞出这寺院的高墙，迎接他们的将是更广阔的天空。

在寺院中度过了13个年头后，13岁的小杨坚终于离开了寺院，离开了抚养他的比丘尼智仙，进入太学读书。

太学不同于一般的学校，自汉武帝时期设立以来，它一直是国家最高学府。能够进入太学读书的，大多数是贵族官宦子弟，随便一个太学生都是不折不扣的"官二代"出身。在这帮"官二代"子弟中，杨坚是极为普通的一个。

不过，根据《隋书》的记载，杨坚在太学读书期间就开始结交好友，并为自己树立威望，这表明杨坚在少年时就展现出了非凡的人际交往能力。

事实上，杨坚在后来一步步上位的过程中，能够多次脱险，并最终成功篡周建隋，很大程度上归功于他所建立的广泛的人脉圈，在这人脉圈中有很多人是杨坚少年时期在太学结交的老同学。

在南北朝时代，还没有科举制度，官吏都是可以世袭的，这些"官二代"子弟的父辈老去后，他们将纷纷步入政坛，未来的朝廷也必然是这些"官二代"的天下。人脉对于一个人的发展，无论在今日还是过去，都是不可或缺的资源，其重要性不言而喻。

这其中，对杨坚之后的发展影响最大的有四个人，分别是郑译、王谊、元谐和崔仲方，并且这些人最后都成了隋朝的开国功臣。

郑译，出身于汉家大族荥阳郑氏，他多才多艺，尤其擅长音律，在之后的北周政坛上曾多次助力杨坚，杨坚后来能够矫诏辅政，成为大丞相，郑译出力是最大的。

王谊，和杨坚一样出自武川，此人和宇文家族渊源颇深，他的祖父是宇文泰的亲舅舅。王谊博览群书又精于骑射，堪称文武双全，深受北周武帝的赏识和器重。后来杨坚辅政之后，北周爆发三总管叛乱，在这危急时刻，王谊又参与了平定郧州总管司马消难的叛乱。同时，王谊和杨坚还结为了儿女亲家，王谊的儿子王奉孝迎娶了隋文帝杨坚的小女儿兰陵公主杨阿五。

元谐，是北魏皇族后裔，他性格豪爽，胆识过人，在北周三总管叛乱中，他坚定地站在了杨坚这一边。隋朝建立之后，他又参与了律令的修订，并且参与了对吐谷浑的战争。

崔仲方，出身于汉家大族博陵崔氏，也是一位文武双全的能人，他曾向周武帝献了二十条灭亡北齐的计策，并亲身参与了灭亡北齐的战争，立有战功。就在杨坚登基称帝的前夕，崔仲方连夜向杨坚陈述了"便宜十八事"，受到杨坚的嘉奖。后来，在平陈战争中，崔仲方更是从战略角度为隋文帝杨坚陈述了作战方略。可见，崔仲方不仅是一位文武双全的将才，更是一位军事家、战略家。

可以说，从读书时代开始，杨坚的身边就形成了一个小团体，后来这个团体逐渐成长并扩大，对杨坚最终成功登上皇位建立隋朝起了巨大的推动作用。这就和当年的刘邦一样，刘邦能够打败项羽建立汉朝，所倚靠的核心力量大部分是来自他在沛县早年结交的那些朋友，比如萧何、樊哙、周勃等人。

杨坚的发迹是否受到岳父独孤信的助力

魏晋南北朝是一个诞生美男子的时代，我们可以从史书上见到很多风度翩翩的美男子。

在西魏、北周的历史上，也有这么一位男神级人物，他就是独孤信。并且，他在今天的网络上还有个更响亮的名号——"史上最牛老丈人"。

这是因为，独孤信的三个女儿全都成了皇后，而且是三个朝代的皇后。长女是北周明帝宇文毓的皇后，谥号明敬皇后；四女是唐高祖李渊的母亲，也就是唐世祖李昞的妻子，被追封为元贞皇后；七女是隋文帝杨坚的皇后，谥号文献皇后。这也就意味着独孤信是三朝国丈，这是古今以来前所未有的，说他是"史上最牛老丈人"，一点不为过。

独孤信最著名的一个风流故事，就是"侧帽"。

那是一个黄昏，一个骑马的军官向日暮下的秦州城（今甘肃天水）踏马而来，偏在这时，吹来了一阵微风，这个军官帽子被吹斜了。他并没有理会自己的帽子，就任凭帽子斜着，一路驰马入城，回到了自己的官署。第二天，整座秦州城的男人都开始模仿起他来，斜戴着帽子，行走在城中。一时间，"侧帽"便成了秦州城的一种风尚。

这就是独孤信，以及他"侧帽风流"的典故。清朝著名词人纳兰性德就非常崇拜独孤信，于是就用"侧帽"二字把自己的词集命名为《侧帽集》，也就是

《饮水词》的前身。

在当时，独孤信可谓文武全才，而且相貌英俊，风度翩翩，非常讲究服饰穿搭，是个标准的美男子，世人称他为"独孤郎"。

"郎"在古代是对英俊少年的美称。比如三国名将周瑜，世称"周郎"，连苏东坡都是他的超级粉丝，在《念奴娇·赤壁怀古》一词中凭吊怀念他，其中便有"三国周郎赤壁"一句。可见"独孤郎"是怎样一种美誉。

另外，独孤信还特别注重诚信。在他出任秦州刺史期间，以礼义教化百姓，以诚信待人，赢得了百姓的一致拥戴。

其实，独孤信本名叫独孤如愿，正是因为他在秦州治理有方，使得当地官府和百姓都很殷实富足，宇文泰为了表彰他，也为了树立时代楷模，便赐名一个"信"字，这才有了"独孤信"的大名。

这就是独孤信的偶像魅力，他不仅文武双全，而且风度翩翩，道德情操还特别高，以信立人。在那个时代，独孤信绝对算得上是偶像加实力派明星。

当时的西魏王朝实行一种兵农合一的募兵制度，这就是府兵制。府兵在农忙时节务农，到了农闲时节就练兵，一旦遇到战事，就随军参战，同时需要自备兵器和马匹。

公元543年，西魏大统九年，宇文泰遭遇邙山大败后，便以西魏文帝元宝炬的名义发布诏令——"广募关陇豪右，以增军旅"。

宇文泰的这条诏令具有划时代的意义，它标志着府兵制的正式确立。

这里为什么要写到府兵制呢？因为府兵制建立初期，其核心是西魏的八柱国体系。换句话说，西魏府兵制是通过八柱国体系让高级将领和下层士兵紧密捆绑在一起，同时可以让胡人和汉人团结在一起，共同御敌。这种制度最大的好处就在于，能够最大限度地调动士兵的作战积极性和军事动员能力。而在这八柱国体系中，独孤信就位列其中。

顾名思义，八柱国体系就是有八大柱国重臣，他们分别是宇文泰、元欣（皇室）、李虎（李渊祖父）、李弼（李密曾祖父）、于谨、赵贵、独孤信、侯莫陈崇。

这其中，宇文泰是实际执政者，皇室元欣只是为了照顾元魏皇室而设置的一个摆设。因此，准确地说，八大柱国实际上是六大柱国。

在每个柱国下设置两个大将军，共有十二大将军，分别是元育、元赞、元廓、达奚武、侯莫陈顺、宇文导、宇文贵、李远、豆卢宁、贺兰祥、杨忠（杨坚父亲）、王雄。

我们可以看到，独孤信位列八柱国，杨坚的父亲杨忠位列十二大将军。可以说，杨氏和独孤氏两大家族都是西魏军事体系的高层将领。

公元556年，即西魏恭帝三年，16岁的杨坚正式迎娶了比自己小两岁的独孤伽罗①。

杨氏和独孤氏两家结为亲家，算得上是北周军事贵族阶层内部的政治联姻。在八柱国集团内部，这种互婚的现象是十分普遍的。

然而，杨坚和独孤伽罗的婚姻并不幸运。就在他们大婚的当年，西魏政坛发生了剧变，西魏丞相宇文泰病逝在西巡途中，享年50岁。随着宇文泰的过世，西魏王朝也随之灭亡。次年，北周正式建立，坐上皇位的就是宇文泰的嫡长子，年仅15岁的天王宇文觉。由于天王宇文觉尚未成年，宇文泰临终之际委任侄子宇文护作为顾命大臣，辅佐宇文觉。

宇文护执掌朝政之后，就开始了对元老重臣的打压。独孤信因为参与赵贵谋反案，被逼自尽。独孤信一死，整个独孤氏家族危如累卵，独孤氏家族成员被朝廷治罪，发配蜀地，独孤氏的荣光再也不复当年了。

作为罪臣之女，独孤伽罗对于杨坚及杨氏家族而言，几乎是一个烫手的山芋，因为如果一旦连坐的话，和独孤氏家族联姻的杨氏家族势必遭殃。杨氏家族与独孤氏家族联姻仅仅几个月，独孤氏家族就彻底败落，不要说得到独孤氏家族的好处了，不牵连到自己就算是谢天谢地了。

正所谓患难见真情，此时的独孤家，人人避之不及，唯恐连累自身，但是杨坚丝毫没有埋怨自己的妻子，反而加以疼爱和安慰。可以说，杨坚和独孤伽罗

---

① 关于杨坚和独孤伽罗结婚之年的考证，详见韩昇《隋文帝传》，人民出版社，2015。

的夫妻之情，从这个时候深深地烙印在了彼此的心底。从此以后，二人不仅是夫妻，也是战友，更是彼此的精神支柱，他们一起经历了无数的风风雨雨。

很多书籍上说，杨坚娶了独孤信的女儿，是壮大了自己的势力。事实上，在独孤家惨遭变故之后，杨坚不仅没有得到依靠，而且很可能惹上麻烦，因为他的妻子独孤伽罗在当时是罪臣之女，杨家很可能会因此获罪。

在宇文护执政的很长一段时间里，杨坚在北周的官职几乎都是在原地踏步，这显然和独孤信之死有着莫大关系。也正是杨坚和独孤氏之间的这层姻亲关系，让杨坚招致宇文护颇多猜忌，难以在政坛上大展拳脚。可见，杨坚不仅没有得到来自独孤氏家族的好处，反而使他在仕途上更加步履维艰。

从后来的历史看，正是因为杨坚当上了皇帝，独孤氏家族才能以外戚的身份重获新生，再次崛起。因此，杨坚的发迹是仰仗岳父独孤信的助力，这显然是个伪命题。相反，历史的真相恰恰是独孤氏家族从一蹶不振到再次崛起，完全是依靠杨坚的力量。

什么是关陇贵族集团

在历史学习和研究中，我们经常会碰到一些历史概念，这些概念可能在当时的历史进程中是不存在的，是后人或者今人总结和概括出来的。

比如秦朝的"焚书坑儒"，具体到当时的历史情境下，准确的说法应该是"焚诗书"和"坑术士"，而且"焚诗书"和"坑术士"是两起在时间、背景和性质上都完全不同的历史事件，但是后世之人偏偏就把两起事件混为一谈，继而就有了"焚书坑儒"这么一个历史概念，并把它当作古代思想专制统治的一个典型代表。

在隋唐史研究中，也有一个今人达成共识的历史概念，就是由著名历史学家陈寅恪先生提出的关陇贵族集团，这也成为解构隋唐政治密码的一把关键性钥匙，时至今日仍有深远的影响和意义。

那么，什么是关陇贵族集团呢？

关于关陇贵族集团，要从西魏时代说起。西魏丞相宇文泰为了对抗东魏，进行了政治军事改革，其核心和基础就是我们前文所提到的府兵制改革和八柱国体系，而八柱国体系的成员及其后世子孙就是我们所说的关陇贵族集团，其中以宇文泰为代表的武川勋贵为主要派别。这个集团的特点是出则为将，入则为相，不分文武。后世的北周、隋、唐三代帝王都出自这个集团。

虽然关陇贵族集团是当代历史学家陈寅恪提出的，但这个现象是清代学者赵翼第一个发现的，他在《廿二史札记》中言："周、隋、唐三代之祖皆出于武川。……区区一弹丸之地，出三代帝王，周幅员尚小，隋、唐则大一统者，共三百余年，岂非王气所聚，硕大繁滋也哉。"

赵翼指出，北周、隋、唐三代帝王都是出自武川，而关陇贵族集团的主要成员就是武川勋贵。我们不禁要问，武川到底是个什么样的地方，竟然会如此神奇呢？这就又要说到北魏时代的六镇了。

何为"六镇"？六镇是北魏王朝在平城（今山西大同）以北设立的六个军镇，目的是防御来自北方草原的柔然族，以及守卫旧都平城，范围在今天的内蒙古南部和河北北部，从西向东依次是沃野镇、怀朔镇、武川镇、抚冥镇、柔玄镇、怀荒镇。后来的宇文泰、高欢以及隋唐的先祖都是发迹于六镇。

然而，在北魏后期，这里发生了大规模的叛乱，这场叛乱席卷了大半个北魏，这就是历史上的六镇起义。虽然六镇起义最后平息了，但是它沉重地打击了北魏王朝的统治，北魏也在之后不久分裂成西魏和东魏。东魏政权由权臣高欢把持,西魏政权由权臣宇文泰把持。

宇文泰就出身于六镇中的武川镇,他当时追随同出于武川镇的武将贺拔岳,贺拔岳当时宰制关中,并且整合了一大批武川英豪。唐高祖李渊的祖父李虎,隋文帝杨坚的父亲杨忠,都来自武川,追随贺拔岳。这个阶段,是关陇贵族集团形成的雏形期,武川英豪是集团的主要核心,贺拔岳无疑是关陇贵族集团的第一代领导人。

贺拔岳去世之后,宇文泰就被拥立为关陇贵族集团的领导人,并最终完成了西魏的建立。然而,西魏的实力远不如当时由高欢主政的东魏,宇文泰为了能在关中长久立足,也为了抗衡东魏高欢,实行了一系列政治军事改革,其中尤以府兵制改革最重要。

府兵制是在鲜卑旧制的基础上创立起来的,农忙时务农,农闲时练兵,战时为兵,是一种兵农合一、寓兵于农的军事管理制度。而府兵制的核心就是八柱国体系,当然,实际领兵掌权的是六柱国,六柱国之下又有十二大将军,府兵们都统领于六柱国和十二大将军之手,互不统属,又彼此牵制。

长期以来,北朝都流行"鲜卑为兵,汉人务农"的制度,因为军人社会地位高,农民地位低,所以只允许鲜卑族当兵,汉人才去耕种。而府兵制出台之后,彻底改变了这一局面,只要是"有才力者"都可以当兵。这不仅从根本上扩大了兵源,而且造成关陇集团内部胡汉杂糅,比如,李虎、杨忠就都是汉人出身。

不过,鉴于当时民族矛盾还比较尖锐,为了缓和民族矛盾,宇文泰还实行了一套"鲜卑化运动"。宇文泰知道,光依靠胡人是远远不行的,他必须笼络汉人,但是又不能明着搞汉化,索性就搞起了鲜卑化。

最主要的鲜卑化变革就是改姓。很多鲜卑族人在北魏时期改了汉姓,宇文泰规定,全部恢复鲜卑族姓,就连皇帝本人,也从"元"姓改回了"拓跋"姓。而汉人全部改为鲜卑姓,比如李渊的爷爷李虎改姓"大野",杨坚的父亲杨忠改姓"普六茹"。因此,在当时,杨忠其实是"普六茹忠",而杨坚则是"普六茹坚"。

可能有人会觉得宇文泰这么搞是在开历史的倒车。实际上，在宇文泰的军政改革中，鲜卑化只是个幌子，其实是为了团结大众，本质上走的是汉化的道路。比如，与六柱国相匹配的是《周礼》中的六军制度；朝廷官制所采用的是《周礼》中的六官制度，即天官（大冢宰）、地官（大司徒）、春官（大宗伯）、夏官（大司马）、秋官（大司寇）、冬官（大司空），以天官为总。不管宇文泰是有意还是无意，其本质上就是汉化改革。

为了巩固八柱国体系（实际是六柱国），宇文泰还实行内部联姻。于是，八柱国体系下的内部成员，不仅是同僚和上下级关系，彼此间大多也是亲戚关系。

因此，府兵制以及西魏其他的一系列军政改革，本质上就是最大限度挖掘军事潜力，以达到富国强兵的目的。与府兵制相伴而生的，就是关陇贵族集团。

不过，这套军事组织体系能够保持稳定的基础是宇文泰的威信力，宇文泰在世的时候，柱国将军都臣服于宇文泰，并且团结一致对抗东魏、北齐，但是宇文泰一旦离世，集团内部就会发生争权夺利的情况，宇文家族的地位将难以保障。因此，宇文护的专权和滥杀很大程度上维护了北周的中央集权统治，也避免了宇文氏政权被自恃功高的关陇贵族集团内部成员所侵夺。

随着宇文护的专政，八柱国体系就此瓦解，至迟到北周天和三年（568），最后一位柱国于谨病逝，八柱国彻底退出了历史舞台。但是，八柱国的谢幕，并不等于关陇贵族集团政治的结束，关陇贵族集团的后世成员依然活跃在历史舞台上，并持续影响着历史发展的进程。

由于北周出现了宇文护专权，之后主政的周武帝宇文邕和周宣帝宇文赟都对宗室成员充满戒备。比如，宇文邕就对自己的亲弟弟齐王宇文宪充满猜忌，宇文宪最后抑郁而终，之后宇文赟也对宗室大臣充满警惕，将有威望的宗室大臣驱逐出京，派往外地就藩，这也为后来杨坚掌控京师提供了便利。

随着宇文家族的式微，关陇贵族集团的权力核心也逐渐瓦解，集团内部急需一位新的领导人。正是在这样的背景下，杨坚成为众望所归的集团领袖人物，继而完成了改朝换代，建立了隋朝。

从西魏到北周，从北周到隋朝，中华大地逐渐完成了"大一统"，东魏、北齐故地和梁陈故地的士人阶层开始进入统治集团，并对旧有的关陇贵族集团形成了前所未有的冲击。尤其是隋炀帝即位之后，大量重用江南士人，这无疑是摒弃了宇文泰以来统治阶层所践行的关中本位政策，这就使得关陇贵族集团内部出现了不满和分歧，裂痕越来越深。

事实上，隋炀帝是关陇贵族集团内部一个不折不扣的"叛徒"，他不只是任用江南士人，他还实行了很多损害关陇贵族集团利益的举措。当然，隋炀帝的这些举措是有着长远规划和远见的，并不单纯是为了打压关陇贵族集团。对于这一点，后文会有叙述。

也正因为隋炀帝对关陇贵族集团的"叛变"，在隋末农民起义的洪流中，大批的关陇集团成员加入了反隋的浪潮中，比如声势浩大的杨玄感叛乱，隋朝最终被农民军和关陇贵族势力共同推翻了。而继之而起的唐朝，则成了关陇贵族集团的新任领导者和代言人。

从这个角度说，西魏、北周、隋、唐四朝的连续更替，都可以看作关陇贵族集团内部剧变动荡，权力的分配和再分配过程。

不过，关于关陇贵族集团的影响下限，史学界争议颇多。比如陈寅恪就认为，从唐高宗立武则天为皇后开始，关陇贵族集团就走向了崩溃，最终被新兴阶层所取代。而历史学家黄永年先生却认为，关陇贵族集团在隋朝就开始解体，到唐初就已经影响衰微，进而不复存在了。

当然，这些争议并不影响人们对关陇贵族集团历史重要性的判断。关陇贵族集团对北朝隋唐政治的影响无疑是巨大的，这一点已经在史学界达成共识，这也成为研究北朝隋唐政治一个绕不开的话题。

杨坚在北周的仕途

隋文帝杨坚享年64岁,在64年的人生中,他在位的时间只有23年,在称帝建隋之时,他已经是41岁的不惑之年。换句话说,杨坚人生的绝大部分时间都是在南北朝时代的北周度过的。

罗马城不是一天建成的,大隋王朝也不是凭空建立起来的。在隋朝建国(581)之前,在杨坚40年的人生里,究竟经历了什么,才让他最终得以夺取北周国政登上皇位呢?

前面两节已经讲过,杨坚13岁入读太学,在此期间结识了很多同学好友,并结成一个小团体,这个团体为杨坚日后在北周的发展奠定了基础。同时,在从西魏到北周的政权嬗代过程中,独孤信家族落败,也是杨坚仕途上一次沉重的打击。

大概是在上太学期间,宇文泰看到了风华正茂、少年才俊的杨坚,不禁赞叹道:"此儿风骨,不似代间人。""代"指的是代地,大致相当于今天山西北部的代县、雁门关一带。宇文泰是用"代"来指代人间,也就是说,杨坚的相貌风骨,一点都不像凡间之人。

随着宇文泰的过世和北周王朝的建立,杨坚亲眼目睹了改朝换代的全过程,也见证了掌权之后宇文护权力的强大。或许就是从这个时候开始,杨坚的内心也开始升腾起一股对权力的强烈欲望。

独孤家虽然落败了,但是凭借着父亲杨忠的身份和军功,与独孤家联姻的杨家并未遭受到株连，杨坚也得以平静地度过了这次政治风波。

然而，一波未平一波又起，得势之后的宇文护连皇帝都不放在眼里，天王宇文觉即位不到一年，就被宇文护废杀，宇文护又拥立了宇文毓为帝，这就是北周明帝。同样不过三年时间，宇文护又废杀了北周明帝宇文毓，拥立了宇文邕为帝，是为北周武帝。

在这几年时间里，西魏、北周政坛上风云变幻，皇帝走马灯似的换，宇文护的权势极大。也就是在这个节骨眼上，宇文护向杨家伸出了橄榄枝，试图拉拢杨坚成为自己的羽翼，封其为右小宫伯，这也是杨坚人生中的第一个被朝廷任命的官职。

宇文护要拉拢杨坚的意图十分明显，这让杨坚极难决断，因为宇文护的拉拢相当于是让自己在皇帝和宇文护之间做出选择。也正因如此，这份右小宫伯的职务才显得尤为重要，因为这个职务的主要工作就是宫廷宿卫，换句话说，如果杨坚选择了站在宇文护这边，就要负责监视皇帝的一举一动，并汇报给宇文护。

杨坚不知该如何是好，因为无论站在哪边，他都觉得不合适。于是，杨坚向自己的父亲杨忠请教该如何决断。杨忠只是冷静地对杨坚说："夹在两个婆婆之间，是很难做媳妇儿的，你不要去！"

杨坚听完茅塞顿开，现在局势未明就轻易站队，说不好会为以后留下祸患。现在是宇文护的天下，但他多行不义，不得人心，如果跟着宇文护，那就是同流合污。当然，也不能站在皇帝这边，那样只会招来宇文护的打击报复，可能立刻就会大祸临头。于是，杨坚选择了揣着明白装糊涂，两边都不帮，两边都不站队，同两边都保持若即若离，说白了就是和稀泥。

就这样，杨坚接受了朝廷授予的右小宫伯的职位，但是他却拒绝接受宇文护所安排的监视任务。杨坚这样的态度，宇文护当然很不满意：我给你安排职务，就是要你追随我，替我完成任务，你可倒好，接受了我的好处，却不帮我办事。

宇文护怎么想怎么不乐意，但是发出去的任命书就像泼出去的水，收是收不回来的，而且其父杨忠毕竟也是十二大将军之一，位高权重，这个面子不能不给。于是，宇文护只能忍着这口气，没地方出气，他就处处给杨坚穿小鞋，并且不再升迁杨坚的职务。就这样，杨坚在皇宫宿卫的职务上一干就是八年，从公元557年到公元565年，从17岁到25岁，杨坚把他最好的年华"奉献"在了这个职务上，其间只是从右小宫伯改任为左小宫伯，并没有实质性的变动。

在担任皇宫宿卫的八年，杨坚被当时的皇帝，同时和自己还是连襟（都是独孤信的女婿）的北周明帝宇文毓注意到了。宇文毓比杨坚大七岁，宇文毓发现杨坚气度不凡，于是就找来一个叫赵昭的相面术士，让他去给杨坚相面。

有趣的是，赵昭给杨坚相完面之后，对宇文毓说："杨坚最多只能做个柱国。"但是，在私底下，赵昭却对杨坚说："你日后会成为天下之主，但是必须要杀很多人，你一定要记住我今天的话。"

《周书》和《隋书》中，记录着很多关于杨坚奇异面相的文字，尤其是先后有多位相面的术士给杨坚相过面。这其中，赵昭给杨坚的这次相面，是第一次指出杨坚日后会称帝，这对杨坚来说无疑是一个巨大的心理暗示，这次相面对杨坚日后的发展具有非凡的意义。

就在杨坚郁闷的时候，一个新的任命下来了，杨坚被晋升为大将军，出任随州刺史。毕竟北周是一个恩荫社会，杨坚作为十二大将军的儿子，一直担任一份皇宫宿卫的工作，怎么着也不合适。

在随州，杨坚又遇到了一个对他心路历程造成重大影响的人物，这个人叫庞晃。

杨坚所赴任的随州，属于襄州的治下，当时的襄州总管是宇文直，杨坚在赴任的路上，照例要登门拜访宇文直。宇文直是宇文泰的小儿子，是宇文邕的胞弟，按理说他应该站在皇帝这一边，但他却成了宇文护的铁杆亲信，也成了宇文护身边的大红人。可想而知，宇文直根本不把名不见经传的杨坚放在眼里，甚至懒得搭理杨坚，直接给杨坚吃了闭门羹。

然而，杨坚的到访却让一个人注意到了他，那个人就是庞晃。庞晃以回访的名义亲自拜访了杨坚，二人相谈甚欢。庞晃对杨坚说道："杨公相貌非常，未来定是九五之尊，发达之后，可千万不要忘记兄弟我啊。"杨坚连忙回笑道："兄弟你怎么能说这种大逆不道的话呢？"

就在此刻，屋外一只雄鸡突然高声鸣叫。见此情景，杨坚对庞晃说："兄弟你听，外面有鸡叫，你来射射看，如果一箭射中，我就信你的话，他日我富贵之时，你就以此为凭证来找我。"庞晃听后，自是高兴，弯弓搭箭，"嗖"的一声，冷箭射了出去，直直射中屋外的那只雄鸡。杨坚见此，哈哈大笑起来："看来真是天意如此啊！"二人又是一番把酒言欢。临别之际，杨坚还特别赠送了两个丫鬟给庞晃，两人的交情自此也更加亲密了。

随州的这次"奇遇"，再一次给了杨坚强烈的心理暗示。我们可以看到，此时的杨坚对这种"大逆不道"之语，是欣然接受的态度，说明他从这个时候起，就有了觊觎大位的野心。

很快，杨坚就被调回了长安。回到长安，正值母亲吕苦桃病重，他索性辞去了所有职务，专心守护在母亲身边。杨坚这么做，一是为了给母亲尽孝，二是避免宇文护的猜忌。

出人意料的是，杨坚的孝行却为自己赢得了好名声，他成了京城长安尽人皆知的大孝子，成为当时的道德模范。如此一来，杨坚再次成为宇文护的眼中钉。

宇文护咽不下这口气，便想尽一切办法去加害杨坚。这时有一名叫侯伏侯寿（鲜卑复姓侯伏侯）的将军突然站了出来，极力劝阻了宇文护，宇文护这才罢休。

回到长安三年之后，父亲杨忠病逝，杨坚便承袭了杨忠随国公的爵位。多年的宦海沉浮，已经让杨坚对北周王朝的政治动荡有了深刻体会，对权力的欲求也愈加强烈。这个时候，他开始主动寻求术士给他相面，一个叫来和的术士再次指出杨坚有称帝之相。这一举动也说明，杨坚已经开始为自己夺取天下谋划、造势了。

然而，此时的北周王朝风云变幻，在公元572年，隐忍了十二年的北周武帝宇文邕，一举诛杀了权倾朝野的宇文护，宇文护的时代彻底结束，历史进入了周武帝的时代。

周武帝宇文邕的亲政,使杨坚又喜又忧。喜的是,他终于可以不用再忍受宇文护的打压了;忧的是,周武帝是一位英明果敢的帝王,杨坚的帝王梦恐怕很难实现了。

周武帝宇文邕亲政之后,厉行改革,发展经济,改革府兵制,其中最著名的一项举措就是灭佛。历史上有"三武灭佛"之说,是指北魏太武帝拓跋焘、北周武帝宇文邕和唐武宗的三次灭佛。经过一番改革之后,周武帝宇文邕很快发动了对邻国北齐的战争,并最终取得了胜利,统一了整个北方。

在这场灭齐的战争中,杨坚的表现算是可圈可点,这也引起了宇文邕的注意。作为平齐战争的重要功臣,杨坚进位柱国,并被任命为定州总管,这一任命也成为杨坚仕途上具有转折性意义的一次大跨步。

杨坚所担任的定州总管这一职务意义非凡。

定州,今河北省定州市,西傍太行山,东临华北平原。在当时,定州经济繁荣,人口稠密,也是军事物资基地。可以说,定州是不折不扣的河北第一军事重镇。而定州总管的职务,就相当于如今的军区总司令,做定州总管的人无疑是一个封疆大吏,而且这个职务是大大的肥差。宇文邕把如此重要的职务交给杨坚,可见宇文邕是一个赏罚分明的帝王,这也体现了宇文邕对杨坚的信任。

宇文邕把这一重要职务交给杨坚,无疑是将安抚北齐旧境的重任交给了他。北齐刚刚平定,虽然各方残余势力已基本被扫清,但是对于这里的普通民众而言,他们对北周这个新政权是无比陌生的。这就需要安抚人心,把北周王朝的方针政策传达到这里的每一个州县,并将这里隐藏的一切不安定因素扼杀在摇篮里,这些都是杨坚的工作重点。

在担任定州总管期间,杨坚再一次遇到了故友庞晃。庞晃此刻的职务是常山太守,常山距离定州很近,因此两人交往十分密切,史书记载二人"屡相往来"。

庞晃预言过杨坚未来会成为九五之尊,这些话杨坚不会忘记,杨坚和庞晃的再次重逢，也让杨坚的内心再一次燃起了压抑已久的野心。也正是在担任定州总管期间，杨坚不断地积极运作，笼络人心，招揽士人，将自己的集团规模不断扩大。这其中，有三个人最为典型，分别是尉迟崇、李谔和杨弘。

甚至，庞晃还劝说杨坚就以军事重镇定州为战略根据地，招兵买马，起兵反周。庞晃说："燕、代精兵之处，今若动众，天下不足图也。"杨坚经过深思熟虑之后，最终没有采纳庞晃的建言，只说了一句"时未可也"。

杨坚的决定是正确的，虽然此时的杨坚据有定州这个战略要地，但是北周刚刚消灭北齐，军威正盛，自己凭什么和北周抗衡呢？即使自己手握精兵，但是这些士兵又凭什么给自己卖命呢？再者，周武帝宇文邕的手腕和能力都绝非寻常帝王可比，杨坚在平齐之役中也是亲眼见识过宇文邕的领导才干的。通盘考虑，现在起兵显然操之过急，时机未到。

就在杨坚这边踌躇满志的时候，周武帝宇文邕对杨坚也开始心生猜忌。宇文邕身边的近臣齐王宇文宪和王轨都不止一次地提醒宇文邕，杨坚面有反相。本来，宇文邕没把他们的话当回事儿，但是一件事的发生，彻底改变了宇文邕对杨坚的态度。

这件事就发生在定州，和一则预言有关。

据说，定州城的西门从来都是关闭着的，至于这扇门是从什么时候开始关闭，又是为何关闭的，没有人说得上来，人们只是口耳相传着一句话——"当有圣人来启之"。说这句话的人，就是北齐开国皇帝高洋，高洋说的这句话是什么意思，没人能解释得上来。

而随着北齐灭亡，杨坚就任定州总管，一直尘封紧闭的定州城西门突然之间被打开了，开门之人，正是杨坚。于是，定州城百姓议论纷纷，难道杨坚就是高洋口中所说的"圣人"？

在那个时代，圣人可不是随便叫的，圣人在某种意义上就是指至高无上的皇帝！"当有圣人来启之"的预言此时此刻正好就被杨坚应验了，杨坚无疑就是定州城百姓心目中的"圣人"。且不说这句预言的真假，单单是定州城百姓对杨坚的议论和尊敬，就足以令远在千里外的宇文邕忧心。

毕竟北齐刚刚平定，而定州又是北齐故地的军事重镇，当地百姓把杨坚当"圣人"来看待，这还得了？万一杨坚趁机作乱，百姓还不望风归附？

周武帝宇文邕思来想去，最终决定把杨坚调离定州，将杨坚改任为南兖州总管。

南兖州，今安徽亳州，一代枭雄曹操就生在此地，此处相比于定州，地理位置的重要性要差很多。但是，此时的陈朝蠢蠢欲动，南兖州正处于前沿阵地，正是需要人的地方，把杨坚派过去于情于理都说得通。

于是，在定州总管任上只工作了十个月的杨坚，再一次启程出发，前往南兖州。

对于周武帝宇文邕的猜忌和戒备，杨坚只能选择暂时的隐忍。《隋书·高祖纪》记载，在周武帝时代，"高祖（杨坚）甚惧，深自晦匿"。这句话也总结了杨坚在北周武帝强权统治下的韬晦之道。

杨坚的权臣之路

转任为南兖州总管的杨坚日子并不好过，可谓如履薄冰，他一直在扮演着鸵鸟的角色，再也不敢像在定州时候那般张扬了。因此，史书上看不到杨坚在南兖州总管任上的任何作为。

然而，周武帝宇文邕的突然驾崩，使杨坚的人生迎来了转机。

周武帝宇文邕曾经给自己定了志向——"平突厥，定江南，一二年间，必使天下一统"。为了实现这个志向，周武帝在灭齐之后，就把目光定格在了北方辽阔草原之上的突厥。

宣政元年（578）五月，宇文邕将北周大军分为五路，浩浩荡荡地从长安城出发了。这一年，宇文邕36岁。

可是，北周大军刚一出发，就在长安城以北三百里的地方停下了脚步。这是因为，大军的统帅周武帝宇文邕病倒在了长安城外的云阳宫中，病情迅速恶化。也就是在云阳宫中，宇文邕彻底离开了这个世界。

北周武帝宇文邕驾崩之后，北周的国政就落到了太子宇文赟手中，史称周宣帝。需要指出的是，周宣帝宇文赟和杨坚的关系可非同一般，杨坚的大女儿杨丽华就嫁给了宇文赟成为太子妃，如今宇文赟继承了皇位，杨丽华自然也就成了皇后，杨坚也就是国丈了。

周宣帝即位后，杨坚立马被重新调回了中央，封上柱国、大司马，掌管军政大权，一时间风光无二。到了第二年，也就是公元579年，周宣帝宇文赟设置四辅官，相当于四个丞相，直属于皇帝，总理政务。非常幸运，杨坚再次入选了，他被封为大后丞。不久之后，杨坚升任为大前疑。

正当杨坚风光无限的时候，他却突然做了一件"蠢事"，让他从此在宇文赟面前失去了信任。宇文赟即位之后推行了更为严酷的《刑经圣制》，杨坚觉得用刑实在太重，这样反而更容易滋生犯罪，不易教化百姓，所以建议减轻用刑。

如果是像周武帝那样的皇帝，肯定会对杨坚的建议欣然采纳，即便不采纳，至少也会以礼相待。然而，这位刚刚登上皇位的周宣帝宇文赟可不是什么明君贤主，他在历史上是个有名的昏君。

周宣帝宇文赟非常荒唐。在周武帝宇文邕准备下葬的时候，宇文赟就一边抚摸着父亲宇文邕的棺材，一边痛骂："老家伙，你死得太晚了！"并且，他让所有人都脱下丧服，换上常服。另外，宇文赟还闯入后宫，把自己的一众"后妈"都据为己有，恣意淫乱。更为荒唐的是，宇文赟一口气立了五个皇后，一举打破了前赵皇帝刘聪"三后并立"的历史纪录，成为古代皇帝里同时立皇后（并存）最多的一个。

再后来，周宣帝觉得当皇帝没意思，当腻了，索性禅位给了年仅七岁的太子宇文阐，自己当起了太上皇，并且以"天"自居，自命"天元皇帝"，所居住的宫殿也称为"天台"。

正所谓一朝天子一朝臣，周宣帝宇文赟胡作非为也就罢了，他在上台之后，还迅速对前朝功臣，尤其是那些周武帝在位时期重用的旧臣，展开了血腥清洗。首当其冲的就是宇文宪、王轨、宇文神举三人，这三人都是周武帝留下的股肱之臣。然而，周宣帝宇文赟把对周武帝的愤恨全部转嫁到了这些功臣的身上，开始了对他们的血腥屠戮。

这就是周宣帝宇文赟，一个不仅昏庸而且极度残暴的皇帝。而杨坚的贸然上奏，无疑是逆鳞之举。宇文赟长期以来受到父亲宇文邕的严苛管教，因此他最不喜欢的就是别人来教育自己，不喜欢别人给自己提意见，尤其是跟自己讲那些治国的大道理，偏偏杨坚就撞在了宇文赟的枪口上。

如果换作别人给宇文赟提建议，宇文赟恐怕早就把那个人杀掉了。但是，杨坚毕竟是他新任命的四辅官之一，又是当朝国丈，所以宇文赟一时间也没有处置杨坚。不过，杨坚在宇文赟心目中地位骤降，他对杨坚的态度也迅速冷淡了下来。

除了杨坚因为"不识时务"遭到了宇文赟的冷遇，他的长女——当朝皇后杨丽华也惹怒了宇文赟。

杨丽华性格宽厚，有容人之度，从不参与后宫争宠，用今天的话来说，是个"佛系"皇后。然而，宇文赟的性格却越发暴戾，喜怒无常。这样两个性格迥异的人在一起，注定不会和睦相处。

一次，宇文赟突然对杨丽华大发雷霆，无端地给她强加罪名。然而，杨丽华却面不改色，既不求饶，也不辩解，总之就是要"佛系"到底。这更加激怒了宇文赟，宇文赟逼其自尽。

这一消息传到杨家，杨家十分惊恐，当然，后宫之地不是杨坚能去的地方，于是，独孤伽罗便心急火燎地进宫了。当独孤伽罗见到宇文赟时，开始极力求饶，请求宇文赟饶恕女儿一命。独孤伽罗在地上磕头如捣蒜，以致血流满面，宇文赟这才作罢。

但是，宇文赟并未就此消气，他开始对杨家处处提防，对杨丽华更是冷淡，甚至时不时就指着杨丽华的鼻子声色俱厉地说："迟早要杀了你们全家！"（"必族灭尔家！"）

正是出于这种种原因，宇文赟对杨坚十分忌惮，而杨坚也是如履薄冰，其处境甚至比在周武帝时代还要艰难。史书记载，宇文赟每次召见杨坚，都会观察杨坚的神色，并且吩咐左右，如果杨坚神色异样，即刻诛杀。从此以后，杨坚更加小心翼翼，唯恐再犯一点小错，他也幸运地躲过了宇文赟的诛杀。

就在杨坚因自己前途未卜，忐忑不安之时，周宣帝宇文赟却突然暴毙了，杨坚的人生又迎来了转机。

当时宇文赟身边的宠臣同时也是杨坚太学同学的郑译，看出了杨坚处境之艰难，于是决定帮老同学一把，索性就在宇文赟面前建言，说陈朝现在蠢蠢欲动，不如把杨坚派去南方，让他做扬州总管。宇文赟觉得这个主意不错，便欣然应允。

然而，这封任命状仅仅发出去五天，宇文赟就一病不起了。真是凑巧，当时的杨坚也赶上犯了足疾，没有立即成行。就这样，命运之手将杨坚推上了历史舞台。

在这个紧急时刻，杨坚多年的老同学郑译发挥了关键性作用。郑译联合另外一名宠臣刘昉，将杨坚以"侍疾"的名义迎入皇宫，同时又有天元大皇后杨丽华的鼎力支持，杨坚便轻而易举掌控了朝廷中枢。

也就是杨坚入宫的当天晚上，周宣帝宇文赟驾崩了，终年22岁。杨坚下令，封锁消息，秘不发丧，矫诏写下了任命杨坚为辅政大臣的诏书，并且总领中外兵马事。

按照规定，遗诏必须由御正大臣亲笔签署才能对外发布。这个时候，御正大臣颜之仪拒绝签字，并且说道："主上刚刚升天，嗣子年幼，辅政大臣的位子，理应由诸王之中年岁最长的赵王宇文招担任，而且他德高望重，是辅政的最佳人选。你们都深受皇恩，应当尽忠报国，怎么把国家权柄转送给外人呢？我颜之仪誓死不违背先帝遗愿。"

然而，此时的颜之仪只是孤军奋战，他所面对的不仅是杨坚、刘昉和郑译，还有柳裘、卢贲、皇甫绩、杨惠等一众大臣。颜之仪最后绝望了，他声嘶力竭地斥责着刘昉、郑译辜负皇恩，斥责着杨坚擅权谋逆，然而，这些全都无济于事，也注定改变不了历史。

事实上，杨坚能够看似如此轻松地夺取辅政之位，一方面是自己多年来在朝中苦心经营个人势力和培植亲信的结果，另一方面"归功"于周宣帝宇文赟的作茧自缚。

宇文赟登基之后，对北周的元老重臣进行清洗，朝中新锐普遍都是些诸如刘昉、郑译这般没什么政治根基的人物。这些人没有什么坚定的政治立场，有奶便是娘，只要有利可图，就会叛变。另外，很多宗室藩王也被宇文赟驱逐出了京师，在地方上就藩，虽然他们手握重兵，但是也造成了京师空虚的局面。

正是这两方面的原因，使杨坚顺利地夺取了辅政大臣之位，杨坚的矫诏辅政，也成为他称帝建隋过程中的关键一步。

开国前夜的"三总管之乱"

在从北周到隋朝过渡的历史过程中，发生过一起声势浩大的反叛事件，这就是发生在北周末年的"三总管之乱"。

公元580年6月，即北周大象二年，相州总管尉迟迥自称大总管，设置百官，对外声称奉赵王宇文招小儿子的命令举兵讨逆。

先来说一下赵王宇文招是何许人。他是宇文泰的第七子，先后参与了周武帝灭齐和讨伐稽胡的战役，立有战功。周宣帝宇文赟即位之后，宇文招被封为赵王，享有洺州襄国郡（今河北邢台）以及万户之民。

周宣帝暴崩之时，赵王宇文招是北周宗室中年纪最大而且威望最高的，御正大臣颜之仪就曾主张让赵王宇文招来担当辅政之位。然而，杨坚封锁了周宣帝暴崩的消息，并且以周宣帝的名义下诏，征召以赵王宇文招为首的五位藩王入京，理由是赵王的女儿千金公主出嫁突厥，回京观礼。

五位藩王到了京师长安才发现，周宣帝已经驾崩，北周的朝堂已经不再是宇文家的了，而是被大丞相杨坚所把持。随即，五王以谋反的罪名被抓捕，五王及其家人全部被杀，北周的宗室势力彻底败落，再也无力与杨坚进行抗衡。

不过，解除掉宗室集团的威胁之后，杨坚还不能高枕无忧，因为当时地方上除了存在以五王为代表的宗室势力之外，还存在大批北周勋贵势力，其中又以山东的相州总管尉迟迥实力最强。

如何解除这些分散在各地的北周勋贵势力的威胁，成了杨坚接下来要面对的重大难题。

事实上，杨坚之所以对周宣帝驾崩之事秘而不宣，并且对北周宗室大开杀戒，最重要的原因就是，杨坚担心地方上宗室和勋贵两大集团势力联手。而京师长安军事力量单薄，自己又不如这些宗室勋贵有威望，一旦他们联手对京师发起反攻，刚刚获得的辅政之位必将化为乌有，自己也将性命不保。

然而，该来的还是来了，周宣帝驾崩以及五王被杀的消息很快传到了这些地方勋贵势力那里。于是，占据山东大片区域且实力最强的相州总管尉迟迥率先发难，宣布起兵讨伐杨坚。

在说这起叛乱之前，我们有必要先来介绍一下北周的总管府制度。

总管府制度其实是来源于魏晋以来的都督府制度，是西魏军政改革的延续，最初推行于周明帝武成元年（559），既是地方州县的上级，也掌握着地方军政任免大权，有些特殊的总管还被授予"便宜行事"的大权。唐朝的藩镇节度使和它非常相似，有些势力强大的总管府相当于一个小王国，对中央来说是非常大的威胁。

相州总管，是北周平定北齐之后新设置的，相州的治所就在北齐故都邺城（今河北临漳），也是当时北周境内势力最大的总管府，辖区大致包括今天的河北、山东以及河南、江苏、安徽的一部分。

最早担任相州总管的是越王宇文盛，周宣帝即位之后，相州总管才改由尉迟迥担任。

在当时，尉迟迥算得上是北周的元老重臣了，已经60多岁，是北周勋贵集团中现存的头号人物，跟杨坚的父亲杨忠是一个辈分的人。他因为平蜀有功，被封为蜀国公，食邑万户，功勋卓著。

同时，尉迟迥和宇文家族有着极深的渊源。尉迟迥之于宇文氏其实有两重身份，首先他是宇文泰的外甥，其次他是周宣帝的姥丈人（周宣帝的皇后之一尉迟炽繁是尉迟迥的孙女）。既是宗亲，又是勋贵，还是皇帝姥丈人，这种威望在北周除了尉迟迥再没有别人了。

如果把杨坚和尉迟迥相比，那真是一个在天上，一个在地下，高下立判。虽然杨坚也是国丈，但是跟尉迟迥比起来，那就差得太多了。论军功，杨坚比不上尉迟迥，论和宇文家的关系，杨坚也差了很多，不管怎么比，杨坚的实力都远远不如尉迟迥。

因此，当尉迟迥得知杨坚当上辅政大臣之后，他是打心眼儿里看不起杨坚：杨坚你不过是运气好，周宣帝去世的时候，你刚好在京师，朝政才被你掌控，论起实力来，你能和我比吗？丞相之位由我来坐才更合适。

对于尉迟迥这样的政坛老手，杨坚心里十分清楚，他也早就料到了尉迟迥不会安分。

其实早在周宣帝宇文赟驾崩消息对外宣布之时，杨坚就已经派尉迟迥的儿子尉迟惇拿着诏书去邺城了，征召相州总管尉迟迥入京会葬。同时，杨坚还派了另外一个名叫韦孝宽的老将军从长安出发前往相州，去接替尉迟迥的相州总管之位。

杨坚的意思是，如果尉迟迥接了这道诏书，并且也愿意接受朝廷的调度，放弃相州总管之位，那就等于是束手就擒，乖乖进京，我也不会亏待你；但如果尉迟迥不接诏书，拒绝皇帝征召，也不接受朝廷的任命的话，那你就是有不臣之心，我派兵出征也师出有名。

后来发生的事情表明，杨坚的决策非常正确。尉迟惇果然是一去不回，跟着老爹尉迟迥一起举兵反叛了。而韦孝宽还没到相州，就听闻相州城中已经蓄势待发，随时都可能起兵，还没等尉迟迥的追兵赶到，他就带人掉头跑了。

与此同时，有一个叫杨尚希的官员，他负责抚慰山东、河北，碰巧当时就在邺城，他和尉迟迥一同为周宣帝发丧，却发现尉迟迥的表现一点也不哀痛，而且若有所思。杨尚希察觉到了异样，便连夜逃出相州城抄小路跑了。尉迟迥发现杨尚希不见了，立刻派人去追，然而为时已晚。杨尚希一路跑回了长安，向杨坚禀报了他在相州的所见所闻。

种种迹象表明，尉迟迥是必反无疑了。但是，尉迟迥毕竟还没有公开反叛，杨坚也不好率先发难，他决定再派人到邺城去试探一次。

这次，杨坚又派了候正（侦查官职）破六汗裒（鲜卑复姓破六汗）前往邺城，表面上是宣旨慰问尉迟老将军，实则暗中联络长史晋昶，让晋昶做朝廷的内应。然而，隔墙有耳，这件事立刻传到了尉迟迥的耳朵里，尉迟迥立即抓捕并诛杀了破六汗裒和晋昶等涉事人员。

自此，尉迟迥的谋反之意已然是昭然若揭，于是他便登上邺城北门城楼，昭告天下说：杨坚是"挟幼主而令天下"，有"不臣之迹"，先帝让我镇守于此，就是让我来安定国家的，事到如今，我想与诸位一同"纠合义勇，匡国庇人"。

就这样，相州总管尉迟迥正式起兵发难，讨伐杨坚。

尉迟迥起兵之后，时任青州总管的尉迟迥的侄子尉迟勤也随即响应，一同举起了反叛的大旗。

尉迟迥和尉迟勤合力之后，实力大增。他们有多大的实力呢？我们不妨来看一下尉迟迥和尉迟勤这两位总管所统辖的区域，便一目了然了。

尉迟迥辖下有相州（今河北临漳）、卫州（今河南淇县）、黎州（今河南浚县）、洺州（今河北永年）、贝州（今河北清河）、赵州（今河北隆尧）、冀州（今河北冀州）、瀛州（今河北河间）、沧州（今河北盐山）。

尉迟勤辖下有青州（今山东青州）、齐州（今山东济南）、胶州（今山东诸城）、光州（今山东莱州）、莒州（今山东沂水）。

光是尉迟迥和尉迟勤的统辖范围，就包括了今天的山东、河北以及河南的一部分，拥兵数十万。

此外，荥州（今河南荥阳）刺史邵公贵、申州（今河南信阳）刺史李惠、东楚州（今江苏宿迁）刺史费也利进、东潼州（今安徽泗县）刺史曹孝远，也纷纷响应尉迟迥。

与此同时，尉迟迥派人北上，与营州（今辽宁朝阳）高宝宁联络，并通过高宝宁联系突厥，希望获得突厥方面的支持；南下陈朝，向陈朝许诺割让江淮之地，以求获得陈宣帝的支持。而在豫州（今河南驻马店）、荆州（今河南邓州）、襄州（今湖北襄阳）也爆发了山蛮之乱，攻破了周围的郡县。

尉迟迥起兵之后，郧州（今湖北安陆）总管司马消难、益州（今四川成都）总管王谦也随之起兵响应，这就是发生在北周末年著名的"三总管之乱"。

先说司马消难。

司马消难出身于河内司马氏，是司马懿四弟司马馗之后，父亲是北齐名将司马子如，女儿司马令姬是当朝皇帝周静帝宇文阐的皇后。可见，他在北周也是个很有身份和影响力的政治人物。

说来也巧，杨坚、尉迟迥和司马消难都和北周皇室缔结了姻亲，其中杨坚和司马消难都算得上是当朝国丈，而尉迟迥的辈分更高，是国丈的父亲，也就是尉迟皇后的爷爷，周宣帝的妻祖父，算是姥丈人。事实上，这绝非历史偶然，这个现象的背后，其实正体现了关陇集团内部强大的婚姻关系网。

再来说王谦。

王谦出身于太原王氏，父亲王雄是西魏十二大将军之一，王雄在随宇文护东征北齐的过程中被北齐名将斛律光射杀，因此，王谦不仅是"军二代"，而且是"殉国英雄之后"。后来，他追随周武帝宇文邕伐齐，立有战功，因而被封为益州总管。

当时三总管的统辖区域占到了北周领土一半以上，他们共同对身居长安的杨坚集团形成了合围之势，再加上其余各方势力的蠢蠢欲动，北周王朝顿时处于四分五裂的危机之中。

可以说，这是杨坚一生所遇到的最为严重的一次危机。一旦三总管的叛军攻入长安，西晋末年的惨剧将再次上演，历史极有可能再次陷入五胡十六国的动荡之中。

不过，三总管叛乱看似来势汹汹，但也绝非无懈可击，他们最大的弱点就在于，他们并非铁板一块，而是各自为阵，无法真正形成合力。因此，最好的应对办法就是各个击破。

于是，杨坚任命韦孝宽为行军元帅，负责征讨相州总管尉迟迥；任命梁睿为行军元帅，负责征讨郧州总管司马消难；任命王谊为行军元帅，负责征讨益州总管王谦。

杨坚平定"三总管之乱"的关键性一步

就在战争一触即发的关键时刻,有一个人对战局的走向起到了决定性作用,这个人就是镇守在晋阳的并州总管李穆。

为什么说李穆的作用是决定性的呢?原因有两点。

第一,李穆是北周的元老重臣。

李穆有两个哥哥,大哥是李贤,二哥是李远,李氏一门三兄弟早年都是追随宇文泰一起打天下的。北周风风雨雨几十年过去了,宇文泰死了,李贤和李远也死了,宇文泰的很多手下大将都凋零了,而李穆还活在世上,在当时他堪称国宝级的元老重臣。

而且,宇文泰一直把李穆当作救命恩人,这是怎么回事儿呢?这还得从一桩陈年旧事谈起。

在邙山之战的时候,宇文泰的军队被东魏打散了,宇文泰所骑的战马也被流矢射中,致使宇文泰落马倒地。眼看着几个东魏士兵就要追上来了,在这危急时刻,李穆突然冲了过来,拿起马鞭就抽向了宇文泰,大声叱骂宇文泰,然后把战马给了宇文泰,宇文泰骑上战马扬长而去。东魏士兵见李穆如此轻侮眼前这个人,就没太当回事儿,以为不过是个小喽啰,就没有放马去追,宇文泰这才得以在乱兵之中捡回一条性命。

事后宇文泰感激涕零,赏赐李穆丹书铁券,可免十次死罪。此后,李氏家族和宇文泰就不仅是政治同盟的关系了,而且是过命之交,关系十分亲密,宇文泰甚至把两个刚出生的儿子宇文宪和宇文邕寄养在了原州李贤家中。

第二，李穆任总管的并州战略意义重大。

周武帝宇文邕在位时期，李贤病逝，伐齐之役后，李穆因功坐上了并州总管的位子。

并州，是原北齐陪都所在地，对于北方草原民族，军事意义尤其重大，因此，并州常年配备有精兵良将，辎重无数。

尉迟迥发起反叛之后，并州正好处于尉迟迥集团和长安杨坚集团的中间地带，并州的地位可谓举足轻重。如果李穆站到了杨坚这一边，关陇长安就有了屏障，而如果李穆站到了尉迟迥一边，尉迟迥集团便会如虎添翼，长安也就岌岌可危了。

基于以上两点，李穆当时的站队就显得极为重要，可以说关乎天下大势的走向。如果站队杨坚一边，天下可能就是杨坚的；如果站队尉迟迥一边，天下可能就是尉迟迥的了。

杨坚和尉迟迥都知道李穆的重要性，战争还没开始，双方就纷纷派使臣去游说李穆，向李穆抛出橄榄枝，许以高官厚禄，请求得到李穆方面的支援。

那么，李穆的态度是怎样的呢？《隋书》记载，李穆是"颇怀犹豫"，他自己也不是很清楚该站在哪一边。

两边的使臣都到了并州，都开始了对李穆的游说，具体是怎么游说的，史书没有记载，我们也不得而知，但结果是，李穆最终选择站到了杨坚这一边。同时，他把尉迟迥的使臣扣押，又把尉迟迥的书信原封不动地转交给了长安的杨坚。

李穆的儿子李荣①觉得，父亲所统辖的地盘地势险要，兵精粮足，就劝说父亲投靠尉迟迥。如果联合尉迟迥一同进攻长安的话，那么胜算实在太大了，跟着杨坚反而要冒风险。李穆不为所动，还是坚定地站在了杨坚这一边。

杨坚为了表达自己的诚意，又把李穆的儿子李浑派到了李穆身边。李浑当时

---

① 《隋书·李穆传》作"李士荣"，有误。

在京任职，大战在即，杨坚完全可以把李浑当作要挟李穆的工具，但是他并没有这么做。

杨坚这一举动让李穆深受感动，他没想到大丞相杨坚竟然会如此赤诚以待。既然大丞相如此赤诚，李穆也不能太小气，他没有让儿子李浑多做停留，就让李浑立刻赶回长安去了。同时，李穆还让李浑捎带了一把熨斗和一条十三环的金腰带，并且给杨坚带话说"愿执威柄以熨安天下也"。

李穆托李浑给杨坚带的这两件东西和这句话是什么意思呢？熨斗的含义是，李穆会坚定地拥护杨坚，并且希望杨坚"熨安天下"；而金腰带的含义就更深了，十三环的金腰带是天子御用之物，把它送给杨坚也就意味着支持杨坚称帝。

那么，李穆为何会如此坚定地投靠杨坚呢？

史书记载，杨坚派去游说李穆的使臣名叫柳裘，柳裘对李穆"盛陈利害"，李穆才"归心于高祖"。在我看来，李穆是70岁的老政治家了，他政治经验丰富，不可能会因为某个人的游说而下定主意，真正让他下定决心追随杨坚的原因，应该还是在他的内心。

李穆内心究竟是如何考虑的呢？笔者认为有四点。

第一，李穆和宇文家族有仇。李穆虽然是北周奠基人宇文泰的救命恩人，但是他的哥哥李远一家却惨死于宇文护之手，这毕竟是丧兄之痛，很难说他对宇文家没有仇恨。

第二，杨坚挟天子以令诸侯，代表着正统的力量。杨坚掌控着京师，也就意味着他掌握了国家的话语权，而尉迟迥所拥立的是赵王宇文招的小儿子，没有一点正统性可言，这在政治上是非常吃亏的。

第三，杨坚表示出了足够的赤诚。杨坚把在京师任职的李浑派到李穆身边，这一招可谓棋高一着，极具政治智慧，把尉迟迥远远地比了下去。

第四，杨坚更具投资潜力。尉迟迥既是外戚，又是功勋卓著的老将，他本来就有很高的威望。相比较而言，杨坚的资历就浅多了，实力也不如尉迟迥。如果李穆追随尉迟迥的话，事成之后最先赏赐的一定是尉迟迥的亲信，但如果扶持杨坚上位的话，自己就是以后的开国第一功臣。

后来的历史确实也证明了这一点。我们只要看一下《隋书》的目录就会发现，李穆的传记是排在《隋书》所有列传的第二篇，仅次于第一篇的后妃传，其他的文武宗室大臣都在他之后。而且，《隋书·李穆传》说："穆之贵盛，当时无比。"李穆在隋朝享有的尊崇程度，是满朝无人可比的。

李穆归附杨坚之后，随即发兵北上，抓获了尉迟迥的长子朔州（今山西朔州）总管尉迟谊，移交长安。然后，李穆又进攻潞州（今山西长治）刺史郭子胜，一举将其擒获。

可以说，只要有李穆的存在，山西这片地盘便稳如泰山，尉迟迥就无法放手西进长安。因为一旦尉迟迥举兵西进，邺城就会直接暴露在李穆面前，即便到了函谷关，他的老巢也将失守。

杨坚成功拉拢到李穆，这也是他最终能够取得平定"三总管之乱"胜利的最主要原因。

杨坚平定"三总管之乱"的三个帮手

在取得李穆的支持之后，杨坚的胜算就大了很多，他终于可以放心大胆地和尉迟迥在战场上放手一搏了。

从后来的历史来看，杨坚能够取得平叛战争的胜利，有三个重要的帮手，分别是韦孝宽、李德林和高颎。事实上，他们不仅是促成这场平叛战争胜利的关键性人物，而且他们中的两位也是后来隋朝的开国功臣。

先来说韦孝宽。

韦孝宽在前文中已经提到过了，就在尉迟迥叛乱的前夕，杨坚一边派人征召韦孝宽进京，一边又派韦孝宽前往相州接任相州总管。韦孝宽知道这次任务的凶险，出于谨慎，他故意放慢行程，一路上优哉游哉。当行进到离相州不远的朝歌（今河南淇县）的时候，他一边谎称足疾发作，一边又以寻医问药为借口派人到相州城中打探消息，发觉有变，便立刻折返。

不过，韦孝宽并没有直接跑回长安，而是在河阳停下了脚步。河阳在哪儿？就是今天的河南孟州，在洛阳靠北边一点的地方。洛阳是北魏旧都，北魏分裂后，洛阳就一直是东魏、北齐的地盘，宇文泰一直想拿下洛阳，但都以失败告终。一直到周武帝宇文邕吞灭北齐之后，洛阳才属于北周，后来周宣帝又在此设置了东京六府，统领北齐旧境，并修筑了洛阳行宫。

韦孝宽知道洛阳是守护关中的军事重地，极具重要性，绝不可留给尉迟迥。但是，韦孝宽为什么要先到河阳呢？当时河阳有八百守军，这些士兵都是关东鲜卑人，是从北齐故地收编过来的，他们本来就对北周没那么忠心，而他们的家人又都在尉迟迥的地盘，这些人无疑是最大的隐患。现在大战在即，这些关东兵一旦发生哗变，对洛阳是不小的威胁。

韦孝宽是怎么做的呢？他把河阳八百守军骗到了洛阳，一到洛阳就把这些人都扣了下来，全部收编整合到了洛阳的部队里，在洛阳加强防卫，训练士卒，随时待命进攻尉迟迥。

就这样，韦孝宽用一个小小的计谋，巧妙地化解了一场洛阳的潜在危机，保证了洛阳的安全。这虽然只是一件小事，但是能反映出韦孝宽是一个沉稳干练、心思缜密的人。

韦孝宽在洛阳收整军队，加强防卫，训练士卒，随时准备和尉迟迥开战。可以说，杨坚选派韦孝宽来主持讨伐尉迟迥是非常正确的，在应对尉迟迥叛乱的前前后后，韦孝宽确实发挥了中流砥柱的作用。

再来说杨坚的另外两个重要帮手——李德林和高颎。

就在杨坚和尉迟迥大战在即的关键时刻,一封举报信被递送到了杨坚的面前。这封信是元帅长史李询(李穆的侄子)写的,内容是举报梁士彦、宇文忻、崔弘度收受尉迟迥的贿赂,请求派监军到军中查办此事。并且,李询还在信中说,此时前线已然"军中慅慅,人情大异"。

这三人是谁呢?梁士彦、宇文忻、崔弘度都是行军总管,都是随军参战的高级将领。这三人如果真的收受了尉迟迥的贿赂,那前方阵地随时都有哗变的可能,一旦阵前倒戈,大军必败无疑啊!就算没有收受贿赂,现在也搞得军心不稳,对即将开始的大战非常不利。

杨坚一时间也慌了,连忙找来刘昉、郑译等人商议对策。郑译提出,必须重新物色人选,替换掉这三个收受贿赂的将领,押回京师按律处置。杨坚深以为然,就想派刘昉和郑译中的一人来担此重任,去前线监军。

刘昉和郑译虽然协助杨坚矫诏辅政,登上了大丞相之位,但他们都是投机势利之徒,而且贪生怕死,在宫里搞阴谋政变可以,让他们上战场真刀真枪去拼杀,他们是决计不愿意的。当然,他们也不是那块料,杨坚之所以会首先想到他们,也是病急乱投医,显然是真的惊慌失措了。

就在这时,一个叫李德林的人站了出来,坚决反对杨坚临阵换将,理由有三点:

第一,诸将内心不安实属正常现象。因为无论杨坚还是尉迟迥,都是北周的臣子,只不过杨坚是靠着天子的名义,才能对众将领发号施令,众将领实际上并不是杨坚的臣子,而是北周的臣子,他们没有理由非得效忠于杨坚,为自己寻找退路也是人之常情。

第二,替换将领并不能解决问题。这不是一两个将军收受贿赂的事儿,而是整个军队都存在军心不稳的问题。更换完将领,就能保证后面派去的人绝对效忠于杨坚吗?不能,甚至可能搞得人人自危,大军不战而败。

第三,临阵换将乃是兵家大忌。李德林说,燕国名将乐毅之所以投奔赵国,赵括之所以令赵国在长平之战惨败，都是临阵换将所导致的。

杨坚听罢，觉得李德林所言极是，但是，如果不换将，又该如何应对呢？难道就对军中将领收受贿赂的事儿置之不理了吗？

李德林又继续说出了他的解决方案，只需要派一个得力的心腹到军中担任监军，而且此人必须智谋过人，让他来调查事情的原委，一方面可以安抚军心，另一方面也可以威慑诸将，即便他们有异心，也绝不敢轻举妄动。

杨坚顿悟，说道："若公不发此言，几败大事。"（《隋书·李德林传》）

这里有必要介绍一下李德林。李德林是个纯粹的文人，他本是北齐的大才子，伐齐之役后，周武帝十分看重李德林，引为左右。然而，周武帝宇文邕英年早逝，周宣帝即位之后，李德林便遭到了冷落，也正是在这个时候，李德林被杨坚收入麾下，从此成了杨坚的智囊和心腹。

后来，在矫诏辅政的过程中，杨坚面临一个以什么样的身份来担当辅政大臣的问题。这时候，李德林就为杨坚建言献策，劝他以大丞相的身份来辅政，并且假黄钺，都督内外诸军事。李德林的建议，其实就是让杨坚把军政大权都牢牢掌握在手中，这对杨坚后来篡周建隋铺平了道路。

这次也不例外，李德林直接指出了临阵换将是兵家大忌，避免了杨坚的一次重大失误。事实上，李德林的建言也是对当时形势的一个准确判断。杨坚通过矫诏辅政的方式，遽登高位，北周肯定有不服的，如果断然采取临阵换将的措施，必然搞得人人自危，很可能会造成军中大乱的恶果。

杨坚不是固执己见之人，他只是一时慌了神。冷静过来的杨坚立刻意识到了李德林所言不虚，如果真的按照郑译所说撤换掉这三名将领，恐怕仗还没打，就不战自溃了。

在关键时刻，李德林的建言都发挥了至关重要的作用，尤其是这一次，让杨坚避免了一次重大军事决策失误。也正是因为李德林的两次正确建言，杨坚对李德林也更为倚重。

那么，接下来的问题就是，如果不撤换前线将领的话，那又该派谁去前线监军呢？按照李德林的建言，这个人必须符合两个条件，一是必须是杨坚的心腹，二是必须才智过人。谁又符合这两点要求呢？

本来，杨坚最先想到的是内史崔仲方。崔仲方出身于当时著名的门阀大族博陵崔氏，而且他和郑译一样，也是杨坚的旧时同学。不过，崔仲方担心的是自己的老爹还在山东叛军地界，如果自己前往军中监军，难保尉迟迥不会拿他父亲做要挟，到时候恐怕自己的老爹会有性命之危。继而，刘昉和郑译也以没有军中经验和家中有老母为由，婉言拒绝了杨坚。

杨坚有点心灰意冷，都是自己的心腹，关键时刻却都掉了链子。这也反映出，杨坚虽然以矫诏的形式夺取了北周朝政，但是他身边以投机分子居多，这些人忠诚度并不高。

就在这个节骨眼儿上，有一个人主动请缨，请求到前线去当监军，这个人就是丞相府司录高颎，这也是杨坚能取得平叛胜利的第三个重要帮手。

高颎是何许人？高颎当时的名字其实并不叫高颎，而是独孤颎，之所以姓独孤是因为他早年追随独孤信，是独孤信的属臣，这才被赐姓独孤的。后来，他又到了齐王宇文宪府中担任记室。一直到杨坚辅政之后，高颎才被招揽进了丞相府，担任丞相府司录。

相比于刘昉、郑译的临阵退却，高颎显然更有担当。刘昉说他自己没上过战场，没有军中经验，高颎更没有；郑译说他家中有老母，高颎家中也有高堂老母，甚至高颎都没来得及和家人告别，就匆匆上路赶往前线了。

事实上，从这一刻开始，杨坚从内心深处就彻底抛弃了刘昉和郑译。正所谓疾风知劲草，板荡识诚臣，别看刘昉和郑译都是辅佐杨坚登上高位的功臣，但他们都是政客，是投机分子，眼中只有利益，可以帮助自己一时，却不能事事倚重，一旦到了危难时刻，他们只知道自顾安危。

经过此次监军事件，杨坚已经有了一个清醒的认识，他知道只有像李德林、高颎这样的人才是未来的社稷之臣，而像刘昉、郑译这样的人虽然可以帮助自己一时，但绝非能够委以重任的良臣。

高颎来到军中，一切按照李德林所交代的办，不仅不再追查军将贪污受贿的事情，而且积极笼络将帅，军队士气为之一振。

事实上，前线军营中出现的绝不仅仅是梁士彦、宇文忻、崔弘度三名将军受贿的问题，这只是表象，军中真正的危机在于军心涣散，人心不安。

被举报的三名行军总管中的宇文忻和杨坚私交甚好，而且是一员老将，但是杨坚上位大丞相之后，却没有对宇文忻有任何提拔和赏赐，这让宇文忻心中十分郁闷。于是，他就向人打听京师的动向，打听杨坚是不是有鸟尽弓藏之意。

高颎对宇文忻的心思非常清楚，但他还是对宇文忻毫无芥蒂，推心置腹，经常拉着他一起商讨对敌之策，一点儿都没有把宇文忻当作外人。

《隋书·宇文忻传》记载："与颎密谋进取者，唯忻而已。"与高颎一起战前谋划最多的，就数宇文忻了，高颎作为丞相府的机要人员，却和宇文忻搞成了铁哥们儿，宇文忻难道还有理由阵前叛变吗？显然不能。

要知道，高颎不仅是监军，他所代表的更是朝廷和杨坚的态度。本来大家因为受贿的事儿，已经闹得人心惶惶，彼此猜忌了。等高颎一到，所有人都以为朝廷派人来清算了，结果过了好些日子，高颎不仅不追究过往，而且对众将士嘘寒问暖，关怀备至，和大家打成了一片。

高颎用这种春风化雨送温暖的方式，不仅抚平了宇文忻心中的忐忑，而且打消了众将领心中的疑虑和不安。从此，大家开始上下一心，众志成城，为即将到来的大战摩拳擦掌起来，士气空前高涨。

可以说，杨坚在面对这场叛乱危机的时候，武有韦孝宽，文有李德林、高颎，战略上有李穆的支持，杨坚的团队不可谓不强大。那么，这场叛乱的结果到底如何呢？

尘埃落定

此刻的战场上，两军对峙于沁水两岸，西边是由韦孝宽和高颎统率的"中央军"，东边则是由尉迟迥的儿子尉迟惇所统率的关东军。

在高颎来到军中之前，韦孝宽并不敢贸然发动进攻，而是和沁水对岸的尉迟惇的大军相持不下。一是因为军中流言四起，将领收受贿赂的事情搞得人心不安；二是因为沁水对面的永桥城城池虽小，但十分坚固，若无法一举攻克，必然折损士气，雪上加霜，最终酿成不可挽回的后果。

韦孝宽的决策无疑是正确的，因为没有胜算的进攻，不如不进攻，这就是一代名将韦孝宽的军事智慧。

随着高颎的到来，大军士气空前高涨，可以说，此时是一鼓作气发起进攻的绝佳时机。于是，以防守著称于世的韦孝宽，此刻率先发起了进攻，因为只有进攻才是最好的防守。

在高颎的筹谋之下，大军开始在沁水上架起浮桥。

什么是浮桥呢？就是用绳索把船和木板连接在一起，以此替代桥墩，形成浮在水面上的桥。

这无疑是渡河的最好办法，但是它也有致命的缺点，就是怕冲毁、火烧。

尉迟惇也算有智谋，他在沁水上游扎起了木筏子，然后用火点燃木筏，燃烧的木筏顺流而下，自然就能冲毁和烧尽浮桥。

这个办法可以说非常绝妙，但是更加绝妙的还要数高颎。高颎早就料到了这一点，他事先在河流中构筑了一个个"土狗"，用来阻挡上游漂流而下的木筏。

这里的"土狗"不是狗，而是用泥土堆积而成的一种形状类似于狗的土堆。这些土堆并排垒在河流中间，前低后高，前窄后宽，不仅能抵挡水流的冲击，而且不怕火烧，可以有效拦截燃烧的木筏。

就这样，浮桥很快就搭建了起来，韦孝宽也随即下令——开拔渡河。

尉迟惇一计不成，又生一计，他命令手下军队向后稍稍撤退，摆出了二十多里的长阵，打算趁韦孝宽的军队渡河到一半的时候，就发起冲锋。浮桥毕竟只是浮桥，不是真正的桥梁，又窄又晃，人走在上面一点都不稳当，尉迟惇正好来一个杀一个，来两个杀一双，把韦孝宽的军队堵死在浮桥上。

然而，韦孝宽随时都在观察着战场上的瞬息变化，他看到尉迟惇的军队后撤，就猜到尉迟惇打的什么主意了，他即刻下令，擂起战鼓。

就这样，在雨点般密集的擂鼓声中，韦孝宽的大军以最快的速度渡过了浮桥。渡河之后，高颎又下令烧毁浮桥。

高颎显然是在效仿韩信背水一战的做法，我们已无退路，唯一的生路只有向前、向前、再向前，要么获得胜利，要么战死，谁也做不了逃兵。

高颎这种孤注一掷的做法，让士气达到了最高潮。而尉迟惇这边彻底傻了，他完全没有时间组织抵抗，排成二十多里的"关东军"被韦孝宽的大军冲得七零八落，溃不成军。

乱军之中，尉迟惇骑上快马，抛下大军，狼狈而逃，一路上头也不敢回，一直逃到了邺城。

年近七十的尉迟迥亲自披挂上阵，带领自己的两个儿子尉迟惇、尉迟祐，率领13万大军在城南摆下阵仗，和韦孝宽的大军展开了厮杀。其中，尉迟迥亲率的1万精兵最为勇猛，在乱军之中所向披靡，将韦孝宽的大军打得落花流水，时称"黄龙兵"。

也正是在尉迟迥的统率之下，尉迟迥的大军逐渐占据了上风，韦孝宽所率领的"中央军"开始有点抵挡不住,战场的形势越来越朝着有利于尉迟迥的方向发展。

就在这千钧一发之际,沉默已久的宇文忻出场了,他敏锐地发现,就在两军交战正酣之时,旁边的山坡上已经挤满了从邺城赶来观战的老百姓,有数万人之多。

宇文忻悄悄地对韦孝宽说:"事态紧急,当以诡道破之。"说罢,宇文忻就命令弓箭手朝着山坡上观战的老百姓射箭。

这一射,可把老百姓们吓坏了,有不少老百姓伤的伤、死的死,更重要的是,整个"百姓观战团"都乱成了一锅粥。大家都纷纷朝着邺城奔逃,而尉迟迥的大军则是背城而战,二者就冲在了一起,已经分不清谁是谁,尉迟迥的军阵也跟着有些乱了。

关键时刻,宇文忻开始大喊:"贼败矣!贼败矣!"

其实尉迟迥这边根本没有败,只是受到老百姓的冲击,一时间军阵被打乱了,但是宇文忻这么一喊,不明真相的士兵们可就有想法了。韦孝宽的大军看到敌军确实乱了,而且主帅也跟着喊"贼败矣",士气一下子就上来了,一个个跟打了鸡血似的猛冲,无不渴望着杀敌建功。

而在尉迟迥这边,士兵突然被老百姓的"观战团"冲得七零八落,他们还处在发蒙状态呢,突然就听到不知道哪个人在喊"我们败了",一些胆小又不明真相的士兵就真的以为败了,开始自顾性命,跟着老百姓往城里逃跑,一时间阵形大乱。

宇文忻这招,可以说既阴损又狡诈,实在是太不人道,但效果却是立竿见影的。战场形势迅速扭转,韦孝宽的大军重新占据了上风,赢得了战争的主动权。

尉迟迥虽然打仗厉害,但是在守城方面显然就差得多了。周军的两员大将李询和贺娄子干率先登上了城楼,更多的士兵也爬了上来,城门随之被打开,邺城被迅速攻破。

邺城城破之后,崔弘度和贺娄子干一起追杀尉迟迥,已是孤家寡人的尉迟迥最后逃到了碉楼之上。

说起来，崔弘度和尉迟迥还是姻亲关系，因为崔弘度的妹妹嫁给了尉迟迥的儿子为妻，从关系上讲，崔弘度得叫尉迟迥一声叔。

崔弘度追上尉迟迥之后，看到尉迟迥弯弓搭箭，正要射自己，他便摘下了头盔说道："尉迟公，您还认识我吗？"

尉迟迥看着崔弘度，半天说不出话来。崔弘度继续说道："今日我们各自都是为了国事，无法顾及私情，念我们有亲戚之情，我不会让乱兵欺侮您，您自行了断吧。"

是啊，如今大势已去，负隅顽抗不过是自取其辱，尉迟迥难掩心中的激愤，顿时老泪纵横，一把将手中的弓箭丢在地上，对杨坚一番破口大骂之后，拔刀自刎。

尉迟迥自杀之后，"黄龙兵"也随即缴械投降，尉迟迥的三个儿子尉迟惇、尉迟勒、尉迟祐也被截杀在了逃亡的路上。为了以绝后患，韦孝宽还做了一件在今天看来极不人道的事，他下令将叛军士卒全部活埋。其实，这也是没有办法的事，因为在乱世之中，斩草除根是最为简单粗暴但又行之有效的统治办法。

在当时，无论杨坚还是韦孝宽，他们所奉行的都是关中本位政策，山东地区虽然已经是北周的国土，但是山东士族势力十分强大，他们从骨子里根本看不起关陇人，而且他们对北周王朝并不够忠诚，极易被煽动。

尉迟迥发动叛乱，其实就是利用了山东士族势力极易被煽动这一点。事实上，在后来的隋朝和唐初历史上，关陇集团势力和山东势力一直是王朝政治斗争的焦点，山东也一直不太安定。

相较于平定尉迟迥叛乱的一波三折，杨坚对另外两位总管叛乱的平定过程就相对容易得多了。

郧州总管司马消难起兵后不久，就以自己的儿子为人质，投靠了江南的陈朝。当听说尉迟迥已经战败，王谊的大军日渐逼近时，司马消难的心理防线瞬间崩溃，全然没有了应战的信心。三十六计，走为上计，司马消难带着兵马朝着建康城奔逃而去，顺带着把鲁山（今湖北汉阳）、甑山（今湖北汉川）二镇进献给了陈朝。

就这样，王谊大军顺利占领了郧州全境，司马消难从此委身于陈朝，郧州叛乱自此平定。

再来说西南战场。

益州总管王谦毕竟是功臣之后，他可没有司马消难那么脓包，自始至终他都坚决抗议杨坚专擅朝纲，始终在厉兵秣马，等着和杨坚派来的梁睿决一死战。

然而，非常可笑的是，当王谦率军出城迎击周军的时候，他的两个属下达奚基、乙弗虔却暗地里联络好了梁睿，直接把益州献给了梁睿。自家老巢都丢了，这仗还怎么打？益州军士们纷纷倒戈，王谦顿时成了"光杆司令"。

最终，王谦在逃亡的路上被杀，首级传送至长安，梁睿顺利接管了益州全境，益州叛乱自此平定。

历经四个月的"三总管之乱"，也就此尘埃落定。

这就是隋朝开国前夜的北周"三总管之乱"，杨坚通过这场平叛之战，彻底铺平了自己通往皇帝宝座的道路。

如果在此之前，还有很多人对杨坚不服的话，那么通过这场平叛，杨坚彻底堵住了所有人的嘴，再也没有人能对杨坚形成威胁了。

因此，从这个角度来说，杨坚还得感谢尉迟迥，正是因为有了尉迟迥的这场叛乱，才让北周错综复杂的政坛形势明朗起来。如果说叛乱之前北周朝臣们还摇摆不定，不知该如何站队，那么随着尉迟迥的落败，北周朝臣已经没有了再做"墙头草"的可能，不管是主动还是被动，他们都只有杨坚这一个选择，只能选择支持杨坚，这就大大加速了杨坚称帝改朝换代的步伐。

代周建隋

随着平叛之战落下帷幕，杨坚距离登上皇帝宝座也进入了倒计时。

通过禅让来完成改朝换代可谓是历史的一大"传统"，和魏晋南北朝以来绝大多数的篡位者一样，杨坚的受禅戏码也开始在北周的朝堂上上演了。

北周大象二年（580）九月，杨坚任命长子杨勇为洛州（今河南洛阳）总管，统领北齐故地；同月，北周取消了左、右丞相制，杨坚自任大丞相。十月，诛杀了陈王宇文纯和他所有的儿子；同月，益州总管王谦被斩首，蜀地彻底平定。

十一月，北周名将、平定三总管之乱的第一功臣韦孝宽因病去世，享年72岁。十二月十二日，杨坚以周静帝宇文阐的名义下诏，所有西魏时期改为胡姓的汉人，一律恢复汉姓——当然也包括杨坚本人在内；十三日，朝廷下诏，杨坚总百揆，受封随王，以安陆等二十个郡为随国，随王上朝赞拜不名，加九锡之礼。不过，为了表示谦让，杨坚只接受了随王和十个郡的封赏，毕竟心急吃不了热豆腐，"作秀"还是要做足的。

从大丞相到相国，从随国公到随王，这一切都预示着一个崭新的时代即将来临。

公元581年，北周改元大定。

大定，代表着天下大定，更代表着新时代的来临。

这一年，杨坚41岁。

以李穆为首的一众朝臣，开始了对随王杨坚的轮番劝进。当然，按照历史的惯例，杨坚也得来一番"作秀"，得推让一番大臣们的劝进。

到这个节骨眼儿上，已然是"司马昭之心，路人皆知"了，杨坚已经掌控了绝对的最高权力，而名义上的北周皇帝不过是个任人摆布的傀儡娃娃罢了。此时，距离真正的改朝换代，只剩下了时间和礼节问题。

改朝换代不能马虎了事，总得挑个良辰吉日。这个时候，精通天象历数的太史大夫庾季才向杨坚进言，二月份太阳从正东方升起，太阳象征天子，所以应该选定二月继承大统，而在二月当中，甲子日又是最好的（甲是天干的开始，子是地支的开始）。

另外，选择二月甲子日还有几个特殊的因素。一是二月甲子日正好是二十四节气中的惊蛰，象征着阳气复苏、万物生长；二是武王伐纣的日期也是在二月甲子日，并建立了周朝，周朝享国800年；三是汉高祖刘邦也是在二月甲子日登基称帝的，汉朝享国400年。

杨坚欣然接受了庾季才的建言，于是登基大典就定在了大定元年（581）的二月甲子日（十四日）。

不过，这一切都需要另外一个人的配合，他就是周静帝宇文阐。宇文阐当时年仅9岁，他如何配合呢？李德林为宇文阐草拟了禅位诏书，周静帝只需要在诏书盖上皇帝玉玺，在禅让仪式上命人宣读即可。

事实上，当时宇文阐的所有诏书都是由李德林代笔的，包括封杨坚为随王、加九锡之礼种种。而李德林又是杨坚的心腹，所以，杨坚之前的种种谦让其实都是在自导自演。杨坚一边授意李德林以皇帝的名义草拟封赏诏书，然后自己又几次谦让，为自己营造出谦逊礼让的王者风度。

《隋书·李德林传》记载道："禅代之际，其相国总百揆、九锡殊礼诏策笺表玺书，皆德林之辞也。"

一切准备就绪以后，在二月甲子日这天，杨坚正式接过了传国玉玺，登基称帝，国号为隋，改元开皇。从这一天开始，历史翻开了崭新的一页，从此进入隋朝，隋朝就此建立。

如果读者阅读仔细的话，就会发现代周建隋过程中的一个细节问题，那就是杨坚原来的爵位是随国公、随王，怎么改朝换代之后就成了隋朝呢？

正史如《周书》《隋书》《北史》都没有对这个问题做记载。而且，这三部正史中还出现了"随"和"隋"混乱使用的情况。《隋书》和《北史》就都记载是"隋州刺史""隋国公""隋王"，而《周书》则为"随州刺史""随国公""随王"。

"隋州"显然是一种错误的记录，因为这个地方的本名就是"随"，起源于春秋时代的随国，后来先后有了随县、随郡和随州，直到今天湖北省仍有随州这个地名。可以看出，地名"随"的历史沿革是一脉相承，并不存在改"随州"为"隋州"的情况，《隋书》《北史》的记载是错误的。

相对而言，《周书》的记载要相对可信。《周书·静帝纪》记载："甲子，随王杨坚称尊号，帝逊于别宫。隋氏奉帝为介国公，邑万户，车服礼乐一如周制，上书不为表，答表不称诏。"可见，杨坚是以随王的身份承接帝位的。

那么，"随"如何就变成了"隋"呢？

一种流传很广的说法是，杨坚觉得"随"字中间的"走"不太吉利，而且晦气，所以就去掉了"走"（随的古体字为隨）。毕竟隋朝是一个崭新的王朝，怎么可以说走就走呢？这多晦气啊！

这种说法最早源于唐末李涪《刊误》卷下《洛随》；五代时期南唐徐锴在《说文系传》中也复述了这一观点；到了宋朝以后，郭忠恕、罗泌、郑樵、胡三省等学者相继沿用了这一说法，从而使得这一说法广为流传。

另外，我们也要结合当时的历史情况来考量。要知道在隋朝之前，无论是西魏、北周，还是东魏、北齐，抑或是南朝的宋、齐、梁、陈，无一不是短命王朝。"随"字不仅中间带一个不吉利的"走"，而且有跟随、追随、随从的意思。如果以"随"为国号，岂不是暗示自己要"跟随"前代短命王朝的脚步，步它们的后尘吗？这更是大大的不吉利。

当然，这些都是后人在文字层面的猜想，历史的真相究竟如何，由于正史对此完全没有记载，恐怕已经很难说清了。

我们可以想象得到，杨坚在选取"隋"作为国号的时候，一定是仔细斟酌过的。事实上，杨坚还设置了一系列带有"隋"字的地名，如隋康、隋兴、隋化、隋昌、隋安、隋建等县，这些无一不是带有美好的政治寓意，祈愿新王朝长治久安、繁荣昌盛。

不过，后世人对"隋"这个国号却充满了嘲讽，有人甚至认为"隋"的国号预言了隋朝的短命。

《说文解字》记载："隋（音duò），裂肉也。"什么是裂肉呢？就是祭祀之后所留下的剩肉。

很显然，杨坚并不知道"隋"的国号还有"裂肉"的义项。如果杨坚改"随"为"隋"的初衷真的是讨个吉利的话，那杨坚真的是弄巧成拙了，而且闹出了一桩历史的大笑话。

事实上，在隋朝以前的历史上，以及后来的唐朝，"随"和"隋"经常被混用，"隋"字可以看作"随"字的省笔，二者是互通的，并不存在谁优谁劣之分。这一点从2013年出土的《随故炀帝墓志铭》中就可以看出，其中所用的正是"随"字。

因此，杨坚大可不必改"随"为"隋"，给后世文人留下了没文化的把柄。

具有讽刺意味的是，隋朝尽管实现了"大一统"，也曾辉煌一时，但最终仍然不免"跟随"了前代的步伐，只有短短38年的国祚。

有一个很有趣的现象可以说明这一点。历史上的国号往往会被后人重复使用，但是杨坚建国所使用的"隋"的国号在历史上只此一例。

历史上很多开国者选用国号，往往会选用和自己同姓的"大一统"王朝的国号。比如，后世刘姓建国者（刘渊、刘知远等），基本都会选用"汉"做国号；李姓建国者（李存勖、李昪等），基本也都会用"唐"做国号。但是，在隋朝之后，杨姓建国者有五代十国时期的杨行密，他所用的国号却是"吴"。

或许"隋"的国号在后人心目中是个不太吉祥的国号，一来是隋朝短命，二来是"隋"有不好的义项。

不管"隋"的国号到底如何，杨坚就这样坐上了皇帝的宝座，这就是历史上大名鼎鼎的隋文帝。

与此同时，杨坚也为自己精挑细选了新的年号——开皇。和选定"隋"作为国号一样，以"开皇"为年号同样也是别具一番讲究。

《历代三宝纪》曰："因集业故得生人中。王领国土。故称人王。处在胎中诸天守护。或先守护然后入胎。三十三天各以己德分与是王。以天护故称为天子。赤若之岁黄屋驭时。土制水行兴废毁之。佛日火乘木运启年。号以开皇。"

什么讲究呢？道教经典《灵宝经》上说，天地之间，每41亿万年就是一劫，每一个劫数的开始，就有一个年号。这样的年号有延康、赤明、龙汉、上皇、开皇，合称"五劫"，开皇就是其中之一。此事记载于《隋书·王劭传》中，历代学者也多持此说。

如此看来，杨坚的雄心可真是不小，他想让自己的王朝有亿万年的统治。因此，开皇这个年号有亿万斯年、开万世基业的美好寓意。

不过，杨坚是个虔诚的佛教徒，他早年就被寄养在般若寺，和佛法结下了不解之缘。然而他却选用了一个道教典故来作为自己的年号，这着实让人颇为费解。

在历史上，隋文帝杨坚的宗教态度是非常明确的，就是崇佛抑道。《隋书·志·卷三十》就明确记载道："高祖雅信佛法，于道士蔑如也。"故而也有人对开皇年号源出道教典故一说抱有怀疑态度，这或许只是个巧合而已。

不管这是不是巧合，也不管"开皇"是否源出道教典故，单从文字层面来看，开皇也是极具政治寓意的。按照《说文解字》的解释，"开"就是张，有开辟、开拓之意，"皇"就是大，因此，开皇有"开辟伟大功业"的含义。

结合历史来看，隋朝是在两晋南北朝300年分裂割据的局面上建立起来的，而"开皇"从字面上则给人一种"翻开历史新一页"的感觉。从后来发生的历史来看,隋朝确实是一个站在历史门槛上的王朝,它拨乱反正,开创一系列影响后世的典章制度,给人一种焕然一新的感觉,也确实称得上是"开辟伟大功业",用开皇作为年号可谓实至名归。

随着隋朝的建立,历史也就此翻开了崭新的一页,从此进入了被历史学家黄仁宇称为"第二帝国"的隋唐宋黄金时代。

第二章 开皇盛世

宇文氏之诛

开皇时代的序幕是以一场血腥的杀戮拉开的。

随着新王朝的建立,如何来处置前代帝王和宗室,就成为摆在隋文帝杨坚面前的一道难题。

对于这个问题,最先给出解决办法的是一个叫虞庆则的人,他给出的建议是尽灭宇文氏。

我们先来说说虞庆则是什么人。虞庆则在北周只是一个不起眼的小人物,他最初只是驻守在边关的一名武将。按照《隋书·虞庆则传》的记载,他的祖上是关中汉人,后来迁居灵武,由于自幼成长于北方边境,也染上很多胡人习俗,不仅精通鲜卑语,而且擅长骑射。

虞庆则能够发迹,完全仰仗于高颎的举荐,高颎先是把虞庆则推荐给了越王宇文盛,之后高颎进入杨坚丞相府,虞庆则又被举荐给了当时还是大丞相的杨坚。由于虞庆则在宇文盛的麾下颇有战功,而且在担任石州(今山西离石)总管期间治理有方,很快便受到了杨坚的赏识和重用。

隋文帝杨坚登基之后,虞庆则立马被任命为内史监(三省长官之一),顿时成了王朝新贵。也就是在这个节骨眼儿上,虞庆则向杨坚进言,请求尽灭宇文氏。

这个建议十分残忍,但是杨坚不假思索就同意了。

杨坚知道，宇文氏在关中经营几十年，虽然周宣帝宇文赟残暴不仁，失尽人心，但是宇文家族的影响力还在。即便杨坚已经诛杀了宗室中颇具威望的五王，宇文家族没有能力再和杨坚对抗，杨坚还是觉得无法安心。

当然，虞庆则的建议也不是没有人反对，反对最激烈的就是李德林。李德林坚决反对诛杀宇文氏，他认为应当采取宽恕和怀柔的手段来安抚人心。

然而，登上皇位的杨坚志得意满，他没有再虚心纳谏，不仅驳回了李德林的谏言，而且声色俱厉地斥责李德林的谏言是书生的迂腐之论。也正因为这次谏言，杨坚开始疏远李德林，李德林在杨坚心目中的地位从此一落千丈，官阶和品位再也没有得到提升，地位也不及高颎和虞庆则。

实际上，关于诛杀宇文氏这个决策，杨坚的另外两名股肱之臣高颎和杨惠也是不太接受的，但是他们的态度相对比较暧昧，既没有明确支持，也没有明确反对，更没有去声援李德林。

可见，在诛杀宇文氏这件事上，杨坚不接受任何反对意见，如果你敢反对我，那你就会和李德林一个下场。这表现出了杨坚强权独断的一面，同时这也是杨坚对外界释放的一个政治信号，那就是大隋王朝的政治志向是高压的、强硬的。

杨坚对于自己决定要做的事不容置喙，我们甚至可以说，杨坚诛杀宇文氏的决策绝非有虞庆则提醒才这么做的，而是杨坚早有此意，他想要铲除所有潜在的异己势力，包括已经无法对自己构成威胁的宇文家族。虞庆则的建言不过是一个幌子，或者说虞庆则是在杨坚的暗示和授意下向朝廷进言的。

于是，北周宇文氏的灾难就此降临，宇文泰的子孙们全部被处死，也包括禅位的周静帝宇文阐。

禅位的宇文阐当时只是个9岁的小孩子，他退位之后，被杨坚封为介国公，食邑五千户，并享受隋朝的宾客之礼的礼遇，一切待遇和礼节如旧，同时，上书可以不称表，答表可以不称诏。

当然，这些都只是客套的仪式而已，宇文阐也没有享受到任何实际意义上的优待，都只是虚名而已。实际的结果是，3个月后，宇文阐死在了介国公的府邸。

对于宇文阐之死，《周书》称为"崩"，《隋书》称为"薨"。这是因为，《周书》是以北周的视角来书写北周历史的，宇文阐之死当然是天子之死，自然是用"崩"；《隋书》是以隋朝的视角来书写隋朝历史的，宇文阐在隋朝是介国公，他的死是王侯之死，自然是用"薨"。

无论"崩"还是"薨"，都无法说明宇文阐的真正死因，虽然史书并没有记载宇文阐是非正常死亡，但是宇文阐死在杨坚称帝之后的第3个月，这多少显得有些蹊跷。毕竟按照正常的生老病死来看，一个9岁的孩子如果不是有什么特别的意外，是不太可能突然死亡的。

《隋书》对逊位后的宇文阐的生活只记录了一件事："辛丑，陈散骑常侍韦鼎、兼通直散骑常侍王瑳来聘于周，至而上已受禅，致之介国。"

这段文字记载的是，南方的陈朝由于事先并不知道北周皇帝禅位的事，就派了散骑常侍韦鼎、通直散骑常侍王瑳作为使节来访问北周。结果到了长安他们才发现，北周刚刚发生了改朝换代，已经不存在了，现在是隋朝的天下了。韦鼎和王瑳比较死脑筋，为了完成出使任务，就去拜访了已经成为介国公的宇文阐，因为只有这样才能回到陈朝交差复命。

然而，很可能恰恰就是这件小事，成了杨坚杀害宇文阐的一次动因。陈朝的使节来到隋朝，不去拜访当朝皇帝杨坚，而是去拜访已经逊位的介国公宇文阐，杨坚的心里肯定不是滋味儿。这件事等于是在提醒杨坚，宇文阐虽然退位了，但是天下人都知道他曾经有过皇帝的身份，保不齐就有人利用逊帝的名义来煽动反叛。

陈朝使节拜访介国公一事发生在四月，到了五月，介国公就突然离世，谁能说隋文帝杨坚不是因为这件事对宇文阐起的杀心呢？

关于宇文阐的真实死因，《周书》《隋书》《北史》在本纪中都缄默不语。只有《隋书·天文志》直接点出："静帝禅位，隋高祖幽杀之。"隋高祖就是隋文帝，宇文阐是被杨坚私下谋害死掉的。

另外，《周书》和《北史》都记载道："隋开皇元年五月壬申，帝崩，时年九岁。隋志也。"在这里，《周书》和《北史》都以官方的的口吻记述了介国公宇文阐之死，但是末尾却不约而同地加了一个小尾巴——"隋志也"。"隋志也"是什么意思呢？意思就是，这只是隋朝官方记录的史料档案。

如果宇文阐是正常死亡的话，史书作者何必要画蛇添足地加"隋志也"三个字呢？显然，史书的作者并不认可隋朝的官方记录，这也是在向世人透露，宇文阐是死于非命，而元凶就是杨坚。

中国历史上有一个不成文的传统，叫作"灭人之国，不绝其祀"。北周王朝灭亡了，但是皇室子嗣不能断绝，于是杨坚让宇文洛承袭了介国公的封号，来为宇文阐续嗣。

宇文洛虽然是宇文家族的一员，但他和北周皇族宗室的关系已经非常疏远了，宇文洛也并非宇文泰的后代，他只是宇文泰父亲宇文肱的堂兄弟的后代。因此，宇文阐和宇文洛早就出了五服，他们除了都姓宇文之外，已经没有多少血缘之亲了。

杨坚知道，有些人还对北周王朝心存怀念，因此他必须用这种残忍的手段来杜绝北周复辟的可能，从而维护自己的统治。当然，杨坚的这一做法，也招致了后世人的口诛笔伐。其中，对杨坚骂得最狠的就要数清朝学者赵翼了。

赵翼在《廿二史札记》中说："（隋文帝）窃人之国，而戕其子孙至无遗类，此其残忍惨毒，岂复稍有人心。"

杨坚顾不得这些，他也不在乎后人如何评论自己，他只知道自己能走到今天这一步，靠的就是如履薄冰、小心翼翼，杜绝一切隐患。

杨坚对宇文氏的残杀，也惹怒了另外两个人，而且都是女人。

第一个人就是杨坚的长女，也是北周的皇太后——杨丽华。

杨丽华是北周的正宫皇太后，而宇文阐是帝太后朱满月所生，虽然宇文阐不是杨丽华亲生，但他毕竟是周宣帝唯一的儿子，宇文阐也算得上是杨丽华唯一的儿子，即便并非己出。

而且，古代讲究出嫁从夫，杨丽华是北周的皇太后，她的立场自然是站在北周这边的。而杨坚篡权夺位，以及残杀宇文宗室的做法，对杨丽华而言都不啻晴天霹雳。

《周书》对杨丽华在改朝换代之际的心理变化有着非常细微的记录："后知其父有异图，意颇不平，形于言色。及行禅代，愤惋逾甚。隋文帝既不能谴责，内甚愧之。"

杨坚当上大丞相之后，逐渐表现出了改朝换代的野心，这让杨丽华深感不平，到了代周建隋的关键时刻，杨丽华就更加愤恨。杨坚知道自己这么做对不起自己的女儿，所以对杨丽华心怀愧疚。

出于对杨丽华的愧疚之情，以及她这个前朝太后的尴尬身份，杨坚在开皇六年（586）封杨丽华为乐平公主。杨丽华也就成了中国古代历史上唯一从前朝太后变成当朝公主的人。然后杨坚又给她物色驸马，结果没想到杨丽华誓死不从。

既然杨丽华不愿改嫁，那就给杨丽华的女儿物色一个好人家吧。杨坚为杨丽华的女儿（和周宣帝宇文赟所生）宇文娥英选择了幽州总管李崇之子李敏为乘龙快婿。

当然，这些都无法弥补杨丽华心中的缺憾，她一生郁郁寡欢，最终于大业五年（609）病逝在了和隋炀帝西巡张掖的途中。

另外一个对杨坚残杀宇文氏充满怨恨的人则是一个小姑娘。这个小姑娘姓窦，历史上没有留下名字，她是宇文邕的外甥女，是宇文邕的姐姐襄阳长公主和北周定州总管窦毅的女儿。不过，她还有一个更重要的身份，她后来嫁给了李渊，李渊成了唐朝的开国皇帝，窦氏也成了唐朝的开国皇后，历史上称为太穆皇后。

窦氏自小就被舅舅宇文邕寄养在宫中，窦氏和宇文邕的感情非常深厚。而且，她还向宇文邕建言献策，劝说宇文邕宠幸突厥公主，从而笼络突厥，维护好和突厥的友好关系，为之后的讨伐北齐做准备。当时窦氏还不到10岁，宇文邕听完窦氏的进言，幡然醒悟，对窦氏的聪慧赞赏有加。

宇文邕驾崩后，窦氏日日追思，就如同父母去世一般。再后来，杨坚受禅称帝，将宇文家族斩尽杀绝，窦氏痛哭流涕，一头扑倒在床上，痛恨地说道："恨我不为男，以救舅氏之难。"窦毅和襄阳长公主吓得连忙掩住了孩子的嘴，说道："切勿妄言，灭吾族矣！"

窦氏的这番豪言，在当时来看只是愤恨于杨坚篡夺宇文氏的江山，不过，从后来的历史来看，窦氏的话最终被她的丈夫实现了。唐高祖李渊夺取了隋朝的天下，某种意义上来说，也是为宇文氏报了血海之仇。

客观来说，杨坚其实没有必要对北周宗室大开杀戒。

在周宣帝的暴政之下，真正忠心于北周的人其实已经不多了。在周宣帝暴毙之后，朝中有权势的朝臣只有五王、韦孝宽、尉迟迥和李穆这八个人了。这八人中，五王被杀，尉迟迥兵败自杀，韦孝宽病逝，唯一健在的只有李穆，而李穆在尉迟迥叛乱之初就已经明确表态愿意支持杨坚。

在杨坚代周建隋之时，北周的朝堂上已经无一人能够对杨坚形成威胁。因此，我们不禁要问，杨坚到底害怕什么，为何非得大开杀戒呢？

答案其实并不复杂，从周宣帝暴崩的公元580年6月，到杨坚称帝的公元581年2月，其间只有短短的9个月时间。换句话说，从国丈到权臣再到皇帝，杨坚完成这华丽的"三级跳"仅仅用了9个月，任何人看在眼里都会眼馋和不服。

胜利来得太快，这让杨坚内心十分不安，他既兴奋又心虚，他害怕这来之不易的胜利果实哪一天被人窃取。正是这种来自内心深处的虚弱和自卑，让杨坚挥起了手中的屠刀，对北周宗室进行了血腥的残杀。

从政治的角度来说，杨坚没有做错，这一切都是为了稳固统治，但是从人心向背和道德的角度来说，杨坚输了。

因此，唐朝史官在编写《隋书》的时候，评价隋文帝杨坚"无宽仁之度，有刻薄之资"。

纵然隋文帝一生文治武功卓著，开创了开皇盛世，但是他欺侮孤儿寡母滥杀无辜的骂名将永远伴随于他的身后。

三省六部

历史学家阎步克在《波峰与波谷：秦汉魏晋南北朝的政治文明》中，把三省六部制、科举制、唐律看作中国制度史上承前启后、继往开来的三项进步制度，并且是继秦朝和西汉前期的创制运动之后的又一里程碑。

本节重点来讲一下三省六部制。

前面提到过，宇文泰仿照《周礼》，实行了六官制度，以此来配合他的府兵制改革。六官是什么呢？即天官（大冢宰）、地官（大司徒）、春官（大宗伯）、夏官（大司马）、秋官（大司寇）、冬官（大司空），以天官（大冢宰）为总。这一制度从西魏流传到北周，成为北周官僚体制的核心。

但是这一制度有些不伦不类。首先，它是西周时代的产物，已经有点和时代脱节了；其次，它是结合了鲜卑旧制创设而成的，把很多鲜卑人的制度因素生搬硬套进了《周礼》六官制度，显得非常生硬。历史学家陈寅恪对此评价说："虚饰周官旧文以适鲜卑野俗，非驴非马，藉用欺笼一时之人心。"

这个"非驴非马"的北周六官制肯定是不能再用了，那杨坚该用什么样的官僚制度呢？

《隋书·崔仲方传》记载："又劝上除六官，请依汉、魏之旧。"《隋书·百官下》也记载："高祖既受命，改周之六官，其所制名，多依前代之法。"

这里所说的"汉、魏之旧"和"前代之法"未免笼统，具体而言，就是魏晋南北朝以来逐渐形成的以三省为核心的中央官制。

我们在历史教科书上都学过，秦汉时期实行的是三公九卿制度，三公有丞相、御史大夫和太尉，秦始皇设立三公制度，标志着宰相制度在中国历史上的正式形成。

当然，宰相只是一个笼统而稍显模糊的叫法，是中国古代对百官之首的一个统称，即所谓的"一人之下，万人之上"。事实上，历史上除了辽代真正设置过以宰相命名的官职之外，其他历朝历代并不存在真正的宰相之职。

因此，这也带给很多历史初学者一个很重要又无法回避的历史学习难点，那就是历史上的哪些官职可以称为宰相，哪些官职又不属于宰相。想要把这个问题搞清楚，确实需要下一番功夫，至少要把中国古代的官职制度捋一遍。

秦朝设置了丞相一职作为百官之首，汉承秦制，汉朝也依从了秦朝的丞相制度。但是，到了汉武帝时期，为了提高办事效率，也为了削弱宰相之权，汉武帝又在内廷中培植秘书班子，这就是中书和尚书，也称"中朝"。

相比于丞相这样的外朝官员来说，内廷近臣用起来更加得心应手，其势力也越来越大，渐渐侵夺和分割了丞相的部分权力。然而，内廷官员多是宦官出身，这些人多被士大夫所鄙视，到了汉成帝时期，就不再任用宦官作为中书和尚书官了，一律任用士人。

到了东汉光武帝时期，"三公"已经成为荣誉头衔，实际政务都归尚书台，尚书令成为对君主负责、总揽一切政令的首脑。至此，宰相之权已经移于尚书台，非尚书台官员不得参与国政。后来的魏晋时期，尚书省正式出现，成为国家的重要中枢机构。

然而，尚书省权力过重再次威胁到了皇权，为了制衡尚书之权，皇帝开始有意识地培植中书官员。中书原本也是出自内朝，是汉武帝为了分割丞相大权而培植的。中书是皇帝的秘书班，它作为君主的喉舌，逐渐分割了尚书的奏议和"定旨出命"之权。而且，中书官员多任用寒族，故而南朝时期出现了"寒人掌机要"的局面，这就是中书省。

随着中书权力渐重，门下省开始出现。门下省出现在西晋时期，在东晋时期开始崛起，其主要官员是侍中，也就是伴随于皇帝出行左右的人。在当时，门下省机构比较多，有门下省、散骑省和侍中省，最后这些机构都统归于门下省。门下省享有检查和封驳奏议、诏书之权，是对中书省权力的分割。

这就是三省制在魏晋南北朝时代的发展。

而在南北朝后期，三省制发展最为完善的要数北齐，其次是梁、陈。事实上，三省制只是"汉魏之旧"和"前代之法"的一个代表，杨坚在篡周建隋之后，他所创建的一系列的典章制度，其实均来自东魏、北齐和南朝，西魏、北周对隋朝制度的影响是很小的。

因此，陈寅恪先生提出了著名的隋唐制度"三源说"。也就是说，隋唐时代的典章制度虽然广博纷杂，但其渊源流变都是可以追溯和考证的，渊源有三："一曰（北）魏、（北）齐，二曰梁、陈，三曰（西）魏、（北）周。"并且，陈寅恪还特意指出，（西）魏、（北）周之源"其影响及于隋唐制度者，实较微末……远不如其他二源之重要"。

在我们传统印象中，隋唐是承继西魏、北周建立而来，从政治延续性的角度来看，西魏、北周、隋、唐四朝是一脉相承的，西魏、北周无疑是隋唐政权的最强来源。然而，陈寅恪先生却彻底打破了这一历史的惯性思维，并且提醒后世历史研习者，从制度渊源的角度来看，西魏、北周的制度建设在历史上只是一朵小小的浪花，它对隋唐两朝的影响是微弱的，并没能对后世产生深远影响。

说完三省，再来说六部。

六部起源于汉成帝时期尚书署下的分曹理事，西汉时期是四曹尚书，东汉时期扩展成了六曹尚书。魏晋时期继续沿用和发展，曹魏时期设有五尚书，晋代设有六尚书，虽然尚书之名不尽相同，但是六曹尚书的组织划分和职能范围大致相同，并且正式替代了秦汉时期的九卿制度。

因此，尚书各曹可以看作隋唐六部制的前身，尚书各曹在两晋、南朝已经成为尚书省下负责各种政务的施政机构，其职能范围和隋唐六部并无太大区别。

按照《隋书·高祖纪》的记载，开皇元年（581）二月，隋文帝作出了如下官员任命：

> 易周氏官仪，依汉、魏之旧。以柱国、相国司马、渤海郡公高颎为尚书左仆射兼纳言，相国司录、沁源县公虞庆则为内史监兼吏部尚书，相国内郎、咸安县男李德林为内史令，上开府、汉安县公韦世康为礼部尚书，上开府、义宁县公元晖为都官尚书，开府、民部尚书、昌国县公元岩为兵部尚书，上仪同、司宗长孙毗为工部尚书，上仪同、司会杨尚希为度支尚书，上柱国、雍州牧、邢国公杨惠为左卫大将军。

隋文帝的这一系列任命标志着以三省六部制为主体的中央官僚体制的全面推行。

隋朝的三省为尚书省、门下省、内史省（即中书省，因避讳隋文帝的父亲杨忠名讳而改）。此外，还有秘书省掌管国家经籍图书和天文历法；内侍省掌管内廷事务，全部由宦官担任。这五个机构合称为五省，但负责国家政务的仍是三省。尚书省下设的六部分别为吏部、礼部、兵部、都官（唐朝为刑部）、度支（唐朝为户部）和工部。

需要特别指出的是，尚书省的最高长官是尚书令，但是由于尚书令一职位高权重，所以尚书令通常置而不授，长期处于空缺状态，尚书省的副长官左、右仆射成为实际长官。古代以左为尊，故而左仆射又在右仆射之上。左、右仆射和六部尚书被合称为"八座"，是尚书省的领导核心。

尚书令一职，在隋唐两代基本都是缺而不授的，能够担任尚书令的寥寥无几，而且都是隋唐时代显赫一时的重要人物。隋朝担任过尚书令的只有杨素一人，而唐朝三百年间担任过尚书令的也仅有四人，有李世民（后来的唐太宗）、李适（后来的唐德宗）、郭子仪（平定"安史之乱"的第一功臣）、李茂贞（唐末军阀）。

这就是中国历史上影响深远的三省六部制，而三省的长官就是我们俗称的"宰相"。

在这一制度下，宰相制度发生了翻天覆地的巨变。在隋朝以前，宰相是真正的"一人之下，万人之上"，宰相往往是具体的个人，然后再由个人开府，组建宰相机构，管理和处置国家政事。在这种情况下，很容易出现宰相专权的现象，相权过度膨胀进而威胁到皇权的统治。

隋文帝杨坚亲眼见证过宇文泰和宇文护的专权，因此，他非常了解以个人为中心的宰相制度的严重弊病。隋文帝在政治制度上采用三省制，其实就是把宰相由具体的个人转变为机构负责人，宰相制度不再是以某个人为中心的制度，而是转变为一套分工明确的组织机构，宰相只是机构负责人而已。

一方面，三省六部制大大减少了权臣专权现象的发生，有利于加强中央集权；另一方面，它的组织机构更具合理性，有利于政令的贯彻实施，大大提高了行政效率。

相较之前的三公九卿制以及不伦不类的北周六官制，三省六部制的优越性是显而易见的。也正因如此，三省六部制从它问世的那一刻起，就显示出了超强的生命力，不仅彻底取代了此前的三公九卿制，使得三公从此完全成为荣誉头衔，而且它被唐朝所继承和完善，成为此后影响中国1000多年的中央官制。

从这个角度来看，隋文帝全面实行三省六部制，无疑是中国古代官制发展史上的里程碑事件，它为后世奠定了一套中央政治体制的基本框架，可谓是承上启下。

制定新法

随着以三省六部制为核心的官僚体制的建立，隋文帝杨坚也把改革的目光投向了法律建设。相比于官职改革，杨坚对律令改革要更加得心应手，因为还在北周，他就已经表现出了律令改革的强烈想法。

在北周武帝宇文邕在位时期，北周就制定有一部法律典籍，叫作《刑书要制》，这部法律是比较严苛的。周武帝宇文邕统一北方之后，在北齐境内继续推行《刑书要制》，企图以重典治国的理念来统御全国。

当时杨坚被任命为定州总管，以安抚刚征服下来的北齐旧境，之后，杨坚又被改任为南兖州总管，镇守南部边境。在担任南兖州总管期间，杨坚对于用法严苛的《刑书要制》颇有怨言，他曾对自己的一个心腹说道："人主之所为也，感天地，动鬼神，而《象经》多纠法，将何以致治？"意思是说，当今人主（指周武帝宇文邕）英明神武，做了很多感天动地的大事业，但是他所推行的《象经》（即《刑书要制》）却有很多苛酷的法令条文，这又如何能让天下太平呢？

可见，早在周武帝的时代，杨坚就对用法严苛的现象感到不满了，他也早就认识到社会民众迫切需要一部量刑宽松的法典。法律是国家政治的基础，是治国之本，如果法律不能让百姓心服，又怎么能让国家长治久安呢？

然而，之后继位的北周宣帝宇文赟却变本加厉，他在《刑书要制》的基础上，制定了更加严苛的法律条文，史称"刑经圣制"。杨坚对北周重典治国的政策早就感到不满了，他此前也研究和反思了大量的法典文献，而且他此时身居高位，是当朝国丈，新皇帝任命的四辅官之一，他打算用切身行动来扭转国家的严酷法制。

于是就发生了前文中提到的那一幕，杨坚向当时的周宣帝宇文赟建言，认为"刑经圣制"用刑实在太重，这样反而更容易滋生犯罪，不易教化百姓，建议减轻用刑。说实话，杨坚的措辞还是比较温和的，并不激烈，但是惹怒了周宣帝宇文赟。

宇文赟的父亲宇文邕常年对他实行棍棒教育，他常年活在父亲宇文邕的阴影之下，这些经历直接导致了他极度叛逆的性格。所以，宇文赟非常不喜欢这种给自己提意见的人，哪怕是积极正确的意见，宇文赟都会觉得别人是在教育自己。也正因如此，杨坚在宇文赟面前失去了信任，宇文赟也从此开始猜忌杨坚。

自此以后，杨坚开始做起了鸵鸟，把他的政治抱负深深地掩藏了起来。一直到改周建隋，他才在法制改革上有了大展拳脚的机会。

乱世用重典，这固然有一定合理性，但是今时不同往日，隋文帝杨坚是有"大一统"抱负的伟大君王，隋朝建立之时已经不再是当年偏居一隅的北周小国了，而是一个幅员万里的大帝国，南方的陈朝偏居江南，天下一统已然是大势所趋。

开皇元年（581），杨坚称帝，史称隋文帝。上台伊始，他就让宰相高颎、李德林牵头，专门负责法律修订工作，并于当年正式颁布，这就是历史上著名的《开皇律》。根据韩昇的考证，前后参与《开皇律》修订的至少有14位朝廷高官，除了高颎、李德林之外，还有郑译、杨素、韩濬、李谔、柳雄亮、苏威、于翼、赵芬、王谊、裴政等。

到了开皇三年（583），隋文帝阅览刑部奏状，发现断狱的数目，竟然达到上万条之多，于是再次任命苏威、牛弘等人第二次编修律法。这次律法修订，删除了81条死罪，154条流罪，千余条徒、杖罪刑。《开皇律》也正式形成。

《开皇律》这部法典的修订原则是什么呢？根据《隋书·裴政传》的记载，

新律是"采魏、晋刑典，下至齐、梁，沿革轻重，取其折衷"。可见，《开皇律》所参考的是魏晋以来历代刑律，取其精华而大成。事实上，《开皇律》确实堪称魏晋南北朝以来的集大成者。

《开皇律》的渊源和三省六部制比较相似，也符合陈寅恪先生"三源说"的理论。首先，隋文帝编修《开皇律》主要是参考北魏、北齐的刑律，尤其是《北齐律》；其次，《开皇律》也参考和吸取了南朝前期，尤其是宋齐时期的刑律，而宋齐的刑律主要是继承自两晋，南朝后期梁陈在刑律上并无多大建树。

隋文帝颁发《开皇律》时说道："帝王作法，沿革不同，取适于时，故有损益。"可见，《开皇律》是一部与时俱进兼具改革和创新精神的法典。

《开皇律》与前代旧律相比，有三方面的进步。

第一，废除了多种酷刑。

死刑只保留了斩刑和绞刑，废除了枭首、车裂等酷刑，并且规定，除谋反这种重罪之外，不再株连九族。

第二，删繁就简，刑律简明。

《开皇律》中规定的刑名有五，除了死刑之外，还有流刑、徒刑、杖刑、笞刑，这就是俗称的"五刑"。前代北齐刑律有949条，北周有1537条，而隋朝《开皇律》仅12卷500条，史称"自是刑网简要，疏而不失"。

第三，减轻了刑罚。

五刑各有其明确的刑罚限定，相较前代已大大减轻。比如其中的笞刑，也就是打板子，数量是10至50下，而北周宣帝时期笞刑的最低数量是240下。再如流刑，也就是流放，北周刑律规定是2500里到4500里不等，并且到了流放地还要承受鞭笞，而隋朝《开皇律》则规定只有1000里到2000里，到了流放地也不需再施以鞭笞。

正因为以上这些优点和进步，使得《开皇律》成了后来唐朝编修《唐律疏议》的范本，后来又为宋、元、明、清所沿用，影响深远，因此，《开皇律》在中国法律史上具有承上启下的重要意义和历史地位。

《开皇律》还首创了"十恶"和"八议"制度。

"十恶"由《北齐律》的"重罪十条"发展而来，包括谋反、谋大逆、谋叛、恶逆、不道、大不敬、不孝、不睦、不义、内乱10项罪名。这10条中，5条涉及危害国家和皇权（谋反、谋大逆、谋叛、大不敬、不义），4条属于危害家族伦理（恶逆、不孝、不睦、内乱），1条属于严重危害社会治安的犯罪（不道）。

新法规定，凡犯有这10项重罪的，一律从重处理，即使是大赦天下的时候也不得宽赦，因此也称"十恶不赦"，"十恶不赦"这个成语就是这么来的。

"十恶不赦"这一制度被后世长期沿用，影响极为深远。归根结底，"十恶不赦"体现的正是儒家伦理秩序，也就是忠君和孝悌，这也是隋文帝颁行《开皇律》的一大基本理念和原则，即倡导以忠孝治国。

在把儒家伦理秩序法律化的同时，隋文帝作为统治阶层利益的代表，也给予了统治阶层在法律上相当大的特权空间，最具代表性的就是"八议"。

"八议"是对官僚贵族在法律上给予的特权，分别是议亲，即皇亲国戚；议故，即皇帝的故旧；议贤，即德行修养高的人；议能，即才能卓越的人；议功，即功勋卓著的人；议贵，即三品以上的官员和有一品爵位的人；议勤，即勤谨辛劳的人；议宾，即前朝国君的后裔被尊为国宾的。

《开皇律》规定，如果以上亲、故、贤、能、功、贵、勤、宾这八种人犯罪，必须按特别审判程序认定，并依法减免处罚。我们可以看到，除了议勤不带有明显的上层属性，其他"七议"均是在维护特权阶层的利益，阶级属性很明显。

这也提醒了我们，《开皇律》虽然在量刑上从轻、从宽，但它本质上仍然是一部维护皇权和统治阶层权益的法典。

改革地方行政制度

隋朝在中央设置了以三省六部为核心的中央官制,在地方行政制度上又有何建树呢?

开皇三年(583)十一月,河北道行台、兵部尚书杨尚希见天下州郡过多,向隋文帝上了一份奏疏:

> 自秦并天下,罢侯置守,汉、魏及晋,邦邑屡改。窃见当今郡县,倍多于古,或地无百里,数县并置,或户不满千,二郡分领。具僚以众,资费日多;吏卒人倍,租调岁减。清干良才,百分无一,动须数万,如何可觅?所谓民少官多,十羊九牧。琴有更张之义,瑟无胶柱之理。今存要去闲,并小为大,国家则不亏粟帛,选举则易得贤才,敢陈管见,伏听裁处。

杨尚希的这份奏疏指出了隋朝初年,同时也是魏晋南北朝时代在地方行政制度上冗杂混乱的问题。

这个问题由来已久。

我们知道,秦朝统一六国之后,实行的是郡县二级制的地方行政制度。汉朝建立后,吸取了秦亡的教训,采用了郡国并行的制度。秦朝和西汉初期,郡国的数量并不多，但是随着地方诸侯的坐大，中央开始实行一系列削藩政策，最重要的就是汉武帝颁布的推恩令。推恩令使得诸侯国越分越小，郡也越来越多，郡国数量跃升至上百个之多，中央对地方的监管也就越来越困难。正是在这样的历史大背景之下，汉武帝在郡之上又设立了州，将全国划分为十三州，由中央派遣刺史到地方行使监察之权。如此，从汉武帝时期开始，中国就有了州的地方行政区划，也正式形成了州郡县三级制。

历经东汉、三国和西晋，州郡县三级制逐渐发展成型，并且变得越来越冗杂繁复，尤其是到了东晋南北朝时代，州郡被大量滥置，州郡的数量开始呈井喷式增长。这其中，最大的一个影响因素就是侨置州郡。

西晋末年发生了著名的"永嘉之乱"，中原板荡，中原士人纷纷南渡，并在南方建立了东晋政权。东晋统治者为了安抚南渡的士人（称作侨人、侨户），同时也为了自己政权的稳固，就在他们聚居的地方重新设置了很多北方原籍的州、郡，并且沿用旧名，这些新设置的州和郡就被称作侨州、侨郡，史称侨置州郡。

侨置州郡直接造成了州郡数量的激增。比如南梁天监十年（511），共有二十三州，但是仅仅过了20年，到了大同年间，南梁州的数量增长到了107个，是之前的五倍。

北方的情况也好不到哪儿去。由于南北长期对立，为了安抚和讨好武将，经常让一个武将领两三个郡，州郡数量越来越多，州郡的面积也越来越小。

南北朝长期对峙，这一客观事实也要求统治者必须大规模招揽人才。为了招揽人才，就必须设置大量官职，而官职的设立则是建立在州郡县这些地方行政区之上的，这就要求有更多的州郡县来满足官职的设立。如此一来，州郡滥置的现象更为普遍，几乎贯穿了整个东晋十六国和南北朝时代。

同时，每个州郡的背后都存在着一个庞大的地方豪强势力，杨坚要裁撤州郡，也就意味着要削夺这些豪强势力的既得利益。州郡的长官享有地方大权，可以随意任命和选派属吏。地方豪强实力可谓盘根错节。

这些就是隋文帝杨坚改革地方行政制度的背景，也是改革的困难所在。杨坚非常清楚州郡过多、地方官员过多这一历史积弊，但是州郡滥置的弊病已经持续了二三百年，杨坚要对地方行政制度进行彻底的改革，必然会面临诸多困难。也正因如此，隋朝建立之初，为了新兴政权的稳定，杨坚几乎是原封不动地沿用了前代的地方行政制度。

杨坚建立隋朝之后，励精图治，他决心要成就一番宏图伟业。虽然杨坚上台伊始继续沿用前代旧制，但他深切知道改革的必要性。

首先，州郡设置过多，官吏设置太多，这对整个社会而言是非常沉重的负担，加重了对百姓的剥削和压迫。

其次，地方基层建制是国家机器运转的基础，州郡和地方官员的冗杂无疑限制了国家行政机构的正常运转，进而导致行政效率的低下。

最后，州郡滥置的背后是地方豪强势力的坐大，如果继续放任州郡的滥置，就等于是放任地方豪强的猖獗横行，成为地方上的不安定因素，威胁到国家和政权的稳定性。

因此，对地方行政体制的改革，可谓势在必行，大势所趋。

一直到开皇三年（583），在兵部尚书杨尚希的奏议之下，隋文帝杨坚终于对积弊已久的地方行政体制展开了大刀阔斧的改革。改革分为三个方面。

第一，减少层级。

汉武帝在郡县之上增置州一级，从此之后的数百年间，中国古代的地方行政体制就由郡县二级制转变为州郡县三级制。随着历史进入两晋南北朝时代，州郡大量滥置，州郡县三级制变得越来越冗杂繁复，彻底成为阻碍历史发展的社会积弊。

开皇三年（583），随着隋文帝杨坚的一纸诏令，全国508个郡被全部撤销。到了开皇九年（589），随着陈朝的灭亡，陈朝境内也开始了对郡的裁撤，隋朝真正完成了全国范围内州县二级制的改革。

第二，裁并州县。

隋文帝杨坚此番对地方行政制度改革的原则是八个字，即"存要去闲，并小为大"。裁撤郡一级，采用州县二级制，其实就是"存要去闲"，把不必要的郡一级彻底裁撤。但是这还不足以实现地方行政制度改革的目标，大量州县依然存在，这就需要进行第二步，也就是"并小为大"。

隋文帝杨坚在裁撤全国各郡之后，又继续在全国裁并州县，将州数从241个裁并为190个，县数从1524个裁并为1252个。如此一来，一些面积比较小、户口又比较少的州县就被合并到了大的州县中，化零为整，化多为少，州县数量大大精简。行政区划精简之后，地方官吏的编制也大大缩减，成千上万名地方官吏被罢免，冗官问题得到解决。

第三，集权中央。

汉、魏以来，地方州郡官员职权极大，可以自己任命和选用属官，这无疑助长了地方豪强势力的发展。隋文帝在改州郡县三级制为州县二级制的同时，又"别置品官，皆吏部除授，每岁考殿最"，而且规定"大小之官，悉由吏部"。隋文帝的这一系列做法显然是要加强对地方官吏的考核，以政绩定品级，并且由中央吏部来决定官吏任免，从而使得地方官吏的任免制度化，地方官吏不再从属于州县长官，而是直接效忠于中央。

隋炀帝即位之后，又下令改州为郡，以郡统县。如此一来，到了隋炀帝时期，再度出现了秦朝和西汉时期的郡县二级制。当然，地方行政二级制并未改变。隋炀帝在隋文帝改革的基础上进一步裁撤州郡，他将隋文帝时代的300余州精简为190个郡。事实上，隋朝的州县，绝大部分是在隋炀帝时期被废除的，这是对隋文帝改革大业的继续和完善。

营建新都——大兴城

一天夜里,隋文帝杨坚做了一个噩梦。

他梦到,一场突如其来的大洪水将他居住的长安城无情淹没,整个长安城顿时成为一片水乡泽国。

按照《资治通鉴》的记载,正是这个梦让隋文帝杨坚坚定了营建新都的意愿。

虽然《资治通鉴》信誓旦旦地记载了这个故事,并且煞有介事地指出"故迁都大兴",但是关于杨坚梦到洪水淹没长安城的这个故事却并不见载于《隋书》和"两唐书",而是记载在属于笔记小说的《隋唐嘉话》中。

因为一个噩梦,就决定兴建一座都城,这显然是不切实际的,作为一个卓越的政治家,杨坚一定是经过综合考量之后才最终做出决断的,绝非临时起意。

开皇三年(583),隋文帝杨坚仅仅用时9个月,就在长安城东南兴建起一座崭新的都城——大兴城,也就是此后的隋唐长安城。

隋文帝到底是出于什么样的考虑要重新营建新都大兴城呢?一般认为有以下几点原因。

第一,长安城久经战乱,已经残破不堪。

按照《隋书》记载,开皇二年(582),隋文帝为营建新都专门下了一道诏书,诏书中提到"此城从汉,凋残日久,屡为战场,旧经丧乱"。从刘邦定都长安（前202）算起，长安城先后经历了西汉、新莽、东汉、西晋、前赵、前秦、后秦、西魏、北周、隋朝10个王朝在此建都。到隋朝建立之初，长安城已经经历了约800年的沧桑，在岁月的侵蚀和战争的洗礼之下，长安城早已破败不堪，已经无法作为都城继续沿用。

第二，长安城"制度狭小"，格局不规整，不足以彰显皇家威严。

汉长安城在建立之初，是依据自然环境建造而成的，并没有一个合理且完整的规划，甚至出现了宫城宫室、中央官署与居民区混杂的现象。这也带来一个极为奇特的现象，平民百姓会穿梭于宫室和中央官署之间，不仅给政务部门带来了不必要的麻烦，而且威胁到宫禁的安全。

从汉代到北周，尤其是隋朝创建三省六部制，国家职能部门已经完全迥异于西汉时代，汉长安城的规划是按照西汉时代的官员制度建造的，而随着中央官制的变化以及办公人员数量的增加，长安城旧有的规划设计已经无法满足现实的需要。这也是隋文帝嫌弃长安城"制度狭小"的一个重要方面。

第三，长安城闹鬼。

世界上哪有什么真正的鬼，要说有鬼，那也是人的心里有鬼。谁的心里有鬼呢？自然是隋文帝杨坚了。隋文帝即位之初，他的内心是极其虚弱的，一方面他是以国丈的身份，并且通过政变的方式窃取了北周的天下；另一方面他大肆诛杀宇文宗室，宇文氏被屠戮殆尽。

现在的长安城和皇宫，都是北周留下来的，隋文帝一天都睡不好觉，时常在夜深人静的时候从噩梦中惊醒，总感觉有冤魂来向自己索命。加之，杨坚是一个信佛之人，从小就在寺院里长大，他非常清楚佛家因果报应的理念，害怕哪一天报应会降临在自己头上。所以，杨坚迫切想要搬离这个让他坐卧难安的不祥之地。

第四，长安城的地下水有问题。

开皇元年（581），精通天象历数的庾季才向隋文帝杨坚上奏："臣仰观玄象，俯察图记，龟兆允袭，必有迁都。且尧都平阳，舜都冀土，是知帝王居止，世代不同。且汉营此城，经今将八百岁，水皆咸卤，不甚宜人。愿陛下协天人之心，为迁徙之计。"这份奏疏中指出了汉长安城历经800年岁月沧桑，已经出现了"水皆咸卤，不甚宜人"的严重问题。

古代没有自来水，西北又干旱，生活用水和饮用水基本都是靠打井。因此，地下水就成了长安城居民用水的主要水源，是生存之本。然而，隋朝初年，长安城却出现了"水皆咸卤"的问题，地下水又苦又咸，这说明长安城的地下水已经被严重污染了。

至于长安城的地下水为何会被污染，正史中并没有记载，元代的胡三省给《资治通鉴》作注时，对"水皆咸卤"的问题做了解释，他认为是长安城的垃圾、粪便等污秽之物长年累月堆积和排放，最后通过土壤渗透到了地下，进而污染了长安城的地下水。

第五，长安城有水患。

本节开头说到杨坚做了个噩梦，梦到长安城被突如其来的洪水淹没，虽然这个梦未必是真实的，但是长安城的水患问题的确存在。当时长安城的北面紧邻渭水，而渭水是自西向东流的，受地球自转偏向力的影响，北半球河流向右偏，渭水就会对南岸不断侵蚀。

在汉长安城营建之初，这个问题并不存在，但是时间已经过去800年了，渭水对地处南岸的长安城的侵蚀在不断加重，对长安城的威胁也越来越大。一旦雨季到来，河水暴涨，长安城就时刻面临着被渭水淹没的隐患。

以上五点，就是隋文帝杨坚决定营建新都的原因。就这样，迁都被提上了日程。

在古代，迁都是一件举国之大事，这可不是皇帝拍脑门就能决定的，必须有足够充分的理由和朝臣们的支持，要不然会被历史扣上"大兴土木、劳民伤财"的昏君帽子。

理由现在已经有了，而且也足够充分，接下来就是朝臣的支持了。

作为朝臣的领袖，当时的宰相（也就是三省长官）高颎和苏威都站出来明确表态支持迁都。然后是当时负责观测天象的庾季才，他也上奏隋文帝，说天象显示迁都势在必行。

有了这些人的支持还不够，高颎、苏威、庾季才都只是朝廷新贵，资历相对较浅，在朝中的威望还不够，必须有一位德高望重的老臣支持才行。找谁呢？李穆。

在北周"三总管之乱"中，李穆的支持直接决定了战争的局势和走向，在杨坚改周建隋的过程中，李穆也是头一个站出来带领群臣劝进的。可以说，李穆虽然年事已高，但是他在朝中的威望和影响力是无人能及的。

隋朝建立后，隋文帝杨坚对李穆一族极尽礼遇，李穆一族在朝中担任五品以上官衔的多达百余人，就连襁褓中的婴儿都被授予了仪同，李穆本人也被拜为太师，享受赞拜不名的殊礼以及成安县三千户的食邑。故而，《隋书·李穆传》记载："穆之贵盛，当时无比。"李穆和他的家族在隋朝享有的尊崇程度，是满朝无人可比的。

李穆每次都在杨坚最需要的时刻站出来，这次也不例外。李穆洋洋洒洒写了一篇数百字的奏疏，他从历史、天意、人心、现实四个方面，全面而详细地阐述了迁都的必要性。

有了李穆的上表支持，朝臣们自然没有二话，君臣上下对迁都事宜达成了共识。

隋文帝杨坚也不再有丝毫顾虑，开皇二年（582）六月十八日，他正式下诏迁都，命尚书左仆射高颎、将作大匠刘龙、巨鹿郡公贺娄子干、太府少卿高龙叉主持营建新都。

不过，这些人都只是挂名而已，真正负责新都建设工程的人是宇文恺，他当时的职务是新都副监。《隋书·宇文恺传》记载："高颎虽总大纲，凡所规画，皆出于恺。"可见宇文恺是新都营造的总设计师。

宇文恺是何许人？别看他姓宇文，就以为他是北周宗室，虽然他也是鲜卑人，但他的家族和北周宗室相去甚远。宇文恺的父亲是宇文贵，和隋文帝杨坚的父亲杨忠一样，都是西魏十二大将军之一。而宇文恺的哥哥宇文忻则是隋文帝平定尉迟迥叛乱时的重要将领，也算是开国功臣了。

不过，宇文恺毕竟是姓宇文，杨坚猜忌心重，本来也把宇文恺列入了屠杀名单之中，但是由于他是功臣子弟，家族又和北周宗室有别，这才在最后时刻赦免了他。

宇文恺和他的哥哥宇文忻性格和才能都迥然相异。宇文忻以勇武著称，是当时功勋卓著的一员武将，但他的弟弟宇文恺却是个纯粹的文人，自幼就博览群书，多才多艺。

隋文帝杨坚赦免宇文恺之后，就任命他为营宗庙副监，负责修建宗庙，他的才华得以展现，也让杨坚领略到了他在建筑方面的卓越才能。有了在营建宗庙过程中的出色表现，杨坚才再次对宇文恺委以重任，让他专门负责营建新都的工程。

新都如何选址？这是新都营建工程中首先需要考虑的问题。

隋文帝杨坚肯定是不想离开关中的，毕竟关中是四塞之地，八水环绕，有山川地利之险，是名副其实的帝国心脏。那就只能在关中范围内选择，选择哪里呢？隋文帝杨坚其实早就看好了一块风水宝地，它在汉长安城东南，位于龙首原南麓，属北周京兆万年县。

光是龙首原这个地名，就极为气派。按照《水经注》的记载，秦朝时有一条黑龙到渭河饮水，它途经的地方形成一座山，而龙头所在的地方就被称作龙首原。这就是龙首原之名的由来。

更何况这里风景秀丽，山水环绕，"南直终南山子午谷，北据渭水，东临浐川，西次沣水"①。

隋文帝还让相术之士在此占卜，卦象大吉，认为在这里建都，可以保证王朝江山永固，并开创万世功业。

还有人用《易经》来解释龙首原南麓这片地方的风水。这里的地势北高南

---

① 《唐六典》卷七《尚书工部·郎中》。

低，从北向南形成六条东西走向的高坡，从高空中俯视这片区域，就很像《易经》上乾卦的六爻。乾卦作为八卦中的第一卦，卦辞为"元亨利贞"，有盛世千秋、万世太平的美好寓意。

最终，新都就定在了龙首原南麓，并定名为大兴城。

从字面意思上看，"大兴"就是鼎盛兴旺的意思，寓意极好，而且杨坚在北周时的爵位是大兴郡公。在杨坚看来，"大兴"对他的一生有着极其特殊的意义，这是他仕途的起点，也是他帝业的开端，似乎冥冥中昭示着天意。于是，隋文帝杨坚将新都定名为大兴城。

与此同时，杨坚还将京县、城门、宫门等都一并以"大兴"命名，诸如大兴门、大兴宫、大兴殿、大兴县、大兴寺等，可见杨坚对"大兴"的钟爱。

那么，大兴城是如何营建起来的呢？

宇文恺也注意到了龙首原南麓的地形特点，他结合了《易经》乾卦的卦象来规划和布局新都，这也成为大兴城营建设计的总体思路。

乾卦的爻辞是："初九：潜龙勿用；九二：见龙在田，利见大人；九三：君子终日乾乾，夕惕若厉，无咎；九四：或跃在渊，无咎；九五：飞龙在天，利见大人；上九：亢龙有悔。"

八卦卦辞比较复杂和深奥，简单来说，在乾卦六爻中，九二、九三、九五是最重要的。宇文恺结合乾卦卦辞，在九二的位置建造了皇宫，在九三的位置建造了皇城，同时也是百官办公的场所。比较麻烦的是九五，因为九五是至尊之位，一般人不能在此居住，宇文恺就在这里建造了佛寺和道观，也就是兴善寺和玄都观。

这也就带来一个新的问题，既然九五是至尊之位，为何宇文恺没有把皇帝居住的皇宫建造在这里呢？

这涉及中国古代的两个文化内涵：第一，中国古代的天文学体系是"二十八星宿"，此体系以北极星（古代叫紫微星）为中心，其方位在正北，故而古代以北为尊，这也符合儒家思想中南面而治和众星拱辰的思想，更符合人间帝王的属性；第二，中国古代讲究"天人感应"，皇帝是"天子"，是天帝在人间的代言人，天帝要比人间的皇帝更为尊贵。

大兴城是自北向南按照六爻的卦象排列的，九二在北，地位仅次于九五，所以把皇帝居住的皇宫设置在了九二的位置。而九五在大兴城偏南的位置，地位最为尊贵，这里不适合凡人居住（包括天子），更适合用来祭祀和供奉，在这里建造佛寺、道观显然更适宜。

宇文恺的设计真是独具匠心，不仅巧妙利用了龙首原南麓的地形特点，而且还把中国传统文化融入其中。如此一来，大兴城就特别具有文化气息和文化内涵了，档次和格调都比之前旧的长安城高多了，而不仅仅是一座王朝的都城。

这是大兴城南北方向上的排布设计，东西方向上又是如何设计的呢？

中国古代讲究中轴对称，古代的很多建筑都是这样，它能够彰显至高的威仪和严谨的秩序。比如我们老北京城，以及我们熟知的故宫，都是中轴对称设计，北京中轴线还成为世界文化遗产的预备名单项目。事实上，中轴对称是一种独具中国特色的对称美学，放眼全世界，再没有一个国家和民族对中轴对称有着如此执着的热爱和恪守。

大兴城的中轴对称线就是从皇城的正南门到整个都城正南门的朱雀大街，街宽150米，朱雀大街的东西两侧是整齐划一、东西对称、数目与面积都相等的坊市。

后来唐朝诗人白居易写了一首诗来描写隋唐长安城的规整布局，诗曰："百千家似围棋局，十二街如种菜畦。"（白居易《登观音台望城》）近些年，有一部热播的影视剧《长安十二时辰》，该剧的思路就是以隋唐长安城一百零八坊的布局展开的，展现了隋唐长安城的繁华气象。

大兴城的营建还充分展现了隋文帝的节俭理念，用今天的话来说，就是环保。隋文帝杨坚是中国古代著名的简朴型帝王，所以，宇文恺营建大兴城也贯彻了隋文帝的节俭理念。包括太庙在内，新都营建的许多材料都是由旧城拆迁而来，不仅大大节省了工程资金，而且加快了工程进度。

最后建设而成的大兴城究竟有多大呢？据《隋书·地理志》记载，大兴城东西长18里125步（考古实勘为18里133步，9721米），南北宽15里175步（考古实勘为16里125步，8651米），有84平方公里。

光看统计数字，我们或许没什么概念，但只要一作对比就能看出隋朝大兴城究竟有多大了。从历史的纵向坐标来对比，它是汉代长安城的2.4倍，是明清北京城的1.4倍，是中国古代规模最大的都城。从历史的横向坐标来对比，它是黑衣大食（阿拉伯帝国）首都巴格达的6.2倍，是东罗马首都拜占庭的7倍。这样一对比，我们就有概念了，隋朝大兴城是真的大。

从开皇二年（582）的六月，到开皇三年（583）的三月，大兴城的修筑工程仅仅用时9个月就顺利竣工了，隋文帝带领着群臣浩浩荡荡迁入了新都。工程进展速度如此之快，也堪称一桩世界建筑史上的奇迹了。

就这样，一座规模宏大、布局完善的帝国都城，从此巍峨屹立在了东亚大陆之上，成为令世界为之侧目和仰望的城市典范。隋朝之后，大兴城的名字不再被使用，但是长安城却变成了更具开放性和包容性的国际性大都会。用王维的诗句来说，长安城真是"九天阊阖开宫殿，万国衣冠拜冕旒"。后来，日本营建平安京（即京都）参考的就是隋唐长安城，平安京完全可以看作缩小版的长安城。

自隋文帝营建大兴城之后，隋炀帝又加高了城墙，唐代又进一步完善了城市建筑。一直到唐昭宗天祐元年（904），朱温以长安受李茂贞威胁为由，挟携带着唐昭宗迁都到了洛阳，并下令拆毁了长安城，这座古代世界最大、最繁华的城市在战乱之中被历史的洪涛巨浪无情地摧毁了。

来自北方的狼

隋朝初年面临的最大威胁不在内部，也不在南方的陈朝，而是来自北方。

开皇二年（582）五月，隋朝的北方边境传来一个消息，北方草原上的突厥发兵40万，伙同原北齐营州刺史高宝宁，南下入侵隋朝长城边境。

40万不是一个小数目，突厥军队更是剽悍勇猛，刚刚站稳脚跟的隋朝君臣面临着一次空前严峻的危机。

在讲述隋朝和突厥之间的战争前，我们有必要了解一下突厥的历史。

关于突厥的起源和传说大致有两种。

一说来自《北史》和《周书》。

据说，突厥是匈奴人的一支，他们的祖先生活在西海岸边，有自己的部落组织，姓阿史那氏。在当时北方草原上，各部落之间经常发生冲突和混战，突厥人祖先的这个部落被其他部落打败了，部众也被屠杀殆尽，只剩下一个10岁的小男孩。由于他年龄尚小，敌人不忍心杀死他，就把他的双手双脚砍去，扔在了荒原之上，让他自生自灭。

幸运的是，小男孩在荒原之上遇到了一只母狼，母狼不仅没有吃掉小男孩，而且用草原上野兽的肉喂养小男孩。就这样，小男孩侥幸活了下来，并慢慢长大，最终长大成人。

神奇的是，小男孩长大成人之后，竟然和母狼有了感情，二者结合，母狼有了身孕。敌方部落听说小男孩没死，还和母狼有了身孕，就派人来追杀。母狼最终逃离虎口，一路向西，逃到了高昌国北边的一座山里，并在山中洞穴里生下了十个男孩。

这十个男孩在母狼的哺育之下，逐渐长大成人，他们在深山中相依为命，后来他们走出深山，娶妻生子，繁衍后代，每个人都有一个姓氏，其中就有阿史那氏。阿史那氏最为聪明贤能，被推举为领袖，他在牙帐门外悬挂旗帜，并绘有狼头，以纪念母狼的哺育之恩，狼也成为部落的图腾。

在这之后，部落的人口逐渐增多，发展到数百家之多。经过数代繁衍之后，部落中出现了名叫阿贤设的首领，他带领族人归顺了当时强大的柔然部落，并居住在金山（今阿尔泰山）之南，为柔然人锻造武器。因金山酷似兜鍪（头盔），兜鍪又被称作突厥，世人就将这个部族称作突厥。

还有一说来自《隋书》。此说没有前一种说法那般具有传奇性，因而更有信史价值。

据说，突厥人的祖先姓阿史那氏，出自公元4—5世纪活跃于西北平凉地区一带的杂胡。北魏太武帝拓跋焘灭亡了这一地区的北凉沮渠氏政权后，阿史那氏的500多户举族投奔了柔然政权。接下来的传说就跟上述迁移说基本一致了，在此不予赘述。

除了这两种流行的说法之外，有关突厥的起源还有其他几种说法。即便是在被看作正史的《周书》《北史》和《隋书》中，关于突厥起源的表述也是各不相同的。因此，有关突厥的起源问题还有待史学界继续研究和探讨。

但是，我们可以从这些传说和记载中找到相同的几点，这些相似的点就大致可以勾勒出突厥的早期历史。比如，突厥人起源于金山（今阿尔泰山），并由此诞生了族名突厥；再如，突厥曾臣服于柔然，并为柔然锻造兵器。

自此以后，突厥开始走向强盛，吞并了铁勒，击败了柔然，最终成为了南北朝后期继柔然之后的又一个北方草原霸主。公元552年，突厥汗国正式建立，第一任可汗为土门可汗，又称伊利可汗。到了木杆可汗（第三任可汗）的时代，突厥消灭了柔然，此后大举扩张，先后击败了西方的挹怛和东方的契丹，草原各部族无不望风归附，突厥真正成为北方草原上的霸主。

当时的突厥到底有多强盛呢？当时突厥的领土东起大兴安岭，西至西海（中亚地区的咸海，也有说法称是里海），北到北海（贝加尔湖），南至漠北，东西长达万里，南北相距五六千里，是当时北方草原上当之无愧的霸主。

突厥最强盛的时候，中原正是北周、北齐相对立的时期，由于北周和北齐都忌惮于突厥强大的势力，北周和北齐都争相拉拢和讨好突厥。北周每年向突厥进献十万段绢帛，并且和突厥联姻，北齐也是倾尽本国奇珍异宝进献给突厥。

北周和北齐像两个儿子一样在孝顺突厥，难怪后来的佗钵可汗极尽傲慢地说："但使我在南两个儿孝顺，何忧无物邪。"（《周书·异域下》）意思是，我在南方有两个儿子孝顺我，我还需要担心没有财物吗？

在世界近代史上，英国一直奉行一种大陆均势政策，这种政策就是要让欧洲各国彼此牵制，防止在欧洲大陆上出现霸权国家，这样一来，英国便可以长期维持自己在欧洲的利益及海上霸权地位。

突厥一直以来所奉行的正是类似于近代英国的这种"均势"政策。因此我们经常看到，突厥的立场是摇摆不定的，有时候帮助北周攻打北齐，有时候又帮助北齐攻打北周，还经常在战争中反水。而这一切，其实都是突厥人的如意算盘，只要两个"儿子"不停地争斗，突厥人就有享受不尽的财物。

然而，这一政治格局没能维持多久，就被北周武帝打破了。周武帝宇文邕即位之后，励精图治，最终灭亡了北齐。原先北周和北齐对峙的局面瞬间被打破了，利益受损最大的就是突厥。

周武帝宇文邕吞并北齐之后，无论版图还是兵力，都得到扩充，使北周迅速强大起来，这对突厥是一种潜在的危险。原先两个儿子孝顺自己的局面荡然无存，如今换来一个充满威胁的对手，突厥怎能甘心！

于是，就在北齐灭亡之际，突厥人扶持并拥立了北齐宗室范阳王高绍义为帝。同时，原北齐营州刺史也割据东北，和契丹、奚族等相互联络，意图颠覆北周。

公元577年12月，高绍义正式称帝，年号武平，同时他还任命高宝宁为丞相。武平这一年号，实际上是北齐亡国之君齐后主高纬在位时期的年号，高绍义继续沿用这一年号，意图十分明显，那就是要打回中原，重建北齐。

高绍义和高宝宁的这一系列举动成为威胁北周的危险因素，当然，这一切都是在突厥人的默许和支持之下展开的。这是因为，突厥人梦寐以求的就是中原分裂，只要高绍义和高宝宁能打回中原，重建北齐，就能恢复从前北周和北齐相对峙的局面，突厥人就能继续享受两个儿子的孝顺和侍奉了。

与此同时，突厥人还不断地在边境上搞小动作，制造一些军事冲突。比如北周建德七年（578）四月，突厥突然发动了对幽州（今北京）的侵袭，杀掠百姓，掳掠财物，当时驻守在幽州的幽州总管刘雄率兵迎击，与突厥人展开了激烈的对战。然而，由于兵力有限，幽州总管刘雄最终寡不敌众，牺牲殉国。

突厥人扶持高绍义以及侵略幽州这两起事件，彻底惹怒了当时的北周武帝宇文邕，于是，宇文邕决定北伐突厥。

北周为了拉拢突厥，长年以来忍气吞声，甚至还和突厥联姻，宇文邕很早就迎娶了木杆可汗的女儿阿史那氏为皇后。宇文邕本来并不喜欢这个阿史那皇后，但是为了维护和突厥的政治同盟关系，他只能假意逢迎，和阿史那皇后维持着表面上的亲热。当然，感情这事儿是装不出来的，即便宇文邕再逢场作戏，他和阿史那皇后也是建立不起感情来的，这从宇文邕的子嗣上就能看出二人的感情状况究竟如何。

周武帝宇文邕的后宫并不多，不过寥寥数人，他的一生一共生育有七个儿子和两个女儿，但这些儿女中没有一个是阿史那皇后所生，除去阿史那皇后可能患有不孕症外，最大的可能就是，宇文邕和阿史那皇后的夫妻感情并不和睦。

而随着北周灭亡北齐，统一了整个北方，以及北周在江淮战场上重挫南方的陈朝，陈朝已经无力再染指江北之地，此时的北周已经不再是当年偏居西北的羸弱小国，已经变成三分天下有其二的庞大帝国了。

自从伐齐胜利之后，宇文邕就已经确定了接下来的奋斗目标，对此，《周书·武帝纪》是这样记载的："平突厥，定江南，一二年间，必使天下一统，此其志也。"

如今，北周已经稳定了大后方，面对突厥的频繁挑衅，宇文邕决定御驾亲征，发兵讨伐突厥。

然而，人算不如天算，就在宇文邕兵分五路，率领北周大军浩浩荡荡地从长安出发之后，他却病倒在了长安城北三百里外的云阳宫，并最终在云阳宫病逝，享年36岁。一代雄主周武帝，出师未捷身先死，实在让人感叹。

随着周武帝的病逝，北周针对突厥的军事行动就此搁置了下来，北周和突厥的关系也渐渐缓和了下来。大象元年（579），突厥佗钵可汗向北周求婚，当时在位的是周宣帝宇文赟，宇文赟并不想两国交恶，就选了赵王宇文招的女儿，将其封为千金公主，远嫁突厥。大象二年（580）二月，千金公主正式远嫁突厥，以示和亲，同时也要求突厥执送高绍义以示诚意。一开始，佗钵可汗不愿意把高绍义交出，然而却敌不过北周使臣贺若谊的一再劝说，最终还是将高绍义交送给了北周。

从这一事件可以看出，突厥的强势态度已经开始动摇，北周的态度渐趋强硬，二者之间的关系已经开始有了微妙的变化。

很快，杨坚改周建隋，成了隋文帝，而突厥内部也同样发生了政变。开皇元年（581），佗钵可汗病逝，他原本委任侄子大逻便为新的大汗，但是大逻便在政治斗争中败下阵来，佗钵可汗的儿子菴罗也因威望不足没能继承汗位，最终佗钵可汗的另一个侄子摄图继承了汗位，史称沙钵略可汗。

沙钵略可汗即位之初，汗位并不稳固，而大逻便又频繁叫嚣，沙钵略就把大逻便封为了阿波可汗，让他统领旧部。与此同时，菴罗也被封为第二可汗，统领其众。

突厥的汗位之争虽然最终以和平的方式得到解决，但是可汗之位却一分为三。再加上此前佗钵可汗在位时期在汗国西部乌孙故地设立的达头可汗，以及在汗国东部管理契丹、靺鞨等部族的叶护（官名，地位仅次于可汗）处罗侯，此时的突厥相当于有了五个可汗。

虽然沙钵略可汗威望最高，领土最广，实力最强，他强有力地控制着整个突厥汗国，是名义上突厥汗国的最高统治者，但是突厥内部的裂痕已然形成。随着沙钵略可汗的即位，突厥汗国的权力结构正式由一元制转变成五元制，政治权力掌握在阿史那核心氏族的叔侄兄弟手中，彼此之间的暗中博弈和较量从未停止，这些都为突厥后来的分裂埋下了隐患。

沙钵略可汗成了突厥帝国的新任领袖，杨坚也完成了改周建隋，突厥和北周之间的冲突，顿时变成了突厥和隋朝之间的较量。最先亮明态度的不是突厥，而是隋文帝杨坚。

首先，隋文帝杨坚诛杀了北周宇文氏，而北周的千金公主最后嫁给了沙钵略可汗，沙钵略就算得上是北周的女婿，杨坚此举完全没有顾及北周和突厥之间的这层关系，直接结果就是惹恼了下嫁突厥的千金公主，千金公主进而力劝沙钵略为宇文氏家族报仇；其次，杨坚建立隋朝之后，立刻停止了对突厥的进贡；最后，杨坚开始加强边境防御工事，修筑长城。

于是就有了开皇二年（582）五月，沙钵略可汗联合原北齐营州刺史高宝宁，领兵四十万南下入侵的军事行动。

沙钵略这次出兵的借口就是杨坚篡周建隋，尽屠宇文氏，他要为自己的妻子千金公主的家族报仇。当然，这只是个借口，沙钵略和北周并没那么深厚的感情，他也没必要为了妻子的家族报仇就如此劳师动众。

沙钵略对隋朝采取军事进攻，其实最大的原因在于，沙钵略可汗不想看到隋朝实现统一。前面我们分析了木杆可汗和佗钵可汗时代突厥对中原的外交政策，突厥人采取的是一种均势策略，突厥人不希望中原出现一个强大的帝国，而是希望中原仍然四分五裂，这样突厥就能继续享有霸主地位，享受中原王朝的尊崇和朝贡。

而隋文帝杨坚建立隋朝之后，他的奋发图强让沙钵略可汗感受到了威胁，面对国力蒸蒸日上的大隋王朝，沙钵略不免担心起来，一旦隋朝实现了"大一统"，自己不仅再也享受不到朝贡，强弱关系也将彻底扭转，到时候自己可能还要向隋朝低头，向隋朝朝贡。沙钵略越想越不对劲，索性先下手为强，趁隋朝立足未稳之际，给隋朝一点教训看看。

另外，当时蒙古草原上正经历着严重的自然灾害，整整一年没有下雨、下雪，大量牲畜死亡，物资匮乏，整个突厥汗国面临着生存危机。草原民族打家劫舍惯了，每次物资缺乏，就去中原地区劫掠一番，这次也不例外。

于是，突厥和隋朝之间的正面冲突就这样展开了。

远交近攻，离强合弱

根据上一节的讲述，我们可以得出一个观点，即隋朝初年和突厥之间的战争，其实可以看作一场争夺霸权的战争。对突厥来说，出兵隋朝就是在维护自己的霸权地位；对隋朝来说，解除对突厥的朝贡，并且还击突厥，就是在试图扭转过去长期以来对北方草原民族的臣属地位。

面对来势汹汹的突厥大军，隋文帝杨坚是如何面对的呢？

隋文帝一方面加强防御工事，另一方面派遣大将阴寿和虞庆则分别镇守幽州和并州这两大军事重镇。

当然，光防御肯定是不够的，要想降服突厥还得主动出击，怎么出击呢？隋文帝杨坚采用了长孙晟的建议，对突厥采取了"远交近攻、离强和弱"的策略。

说到此，有必要先来介绍一下长孙晟。

说起长孙晟，可能很多人会对这个名字感到陌生，但是如果提起他的一儿一女，相信所有人都不会陌生。长孙晟的儿子，就是日后大唐王朝的开国功臣，凌烟阁二十四功臣之首——长孙无忌；而长孙晟的女儿，就是号称"千古圣君"的唐太宗李世民的妻子，中国古代最著名的贤后之一——长孙皇后。

长孙晟，祖上是北魏勋贵之家，是北魏开国功臣长孙嵩之后，本姓拓跋氏，北魏建国后才改姓长孙氏。长孙晟出生在西魏时代，他从小机敏过人，善于骑射，弓马娴熟。最初，他只是北周宫廷里一名中下层军官，一直默默无闻。有一次，杨坚正好碰上了长孙晟，对他的才能、胆识大加赞赏，并拉着他的手深切地说道："长孙郎武艺超群，刚才跟你一席话，可见你智谋过人，假以时日，你必然会是一代名将！"

周宣帝宇文赟在位时期，突厥可汗向北周求婚，周宣帝就把赵王宇文招的女儿千金公主许配给了突厥可汗。后来周宣帝暴崩，杨坚当上了辅政大臣，就任命汝南公宇文神庆为正使，长孙晟为副使，一同护送千金公主到突厥。

结果，和亲队伍到了突厥后，遭到了沙钵略（当时还叫摄图，未称可汗）的轻视和怠慢，但他唯独对长孙晟礼敬有加。沙钵略经常带着长孙晟在外四处游猎，有一次，众人看到天上飞过两只大雕盘旋于空中争抢食物，沙钵略就给了长孙晟两支箭。长孙晟拿过箭来，弯弓搭箭，"嗖"的一声，将两只大雕同时射落，引得众人无不惊叹。这就是成语"一箭双雕"的由来。

突厥人向来尚武，他们对长孙晟如此高超的射箭技术十分钦佩，沙钵略大喜过望，让部族中的贵族子弟都跟长孙晟结交，向长孙晟学习射箭技艺。如此一来，长孙晟就成了突厥人心目中的"网红级"人物。

由此，长孙晟就彻底融入了突厥上层贵族圈子里，逐渐得知了突厥内部的很多消息，尤其是五大可汗之间的政治争斗。他还和沙钵略的弟弟处罗侯结为至交好友，二人亲如兄弟，无话不谈。

长孙晟经常和处罗侯一起游猎，对突厥山川地理、人文风貌、部众强弱全部了如指掌。长孙晟在突厥掌握到的所有信息，最终促成了隋文帝对突厥采取离间和瓦解的外交政策，也就是前面说到的"远交近攻，离强和弱"。

长孙晟在突厥待了一年，回到北周后，就把在突厥的所见所闻都汇报给了杨坚。当时的杨坚正在忙着应对"三总管之乱"，但他仍然对长孙晟的汇报十分感兴趣，并且封长孙晟为奉车都尉。可见杨坚的目光是长远的，更是深谋远虑的。

杨坚对突厥是完全陌生的，在此之前他没有和突厥有过任何直接的接触，而长孙晟把他在突厥的一年时间里搜集和掌握的全部情报都汇报给了杨坚，这让杨坚对突厥的情形有了全面的了解。也正因如此，杨坚改周建隋之后，就立刻采取了针对突厥的防御策略，并且在面对突厥大军来犯之时，他能够在最短的时间里做出应敌之策，这些全都有赖于长孙晟提供的情报。

无论对杨坚还是对隋朝，突厥都是一个必须面对的对手，逃不过，也避不开。而长孙晟的出现，让杨坚对于应对突厥有了充足的信心，只要长孙晟这个"突厥通"在，杨坚就有足够的底气去和突厥较量一番。

按照《隋书·长孙览传》的记载，就在开皇二年（582）突厥举40万大军来犯之时，长孙晟向杨坚"口陈形势，手画山川，写其虚实，皆如指掌"，向杨坚提出了"远交而近攻，离强而合弱"的战略，以实现"一举而空其国"的最终目标。

具体来说就是，突厥表面上看似强大，但内部矛盾重重，在突厥的五大可汗之间，达头可汗、阿波可汗和叶护处罗侯都不服沙钵略可汗。我们可以利用突厥内部的这种矛盾，离间他们的关系，鼓动他们内战，就能把他们分化瓦解，各个击破，我们只需要坐收渔翁之利即可。这就是长孙晟"远交而近攻，离强而合弱"的战略规划。

长孙晟的战略可谓高屋建瓴，其高明之处就在于，不是直接通过军事手段和敌人硬碰硬，而是巧妙地用外交手段来分化瓦解敌人，不战而屈人之兵，杀敌于无形。

《孙子兵法·谋攻篇》说："故上兵伐谋，其次伐交，其次伐兵，其下攻城。""伐兵"和"攻城"都属于具体的军事手段,皆属下策,而"伐谋"和"伐交"是从战略高度用计谋和外交手段实现军事目的,属于上策,二者高下立判。

从战略的角度来说,长孙晟的手段确实高明,也堪称完美,结果是"上深嗟异,皆纳用焉",杨坚全盘采纳了长孙晟的谋划。

接下来就是具体的战术运用了。

按照长孙晟的谋划,隋文帝杨坚派遣使者结交西域的达头可汗,故意赐给他狼头蠹。突厥以狼为图腾,狼头蠹的意义自然非同凡响。狼头蠹代表着权力,代表着地位,隋文帝杨坚把狼头蠹赠送给达头可汗,意思就是说隋朝愿意支持达头可汗做突厥的领袖。达头可汗的虚荣心得到了极大的满足,而且隋朝的使者对他也是极尽礼数,这让达头可汗立刻萌生了和沙钵略争夺权位的念头。同时,隋文帝杨坚在突厥诸部使者面前故意把达头可汗的名字排在最前面,沙钵略听闻后大怒,从此就和达头可汗有了嫌隙。

这是长孙晟"远交而近攻,离强而合弱"战略的第一步。接下来,长孙晟亲自出马,实施他战略的第二步。

长孙晟深入突厥东部,出使沙钵略的弟弟,同时也是跟自己有拜把子交情的处罗侯部。长孙晟一路上重金收买奚、契丹等民族,让突厥失去外援。当他不远万里找到处罗侯后,又动之以情,晓之以理,并且安插了大量心腹,引诱并劝说处罗侯归顺隋朝。

接下来是第三步。长孙晟派人去找处罗侯的儿子染干(后来的启民可汗),通过染干向沙钵略散布谣言:"铁勒部已经反叛,出兵偷袭了突厥的牙帐。"沙钵略可汗信以为真,随即撤兵保护自己的老巢去了。

重头戏是第四步。就在沙钵略可汗大举南下之时,阿波可汗大逻便也从西部向隋朝发起了进攻。隋文帝杨坚派出窦荣定西出凉州,迎战阿波可汗。结果,窦荣定派出了一个叫史万岁的敦煌戍卒去和阿波可汗单挑,将阿波可汗成功吓退。

当时,长孙晟就在窦荣定的军中做偏将,他一看阿波可汗要撤退,就派人追上,传话说:"沙钵略和隋朝作战经常能取胜,而你一打就输,况且沙钵略和你一直不对付,你这一回去肯定要怪罪于你,可汗你想想,你能斗得过沙钵略吗?"

这些话直接戳到了阿波可汗内心的痛处,他立刻派使者去拜访长孙晟,询问该如何是好。长孙晟料定了阿波可汗会回头找自己,他马上向使者说道:"可汗你何不依附大隋天子,同时联合达头可汗,如此就不必受制于沙钵略了,这才是万全之计。如果可汗你现在就这么以戴罪之身回去向沙钵略复命,肯定会受到沙钵略的羞辱的,可汗你怎能受这个气?"

使者把长孙晟的话带回给阿波可汗,阿波可汗豁然开朗,立刻就跟着长孙晟入朝觐见隋文帝去了。

沙钵略可汗听说阿波可汗投降了隋朝,气不打一处来,索性就袭击了阿波可汗的牙帐,收编其部队,同时杀掉了阿波可汗的老母亲。阿波可汗觐见完隋文帝之后,才发现自己的老巢已经被沙钵略给端掉了,自己的母亲也被杀了,他自觉无处可去,只好投奔了西部的达头可汗。

阿波可汗向达头可汗要了10万精兵,又向东打了回去,和沙钵略展开了正面交锋。结果,阿波可汗连战连捷,原先那些被沙钵略可汗收编去的队伍临阵倒戈,又重新回到了阿波可汗的旗下。

沙钵略大败,只能狼狈向东逃窜。从此,突厥正式分裂为东、西两大集团,这也成为隋朝和突厥战争的转折点。

到了这一步,沙钵略可汗只能认输了,他终于低下了自己高傲的头颅,开始向隋朝求和。

要求和总得表示点诚意吧?沙钵略可汗怎么求和的呢?沙钵略可汗向隋朝做了两点求和的表示:第一,向隋朝纳贡;第二,千金公主改姓杨,认隋文帝杨坚为父,做隋文帝的干女儿。

对于沙钵略可汗夫妇而言,如果不是已经到了穷途末路、山穷水尽的地步,又怎至于去做这种寄人篱下、认贼作父的事情呢?可见,此时的突厥已然不复当年的辉煌了。

那么,隋文帝是怎么处理的呢?本来,晋王杨广在隋文帝面前力主"宜将剩勇追穷寇"，彻底消灭沙钵略势力。但是，隋文帝想得更为深远，他的目的并不是消灭沙钵略，而是要降服整个突厥。现在的沙钵略已经无力再和大隋相抗衡，消灭沙钵略也并不困难，但是，那样只会遂了阿波可汗等草原诸部的心愿，也会让其他势力坐大。倒不如接受沙钵略的求和，让沙钵略臣服于自己，同时又能牵制和制衡突厥其余势力。

于是，隋文帝杨坚欣然接纳了沙钵略可汗的求和，并且派人前往突厥，正式册封千金公主为大义公主。

"大义"这个封号颇可玩味。它既可以理解为深明大义，也可以理解为大义灭亲，总之，这个封号带有强烈的嘲讽意味。但是，沙钵略可汗根本顾不得这些，只要能求和成功，他日后就有东山再起的机会。

隋文帝也知道沙钵略心里是怎么想的，因为沙钵略在给隋文帝的谢恩书里，虽然字字谦卑，但是没有半字称臣之意，显然沙钵略内心是不服的。

比如，沙钵略在表书中就说道："此国羊马，皆皇帝之畜；彼之缯彩，皆此国之物。"意思是说，我们突厥的羊马，都是你们大隋的，但你们大隋产的丝绸，也都是我们突厥的。沙钵略显然没把自己当成臣属国，而是把自己放在和隋朝对等的位置上，希望和隋朝建立睦邻友好、互惠互利的双边关系。这隋文帝哪能答应啊！

于是，隋文帝就派尚书右仆射虞庆则和车骑将军长孙晟前往突厥，表面上是看望新认的干女儿，实际上是探查虚实和震慑沙钵略。

虞庆则来到突厥，沙钵略却做起了主人翁，在虞庆则面前夸耀自己的军威，又摆满了各式宝物，夸耀自己的财富，自己高坐堂前，极尽傲慢，就等着虞庆则给自己叩拜行礼。虞庆则见状，气愤不已，当即斥责沙钵略。但是，沙钵略却纹丝不动，自称生了病，无法起身，并且拒绝向隋朝来使下拜。这时候，千金公主也出来帮衬，对虞庆则威胁道："可汗豺狼性，过与争，将啮人。"意思是，我们家可汗可是豺狼之性，你再敢冒犯，小心他杀了你。

场面一下子就陷入了僵局，说不好下一幕就要刀兵相见了。这个时候，长孙晟站了出来，他没有讲两国关系，而是以千金公主认隋文帝为父一事作为突破口，说：既然千金公主自认是大隋皇帝的女儿，那可汗就是大隋皇帝的女婿，作为女婿，至少也应该行翁婿之礼吧？

沙钵略一时无话可说，愣在当场，想了想也没别的办法，只好下拜行礼，并接受了隋文帝的玺书。

虞庆则毫不退让，继续跟进，要求沙钵略即刻称臣。沙钵略却明知故问："何谓臣？"左右之人对沙钵略说："隋国称臣，犹此称奴耳。"意思是，称臣就是称奴啊，从此突厥就是隋朝的奴才了。沙钵略感慨万千，之前的嚣张气焰彻底熄了火，只能认命。

到了开皇五年（585），阿波可汗和达头可汗又联合进攻沙钵略可汗，契丹也趁机劫掠，沙钵略可汗无奈只好逃到了漠南，寄居在了长城脚下，也就是今天的内蒙古呼和浩特地区一带，乞求隋朝的庇护。

长孙晟给隋文帝制定的策略是"离强合弱"，现如今沙钵略可汗的处境真是困厄难堪，已经彻底失去了曾经的荣光，反倒是阿波可汗的势头正盛，突厥的强弱之势已经彻底扭转。隋文帝清楚，不能再继续打压沙钵略可汗了，更不能袖手旁观了，他现在必须出手支援沙钵略可汗，这样才能继续维持草原上的东西平衡，进而掌控突厥。于是，隋文帝派出晋王杨广出兵支援沙钵略可汗。

在隋文帝的支援之下，沙钵略可汗终于挡住了阿波可汗的攻势，打赢了翻身仗，又在隋军的援助下，夺回了大本营。隋文帝又以宗主国的名义，劝阻契丹进犯突厥，给沙钵略可汗创造了一个难得的休养生息的机会。

沙钵略可汗对隋文帝感恩戴德，到了开皇七年（587）正月，沙钵略可汗派自己的儿子向隋文帝进贡，然后又请求在恒、代之间（今山西大同一带）打猎，他一天之间徒手杀掉了18头鹿，将其进献给隋文帝，以示忠诚。

看到这里，是不是觉得这一幕似曾相识呢？想当年中原分裂的时候，突厥就是时而支援北齐打北周，时而又支援北周打北齐，想通过维持中原的分裂局面，进而最大程度上谋取利益。三十年河东，三十年河西，如今坐山观虎斗的变成了中原的大隋王朝，而分裂内斗的却成了突厥。此时隋文帝的策略一如当年的木杆可汗和佗钵可汗，突厥东、西两大部就成了孝顺隋文帝的"两个儿子"。

自此以后，隋文帝杨坚对突厥的控制就更加游刃有余了。沙钵略可汗死后，隋文帝为防止东突厥发生内乱，派长孙晟持节赶赴突厥，册立处罗侯为莫何可汗，又协助莫何可汗攻打西部的阿波可汗，并将其俘虏。

阿波可汗作为阶下囚被执送到了隋文帝面前，这个时候，隋文帝再次践行了长孙晟"离强合弱"的战略，特赦阿波可汗，饶其性命。不久之后，莫何可汗大举西征，在西征中中箭身亡，沙钵略的儿子雍虞闾继位，是为都蓝可汗。

如此，东突厥的首领就变成了都蓝可汗，而西突厥的首领就变成了达头可汗。突厥东、西两部常年征战，已经疲敝不堪，他们都不得不仰仗于隋朝，向隋朝称臣纳贡。

这个时候，最得意的莫过于隋文帝了，在长孙晟的外交运作之下，他成功地掌控了突厥各部势力，真正实现了对突厥的征服，有效保证了北部边境地区的和平，也为隋朝之后的"大一统"奠定了基础。

重建东亚霸权

除降服突厥之外，隋朝又先后降服了西部的吐谷浑，东北的契丹、高句丽，以隋朝为中心的东亚政治新格局开始建立起来，此时的隋朝真可谓"四夷宾服，万国来朝"。

自西晋以来，中原王朝长期处于分裂割据的状态，胡人纷纷内迁，并在中原地区建立起自己的政权，胡汉政权对立，民族矛盾尖锐，征战不休，民生凋敝。在这样的大环境、大格局之下，中华文明圈的影响力逐渐萎缩，对周边民族政权的控制力和影响力都相对较弱，甚至长期遭受周边民族政权的威胁和欺凌。

匈奴、鲜卑、吐谷浑、柔然、突厥先后成为塞北草原地区的统治力量，它们凭借地理和军事优势，不断南下，在与中原汉文明的交锋中相互碰撞、相互交融，而汉文明也在不断渗透北方游牧政权。在这样长达数百年的对抗和交融中，中华文明迎来了新生，并最终孕育出了新的文明体。用历史学家陈寅恪的话来说，就是"取塞外野蛮精悍之血，注入中华文化颓废之躯"，最终的结果就是诞生了号称"第二帝国"的隋唐"大一统"时代。

就整个东亚世界而言，隋朝对以突厥为首的北方民族政权军事和外交战略的成功，标志着以中国为中心的东亚国际新秩序重新建立了起来，这是继汉朝之后中国的第二次真正意义上的"大国崛起"。

最能体现隋朝重建东亚霸权的，就是隋文帝有了一个新的称号——圣人可汗。

众所周知，唐太宗号称"天可汗"，意思是他不仅是大唐王朝的皇帝，而且是草原民族的共同首领。这对于中国古代的帝王来说，是一种莫大的荣耀，因为它象征着四夷宾服和万国来朝。

但是，很多人不知道的是，在唐太宗被称为"天可汗"之前，还有一位皇帝也享受过如此礼遇，那就是隋文帝。

隋文帝杨坚是如何获得"圣人可汗"称号的呢？这还得继续从东西突厥的斗争讲起。

在长孙晟的外交运作之下，突厥分为两部，西突厥首领为达头可汗，东突厥首领为都蓝可汗。两强相争的结果是两败俱伤，隋朝渔翁得利，成了最大的受益者。

但是，突厥内部还存在一个威胁隋朝的巨大隐患，这个人不是达头，也不是都蓝，而是千金公主，当时已经改称为大义公主。

为什么说大义公主是隋朝在突厥的一大隐患呢？

因为，大义公主毕竟出身北周，是北周宗室之女，血浓于水的亲情是怎么也割舍不掉的，而她认隋文帝为父，只是迫于形势的无奈选择，一旦形势转变，就很可能会再次图谋颠覆大隋。

上一节介绍过，沙钵略可汗去世之后，处罗侯继承了可汗之位，是为莫何可汗。而莫何可汗在位并没有多久，就在西征途中中箭身亡，沙钵略可汗的儿子雍虞闾继位，是为都蓝可汗。

按照突厥的风俗，前任可汗的可敦（可汗的妻子，相当于中原王朝的皇后）要再嫁给下一任可汗，大义公主就改嫁给了莫何可汗，一年之后又再次改嫁给了都蓝可汗。

都蓝可汗即位之后，势力迅速扩张，到开皇十年（590）的时候，其势力已经到达了天山地区，并且还把西征时的战利品——一根于阗玉杖进献给了隋文帝。都蓝可汗的这一举动，让隋文帝迅速警觉起来——都蓝可汗的势力已经发展到不容小觑的地步了。

奉行平衡之术的隋文帝，立刻意识到必须打压一下都蓝可汗了。于是，他就把一扇屏风送给了都蓝可汗和大义公主。

这扇屏风可是大有来历。什么来历呢？它是隋朝平陈战役的战利品，是从陈朝的宫廷里收来的。

把这样一件平陈战役的战利品送给大义公主，意味是深远的。一方面，隋文帝是在向大义公主示好，你看我有了好东西可没忘记分享给你；另一方面，隋文帝也是在向大义公主和突厥示威，大隋武力强盛，现在可以轻而易举灭掉陈朝，同样也可以兵不血刃灭掉你们。

大义公主收到屏风之后，感慨万千，这件屏风勾起了她对故国的回忆，于是就在屏风上题了一首诗。诗曰：

> 盛衰等朝露，世道若浮萍。
> 荣华实难守，池台终自平。
> 富贵今何在？空事写丹青。
> 杯酒恒无乐，弦歌讵有声。
> 余本皇家子，漂流入虏廷。
> 一朝睹成败，怀抱忽纵横。
> 古来共如此，非我独申名。
> 惟有明君曲，偏伤远嫁情。

大意就是，大义公主从陈朝的盛衰兴亡中，感受到了自己的国仇家恨，从当年的北周公主，到如今在突厥辗转漂泊，她目睹了一幕幕历史的悲喜剧，一听到王昭君留下的《明君曲》，就不禁悲从中来。

从文学的角度看，这首诗感情真挚，感人肺腑。但是从政治的角度来看，它引起了隋文帝的警觉，大义公主自始至终无法忘掉自己北周公主的身份，也忘不掉故国北周的亡国之痛。如此，隋文帝怎能容得下她？

后来发生的一件事，印证了隋文帝对大义公主的忧虑，也直接促成了大义公主被杀的悲剧。

当时有个叫杨钦的罪犯从隋朝跑到突厥，撺掇大义公主起兵反隋，并且称前北周驸马刘昶会配合大义公主里应外合共同反隋。杨钦带来的这个消息，立刻让大义公主蠢蠢欲动，她也没有去核实这情报的真实性，她觉得这是一个反隋的绝佳机会，于是就开始想办法撺掇都蓝可汗。

当时都蓝可汗的实力渐强，他本就不甘心臣服于隋朝，此时听闻这一情报，再加上大义公主的煽风点火，都蓝可汗很快也心动了。他开始频繁在隋朝边境搞一些小动作，对隋朝也不再像之前那样恭敬了。

都蓝可汗的态度转变，立刻让隋文帝察觉到了异样，隋文帝就派长孙晟来调查此事。长孙晟受命出使突厥，打探情报，很快就得知，原来是隋朝的叛臣杨钦在从中作祟。

长孙晟第一时间将这一情报汇报给了隋文帝，隋文帝勃然大怒，立刻对刘昶谋反一事进行彻查。彻查发现，刘昶谋反根本就是子虚乌有，只是刘昶的儿子刘居士平时兴风作浪惯了，才被杨钦所利用。隋文帝将刘昶和刘居士一同下狱，后将其赐死。

不过，令隋文帝更为恼怒的是大义公主。如果说大义公主在屏风上题诗只是说明她怀念故国、心怀不满，那么此时此刻发生的事就确凿无误地证明大义公主开始有所行动了。这样的人留着迟早是个祸害，不如早早铲除。自此，隋文帝真正对大义公主起了杀心。

怎么除掉大义公主呢？隋文帝再次把这个艰巨的任务交给了长孙晟。

长孙晟再次使用了"攻心计"，他出使到突厥，在都蓝可汗面前陈述大义公主故意唆使两国开战，尤其是点出了大义公主私下养了情人，这让都蓝可汗十分丢脸，他顿时恼羞成怒。长孙晟这一招，直接就离间了都蓝可汗和大义公主之间的关系。

在长孙晟之后，隋文帝还派出了另外一批使者，在都蓝可汗面前宣布，即日起废黜大义公主，同时又把四个绝色美人赏赐给了都蓝可汗。

隋文帝恩威并施的举措，其实就是在暗示都蓝可汗，大义公主已经不是隋朝的公主了，她只是个罪人，你如果识相的话，就把大义公主杀了，新的可敦我们已经送来了。

都蓝可汗对大义公主多少还是有情分的，他并没有立刻去杀掉大义公主，而是处在犹豫不决之中。

这个时候，都蓝可汗的堂弟染干出现了，也就是后来的突利可汗（后改称启民可汗）。突利可汗只是个小可汗，但他野心很大，为了在隋文帝面前邀功，就主动撺掇都蓝可汗去杀掉大义公主。在他的劝说之下，都蓝可汗终于忍无可忍，亲手了结了大义公主的性命。

都蓝可汗自以为杀掉了挚爱的大义公主，就可以得到隋文帝的原谅和信任，于是他主动向隋文帝请求重新选派公主联姻。结果，隋文帝严词拒绝了都蓝可汗，不仅不和亲联姻，而且断绝了对都蓝可汗的所有支援。

隋文帝为什么这么做呢？这其实还是长孙晟的主意，因为当时的突厥有三大可汗，最强的就是都蓝可汗，其次就是西边的达头可汗，最后是北边的突利可汗。都蓝可汗已经是最强的了，不能再支援他了，支援都蓝可汗，只会进一步助长他的气焰。

都蓝可汗真是赔了夫人又折兵，本来希望能获得隋文帝的信任，结果不仅没有得到，还害死了自己挚爱的可敦。更重要的是，都蓝可汗失去了隋文帝的支持和信任，从此他的处境将格外艰难。

那么，隋文帝接下来会继续采取什么样的措施来控制突厥呢？

答案其实很简单，还是长孙晟的老策略——"离强合弱"。

现在最弱的是突利可汗，而且突利可汗刚刚建立大功，帮助隋文帝诛杀了大义公主，隋文帝必须对其予以特别嘉奖。给什么样的奖赏呢？把隋朝的安义公主许配给突利可汗。

这对突利可汗来说可是莫大的荣耀，这也是此前都蓝可汗梦寐以求的。当初突利可汗向隋请婚，使者带回了隋文帝的指示："当杀大义公主者，方许婚。"为了能迎娶隋朝的公主，他甚至不惜杀掉大义公主来讨好隋文帝。都蓝可汗最后竹篮打水一场空，反倒是最不起眼、实力最弱的突利可汗抱得美人归，这怎能不让人羡慕？

当然，突利可汗迎娶安义公主也是有前提的，隋文帝要求突利可汗学习中原礼乐文明，不仅突利可汗本人要学习，而且突厥的人也要跟着学。于是，突利可汗派了300多名使者分批分期来到隋朝，在隋朝的太常寺学习汉族传统文化。这些使者学成毕业之后，回到突厥再继续教化民众，传播中原优秀文化。

这就是我们经常说的汉化。目的是让突厥人从此聚拢在汉文化传统之下，成为中原王朝的倾慕者和拥护者，进而巩固隋朝的统治地位和文化主体地位。这无疑是极高明的政治举措。

就这样，在隋文帝的培养之下，突利可汗成了大隋王朝在突厥的代言人。在隋文帝的授意之下，突利可汗开始从突厥北部南下，举族迁徙到了都斤山（今蒙古国杭爱山）。要知道都斤山原先可是都蓝可汗的根据地，如今隋文帝却把都蓝可汗的核心根据地让给了突利可汗，这可把都蓝可汗给气坏了。

都蓝可汗彻底不干了，也彻底死心了，他决定投靠达头可汗，组成联盟，来共同抗衡隋朝。

开皇十八年（598）春，都蓝和达头两大可汗联手，对隋朝的北部边境发起了猛烈的进攻。隋文帝诏令第四子蜀王杨秀从灵州（今宁夏灵武）出击突厥，当然，杨秀只是挂名统帅，实际负责此次征讨的统帅是杨素。

杨素在隋朝是一位风云人物，他在周武帝时代就开始崭露头角，先后参与了平齐之役、平定尉迟迥之乱以及隋朝灭陈之战，逐渐成长为隋朝军界的领袖人物。

突厥是马背上的民族，历来擅长马上作战，经常来无影去无踪，机动作战能力十分强大。中原王朝历来深受其害，但苦于没有应对之策，在马上根本无法和草原民族对抗，往往只能采取被动防守的战略。

按理说，杨素也应该采取防守为主的策略来应对突厥的进犯。但是，杨素绝非普通将领，他不仅放弃了被动防守的战略，而且主动出击。

对突厥人来说，正面冲锋没人是他们的对手，达头可汗看到隋朝军队竟然敢跟自己硬碰硬，差点把下巴都要笑掉了，他随即跳下马来，跪在地上，仰天大拜，兴奋地说道："此天赐我也！"

达头可汗这是什么意思呢？在他看来，眼前的这一幕简直就是上天的恩赐，对面的杨素就是来送死的，胜利简直唾手可得。

战争的结果是否真的像达头可汗所预想的那样呢？杨素可不是一般的将领，他在平陈战争中有"江神"之称，而且他带兵以军纪严明著称，是不能用一般的寻常眼光来看待的。

杨素放弃被动防守，这多少有点破釜沉舟的意思，而且杨素的军队也不是吃干饭的，而是训练有素的精兵。从达头可汗的表现来看，突厥人显然是大大轻视了对手，也轻视了杨素，他们对自己的骑兵部队过于自信。俗话说得好，"骄兵必败"，杨素的军队和突厥军队一交锋，胜利的天平并没有倒向突厥，而是倒向了杨素。只见杨素的军队个个以一敌十，竟然把突厥军队打得落花流水，达头可汗本人也身负重伤。

最终，在杨素的领导下，隋朝军队取得了此次对突厥战争的全面胜利，而突厥方面则伤亡惨重。达头可汗败了，都蓝可汗也难以支撑，也就跟着败退了回去。

转过年来，到了开皇十九年（589）春，草原上再次传来消息，都蓝可汗正在准备攻城器械，蓄谋攻打大同城。隋文帝随即任命第五子汉王杨谅为行军元帅，命高颎、杨素、燕荣等分道迎击。

都蓝可汗发现自己仗还没打，所有动向就已经被隋朝知道了，他猜想肯定是突利可汗告的密。都蓝可汗恼羞成怒，他联合达头可汗，一同攻打突利可汗，准备彻底灭掉突利可汗，然后再图谋隋朝。

于是，都蓝可汗和达头可汗联合攻打突利可汗，突利可汗本就实力最弱，哪里是都蓝可汗和达头可汗的对手。一场恶战下来，突利可汗几乎成了"光杆司令"，他的兄弟子侄全部死于非命，自己的手下也只剩下几百人。

此时此刻，摆在突利可汗面前的只有两条路，要么投降都蓝可汗，要么归顺隋朝。可是不管选择哪条路，突利可汗都犯难，因为他的手上要钱没钱，要兵没兵，只有自己这么一个"光杆司令"，谁会稀罕自己呢？

突利可汗转念一想，往日是因为自己多少还有些势力，隋朝才会厚待自己，如今自己落魄到这种地步，隋朝还会看得起自己吗？再者，隋朝毕竟是外族，和汉人相处不仅语言不通，而且吃穿住行都要按照汉人的习惯，有太多不方便的地方了。反倒是达头可汗和自己毕竟是同族，往日无怨近日无仇，投靠他总归要好过投隋朝。

就在突利可汗左右为难之际，长孙晟再次出现了。长孙晟看得出，突利可汗心思摇摆，保不齐就要投靠达头可汗。长孙晟绝对不允许这样的情况出现，他经营突厥多年，隋朝在突利可汗身上也耗费了巨大心血，如果让突利可汗投靠了达头，这么多年来的心血不就都付诸东流了吗？

我们都知道烽火戏诸侯的故事，长孙晟显然也谙熟这个典故，有样学样，也整了这么一出"烽火戏可汗"的把戏。

长孙晟悄悄派人来到离突利可汗营地不远处的蔚州（今山西灵丘）伏远镇，让人迅速燃起四支烽火，而烽火在古代有着特殊的意义，只有遇到敌情的时候才会点起。离伏远镇不远的突利可汗立刻发现了这一点，慌里慌张地就去问长孙晟，这烽火到底是什么情况。

看到突利可汗已经上了套，长孙晟这才慢条斯理地解释道："按照我们大隋的规矩，点两支烽火，代表有小股敌人，点三支烽火，代表有较多的敌人，如果是点燃四支烽火，就代表敌军主力部队来犯。"

听长孙晟这么一说，突利可汗立刻警觉了起来，此时点燃的正是四支烽火，难道是都蓝可汗的主力部队追过来了？看到突利可汗急得像热锅上的蚂蚁，长孙晟心里乐开了花，因为他要的就是这样的效果。

原先突利可汗还在左右为难，甚至还想投靠达头可汗，这一下可容不得突利可汗再犹豫不决了，摆在他面前的有且只有一条路，那就是投靠隋朝，进入伏远镇。于是，长孙晟就用这种诱骗的方式，把突利可汗和他几百人的队伍带进了伏远镇。

既然进入了伏远镇，突利可汗可就再也没办法左右摇摆了，到了隋朝的地盘，就得听隋朝方面的安排。很快，突利的部众被就地安置，在伏远镇好吃好喝招待着，长孙晟自己则带着突利可汗星夜兼程赶赴隋朝首都大兴城。

对于突利可汗的到来，隋文帝杨坚十分高兴，因为他要好好利用这个机会，来彻底分化瓦解突厥。

隋文帝杨坚是怎么做的呢？

首先，隋文帝册封突利可汗为"意利珍豆启民可汗"（简称"启民可汗"），翻译成汉语就是智慧、勇猛、强健的意思，总归都是好词儿；其次，隋文帝又拨给了启民可汗5万人马，在朔州修筑大利城（今内蒙古清水河县），让他带领部众定居于此；最后，当时安义公主已死，隋文帝又把宗室之女许配给了启民可汗，并册封为义成公主。

可以说，在对启民可汗的安置上，隋文帝几乎是下了血本，要钱给钱，要人给人，要地给地。启民可汗自然也是无比感动，他恐怕从来都没想过隋朝会这样厚待自己。当然，隋文帝做这些都带有政治目的，他要亲手培植一个亲近大隋的突厥政权。

如果说，隋文帝之前是利用突厥内部的矛盾来分化和打击突厥的话，那么从此刻开始，隋文帝的策略已经有了进一步的转变和升级，他要直接介入突厥内部，并且利用自己日渐强盛的国力来扶持一个和隋朝亲善的政府，通过册封和和亲等方式来彻底控制北方草原政权。

隋文帝的战略是成功的，隋文帝用这三招彻底俘获了启民可汗的心，启民可汗感激涕零，从此就和隋朝结成了统一战线。

如此一来，倒大霉的就是都蓝可汗了，都蓝可汗南下和隋朝军队展开了激战，隋朝对都蓝可汗丝毫没有手软，对都蓝可汗一顿穷追猛打，打得都蓝可汗丢盔弃甲，狼狈逃窜。吃了败仗的都蓝可汗，很快就失尽人心，而隋文帝则连续派出大军征讨，打得都蓝可汗毫无招架之力。

最终，都蓝可汗在四面楚歌中，被自己的部下所杀，突厥内部顿时大乱。长孙晟觉得这是个千载难逢的良机，力劝隋文帝，请求趁此良机招降突厥部众。于是，隋文帝让启民可汗到处招降，来归附启民可汗的人非常多。当然，也有很大一部分突厥部众选择归顺了达头可汗，达头可汗也彻底取代了都蓝可汗，成为草原上的新主人，也是隋朝接下来要面对的主要对手。

达头可汗自认为都蓝可汗已死，自己就是草原上的霸主，是草原上当之无愧的大可汗，于是他也给自己加了封号，自立为"步迦可汗"。

达头可汗的这一举动，让隋文帝立刻意识到，必须在最短时间内解决掉达头可汗这个心腹大患，不然他会成为隋朝的又一个强大对手。那么，隋文帝接下来要怎么解决掉达头可汗呢？

隋文帝选择了武力出击，他要毕其功于一役，彻底摧毁突厥的反叛力量。于是，在开皇二十年（600）四月，隋文帝任命晋王杨广为行军元帅，和汉王杨谅各统一军，率军出击达头可汗。当然，这里面也绝对少不了长孙晟的参与，他带领归降隋朝的突厥部众，任秦州行军总管，接受晋王杨广的调度。

这场大战，突厥并没有对隋军形成太强的抵抗，事实上，两军几乎都没怎么交战动手，突厥就彻底垮掉了。究其原因，就在于达头可汗的很多部众都是刚刚从都蓝可汗那边死里逃生过来的，他们并没有和隋军展开决战的必胜信念。

最典型的例子就在汉王杨谅这一路。杨谅麾下有一员猛将名叫史万岁，他在开皇三年（583）随窦荣定出战突厥，他竟然单枪匹马就将突厥的第一勇士砍落马下，史万岁的勇武犹如三国时代之关羽，他凭一己之力就把突厥大军吓退，从此就在突厥人心中留下了不可磨灭的印象，成了突厥人的噩梦。如今，突厥人一听说他们要对阵的就是当年骁勇无比的史万岁，顿时就被吓到，也不敢再跟隋军打了，达头可汗也听说过史万岁的威名，直接下令撤军。可见，突厥大军就是一盘散沙，根本不具备展开殊死决战的信念和意志。

而在晋王杨广这一路，长孙晟使出了一招投毒计，在突厥营地的上游河水中投毒，突厥人还没开打，就已经上吐下泻，无法组织起有效的进攻，不战自溃。

这样的结果可能连隋文帝杨坚自己都没料想到。隋文帝以往北伐都是派一个亲王领军出征，结果这次罕见地派出了两个亲王领军出击，而且派出了高颎、长孙晟、杨素、史万岁等随军出征，他们无不是当朝第一流的名臣猛将。他这么做，就是想毕其功于一役，和突厥来个终极决战，彻底降服突厥。结果，隋军不费吹灰之力，突厥大军就土崩瓦解了，几乎连个像样的战事都没有，过程之顺利是隋文帝万万没有想到的。

经过此次战役之后，突厥内部的矛盾愈加明显，长年的征战已经让突厥各大部落疲惫不堪，达头可汗也知道了自己和隋朝的实力差距，不敢再和隋朝发生冲突。

仁寿二年（602），隋文帝任命杨素为云州道行军总管，长孙晟为受降使者，带着启民可汗，发起了对达头可汗的北伐。

隋文帝的这一任命是有非常强的政治用意的。杨素是隋朝当世名将，让他负责对达头可汗的征讨工作；长孙晟是外交战略专家，他对突厥了如指掌，让他负责战后的招降和安抚工作；启民可汗是隋朝钦定的突厥新领袖，带着启民可汗一起出征，就是要发挥他的领袖作用，让启民可汗彻底取代达头可汗，成为草原上的新主人。

此时的达头可汗已是强弩之末，在隋军的征讨之下，达头可汗众叛亲离，就连自己的根据地也被阿波可汗的侄子泥利可汗给占领了。达头可汗如同一只丧家之犬，仓皇而逃，一路向西，逃到了吐谷浑，最后不知所终。

如此，隋朝的敌人达头可汗就算彻底解决掉了，长孙晟和启民可汗收拢其突厥部众，启民可汗正式成为统领整个突厥的大可汗。

这是属于启民可汗的荣耀时刻，更是属于隋朝的荣耀时刻，隋朝再也不用担心北方的边患了。

启民可汗最感激的莫过于隋文帝了，他亲自向隋文帝上表致谢：

> 大隋圣人莫缘可汗，怜养百姓，如天无不覆也，如地无不载也。诸姓蒙威恩，赤心归服，并将部落归投圣人可汗来也。或南入长城，或住白道，人民羊马，遍满山谷。染干譬如枯木重起枝叶，枯骨重生皮肉，千万世长与大隋典羊马也。

在这段表文中，我们可以看到启民可汗对隋文帝的感激和敬重，甚至还给隋文帝上了一个特别的称号——"圣人可汗"。这就意味着隋文帝不仅是隋朝的皇帝，而且是草原民族的大可汗，更是整个东亚的共主，这比唐太宗的"天可汗"还要早30年。这也标志着，由突厥主导的旧的东亚国际秩序已经彻底瓦解，由隋朝所主导的东亚国际新秩序从此建立起来。

消灭西梁

"平突厥，定江南，一二年间，必使天下一统。"这曾经是周武帝宇文邕毕生的梦想，然而随着周武帝的英年早逝，这一伟大的历史使命注定落在了隋文帝杨坚的肩上。

随着杨坚建立隋朝，天下的统一之势日渐形成，中华大地南北对峙近300年的历史也即将画上句号。

此时，摆在隋文帝杨坚面前唯一的对手就剩下了江南的陈朝。

隋文帝杨坚不敢掉以轻心，从建国伊始，他就开始了灭陈的准备工作。

首先，隋文帝对北方的突厥展开了反击战争，并成功分化和瓦解了突厥势力；其次，隋文帝积极建设内政，励精图治，他在中央建立三省六部制，选拔人才，在地方推行州、县两级制，改革府兵制，精兵简政，发展社会生产，隋朝国力得到显著提升；最后，隋文帝消灭了寄居在江陵的附属政权——西梁。

关于隋文帝的内政改革和对突厥的反击战争，前面几节已经讲过了，这里重点要讲一下隋文帝消灭西梁的大致经过。

西梁是南北朝时代最没存在感的一个地方政权，它地域狭小，仅据有江陵一隅之地，享国33年。33年在中国历史上只是一朵小小的浪花，但是在魏晋南北朝这样的乱世时代，很多王朝，比如南朝的齐，还有前面讲到的西魏和北周，都还没有西梁的国祚长久。

在南朝历史上，发生过一次大规模的叛乱，这次叛乱历时5年，把整个南朝搅动得天翻地覆，一代英主梁武帝萧衍也在叛乱中被困死台城，这就是历史上著名的侯景之乱。

侯景之乱严重破坏了南方的社会经济，它不仅沉重打击了南梁的统治，而且是整个南朝走向衰落的转折点。侯景之乱之后，北强南弱的格局也自此奠定，南方的梁朝从此一蹶不振，顿时成了"后三国"时代最弱的一个，后来继之而起的陈朝也彻底失去了逐鹿中原的实力，也注定了历史的胜利者将在北方诞生。

在这场历时5年的动乱中，获利最大的，是偏居关中的西魏王朝。在宇文泰的统领之下，西魏先后夺取了汉东、汉中以及号称"天府之国"的巴蜀之地，一举成为"后三国"中领土最大、实力最强的国家。

西魏废帝三年（554），侯景之乱已经平定两年，西魏丞相宇文泰再次把目光瞄准了坐镇江陵的梁元帝萧绎。此时的梁朝刚刚历经大乱，已经不及梁武帝时代的雄风了，根本无力跟北朝抗衡。宇文泰命于谨、宇文护、杨忠统率5万大军，发兵江陵，而当时的梁元帝根本没有丝毫防备，掌握重兵的王僧辩镇守在建康，无力回援。就这样，西魏大军轻而易举地夺取了江陵重镇，这就是江陵之战。

在江陵之战中，江陵城惨遭屠戮，数万百姓被掳掠到了长安，梁元帝萧绎本人也死于非命。此役之后，宇文泰在江陵扶立梁元帝萧绎之侄萧詧为帝，统领江陵方圆300里的土地，史称后梁，也称西梁。

西梁本质上只是一个傀儡政权，是西魏的附属国，而萧詧只是西魏扶立的傀儡皇帝。萧詧绝非平庸之辈，他在位期间勤于政事、知人善任、勤俭治国，然而可惜的是，巧妇难为无米之炊。即使萧詧再励精图治，也无法改变西梁蜷居江陵的历史宿命，因此他常年忧郁，在位8年，便抑郁而终，终年44岁。

萧詧驾崩之时，西魏已经变成北周，当政的已经是北周武帝宇文邕。北周保定二年（562），周武帝宇文邕任命萧詧的第三子萧岿继位为帝，次年改元天保。

天保这个年号，其实非常值得玩味。

天保原先是北齐文宣帝高洋在位时期的年号，但是这个年号十分不吉利。当时就有传言说，"天保"拆分开就是"一大人只十"，也就是暗示高洋在位超不过10年。后来，高洋果然在他在位的第十年（天保十年）暴病而亡，"天保"也就成了不祥的代名词。

然而，周武帝却把这样一个不祥的年号"赏赐"给了西梁，其用意不言自明，就是在羞辱西梁君臣。萧岿只是一个傀儡皇帝，他没有选择的权力，他只能一边赔着笑脸，一边默默接纳了来自北周的"封赐"，把所有的委屈和羞辱咽进肚里，这就是弱肉强食的丛林法则。

有人或许会问，为何西魏、北周要一直扶持西梁这样一个傀儡政权呢？西梁这样一个只有寸土之地的国家究竟有何存在的意义？

其实，我们只要看一下南北朝后期的地图就知道了。在当时"三分天下"的割据形势之下，西梁所处的位置正好在北周和陈朝之间，是一个绝佳的缓冲地带。

江陵自古是天下必争之地，陈朝想要北伐北周，江陵就是一块绕不过去的军事要地，因此，占据江陵的西梁就成了北周的一块挡箭牌。如若西梁抵挡不住陈朝的进攻，成了炮灰，北周也没什么好心疼的。

相反，北周想要染指江南，西梁就是一块最好的跳板，北周可以躲在幕后暗中操控西梁，行"借刀杀人"之能事。西梁如果有意想壮大力量，它无法朝自己的宗主国方向发展，只能向陈朝方面动手。

因此，西梁虽然看起来完全没有存在的意义，但是西梁这块苍蝇肉，却可以吊足陈朝的胃口，北周可以通过西梁一探陈朝的虚实，更可以借助西梁之手蚕食陈朝的领土。

西梁对于北周的作用，真可谓是一箭双雕。而且，在任何时刻，西梁都是一颗可以随时丢弃的棋子，北周根本无须心疼。

后来所发生的历史也印证了这一点，西梁和陈朝的军事冲突始终未曾断绝，而且西梁为了对付陈朝，还向北周提出请求，将江陵附近的基州（今湖北荆门）、平州（今湖北当阳）、郢州（今湖北钟祥）三州赏赐给自己。

一个附庸国向宗主国请求赏赐土地，放在平时，这种要求简直就是天方夜谭。但是，由于西梁是为了对付陈朝，而北周正忙于和北齐开战，根本无暇南顾，这个请求最终被周武帝欣然同意。

事实上，对于北周来说，西梁要三个州根本掀不起什么大浪，但是可以蚕食和消耗陈朝的军事力量。这才是北周真正想要达到的战略目的。

萧岿其实也非常清楚，北周只是拿自己当枪使，并不是真的想帮助自己。但是，萧岿并不介意这些，他只期望能让梁朝的国祚更加长久，至少不能断送在自己手中。

公元577年，北周消灭北齐，统一了整个北方。萧岿亲自前往邺城为周武帝庆贺，周武帝宇文邕打心眼儿里就看不起萧岿，只是表面上尽一下礼数，并没有看重此事。

受到冷落的萧岿没有灰心，他又在宴席之上和宇文邕套近乎，说自己和父亲能苟活于世全仰仗太祖皇帝（宇文泰），今天的西梁和北周是"唇齿掎角"的关系，以后双方要共赴时艰。

后来，宇文邕又同萧岿饮宴，当时北齐旧臣叱列长叉也在座。宇文邕指着叱列长叉对萧岿说："这个人在城头上骂过我。"萧岿奉承道："叱列长叉未能辅佐桀，却胆敢反过来向尧吠叫。"看到萧岿给自己拍马屁，把自己比作圣人尧，宇文邕不禁在宴席上大笑起来。

萧岿看到总算把宇文邕哄高兴了，于是立即起身，请求为宇文邕起舞。宇文邕喜出望外，说道："梁主真的愿意为朕跳舞吗？"萧岿答道："陛下已经亲自弹奏，臣为什么不敢像百兽一样起舞呢？"

萧岿把自己比作兽类，可以说是极尽卑微了，这也让宇文邕十分欣慰，当场便赏赐了杂缯万段、良马数十匹，又把齐后主高纬的姬妾和自己经常骑乘的骏马一同赏赐给了萧岿。

萧岿成功地赢得了宇文邕的欢心,他知道,西梁暂时没有亡国之忧了。不过,好景不长,宇文邕英年早逝,北周朝堂更是风云变幻。

当尉迟迥起兵于山东,三总管纷纷发难的时候,萧岿手下的将士也萌生了起兵的心思,对萧岿说道:"我们不如趁势而起,可以和尉迟迥形成连横之势,进可以尽节于周朝,退可以席卷山南。"萧岿犹豫半晌,最终还是拒绝了手下的建议,萧岿无疑是明智的。

后来杨坚登上帝位,对萧岿进行嘉奖,赏赐金银无数,布帛万段,马500匹。同时,杨坚还做出了一个重要决定,就是把萧岿的女儿纳为了晋王杨广的妃子,她就是后来著名的萧皇后。

开皇四年(584)正月,萧岿入朝长安,隋文帝杨坚对他礼遇有加。临别之际,杨坚牵住萧岿的手说道:"梁主久滞荆楚,应该很久没有回到旧都(建康南京)了,肯定十分怀念故乡。朕很快就会发兵长江,送你返回家乡。"

杨坚的这番话,表明了自己消灭南陈的决心。然而,萧岿终归没有等到这一天,在第二年就病逝了,享年44岁。隋开皇五年(585),其子萧琮继位。

隋开皇七年(587),随着伐陈准备工作的有序进行,隋文帝杨坚意识到,西梁已经没有存在的必要了。于是,隋文帝杨坚突然下令,征召西梁皇帝萧琮入朝。萧琮率领着文武百官200余人,自江陵抵达长安大兴城。

其实,所有人都看得出来,西梁的国运已经到头了。与此同时,隋文帝杨坚派大将崔弘度率隋军进驻江陵,西梁政权就此瓦解。

不过,由于萧氏三代人都忠心于北周、隋朝,萧琮并没有像宇文氏那样被杨坚血洗,相反,隋文帝一直非常礼遇萧氏,就连萧岿在江陵的墓地都派了专人看守。

萧琮虽然寄人篱下,颇怀忧郁,但是萧氏一族得以保全,兰陵萧氏一族也成为隋唐时期著名的门阀大族。唐初著名宰相萧瑀,就是萧岿的第七子,隋朝萧皇后的亲弟弟,最后位列凌烟阁二十四功臣之一。

平陈战争之前的准备和部署工作

消灭西梁只是隋文帝杨坚发起统一战争前所有准备工作中的一个小小插曲,在解决掉西梁的同时,隋文帝还意外地找到了讨伐陈朝的一个绝佳借口。

开皇七年(587),隋文帝杨坚征召西梁皇帝萧琮到长安朝见,西梁就此灭亡。当时的江陵城人心惶惶,有很多百姓聚拢在萧琮的叔父萧岩的旗下,跟随萧岩归顺了陈朝。

面对十数万百姓的投奔,当时的陈朝皇帝陈叔宝自然不会拒绝,热情地接纳了萧岩和江陵百姓。

陈叔宝在历史上以爱好文学著称,但是他显然没读过多少史书。就在几十年前,南朝刚刚发生过侯景之乱,而其导火索就是梁武帝接纳了自北朝投奔来的侯景,才酿成大祸。此时,萧岩就如同当年的侯景,对陈朝来说有害无益,只能惹来祸乱。

陈叔宝觉得自己是"天朝上国",所以才会有这么多百姓前来投奔,他为此沾沾自喜,于是决定来年正月初一举行大阅兵,在自己的新国民面前好好宣扬一下陈朝的强大国威。

陈叔宝收留萧岩,成了隋文帝出兵陈朝的借口,都官尚书皇甫绩对隋文帝述说了灭陈的三点必胜理由,陈叔宝招纳萧岩就是其中一点。

我们回过头来先介绍一下陈朝和陈朝皇帝陈叔宝的情况。

陈朝皇帝陈叔宝在历史上大名鼎鼎，这倒不是因为他做出过什么特殊的功绩，而是因为他是历史上著名的昏君。由于他是陈朝的亡国之君，历史上也称之为陈后主。

杜牧有一首著名的《泊秦淮》：

烟笼寒水月笼沙，夜泊秦淮近酒家。

商女不知亡国恨，隔江犹唱后庭花。

这里的"后庭花"指的就是《玉树后庭花》，它的作者就是陈后主陈叔宝。

毫无疑问陈后主是一个典型的文人皇帝，他留下的作品也比较多，《玉树后庭花》只是他诸多作品中的一个代表作而已，这颇有点类似于后世的南唐后主李煜和宋徽宗赵佶。

正所谓爱屋及乌，由于陈后主十分崇尚文学，因此他采取了任用文人治国的策略，陈朝的朝堂上也刮起了一股文学之风。

陈后主任用了大批文人来治理国家，当时有个大才子叫江总，在当时的文学界颇负盛名，陈后主就让他来总揽政务。

除了任用文人之外，陈后主还喜欢任用一些游手好闲、溜须拍马之徒。比如当时就有一个叫孔范的人，他是孔子之后，但是却没有孔子的学问，人品也很差，他和陈后主的孔贵嫔结交为兄妹，从此平步青云，成为陈后主身边最受信任的朝臣。

在陈后主陈叔宝的身边，聚集了众多像江总、孔范这样的文人雅士、阿谀之人，就连外朝武将的兵权也被侵夺，被文人所掌控。如此一来，陈朝的朝堂就被搞得乌烟瘴气，武将被彻底排斥出政治中心，陈朝的军事武力也渐趋衰落。

这是陈朝的朝堂，陈后主的后宫更是糜烂不堪。陈后主后宫佳丽无数，其中他最宠幸张丽华，并建造了奢华的亭台楼阁，供他和后宫妃嫔享乐。陈后主还经常组织文人狎客和后宫宫女搞文学派对，一起饮酒作乐、吟诗作赋。

陈后主日夜沉浸在温柔乡中，对政事也无心过问，他整天不上朝，百官也见不到皇帝的面，朝臣们的奏疏都是通过宦官代为传达。每次陈叔宝处理公文，都是把张丽华抱在膝盖上，一边批阅奏疏，一边和张丽华说笑。

于是，朝政大事渐渐被张丽华和宦官们掌控，公卿大臣们无不攀附张丽华，只要张丽华一句话，所有人都得唯命是从，不然就会遭到她的打击报复，陈朝政治也愈加黑暗和腐败。

《陈书》记载，此时的陈朝可谓是"阉宦便佞之徒，内外交结，转相引进，贿赂公行，赏罚无常，纲纪瞀乱矣"。

陈朝日益腐败，陈后主本人更是沉溺声色享乐，他对即将到来的危机根本无所察觉，而且夜郎自大，根本不把隋朝放在眼里。

杨坚为了麻痹陈叔宝，经常和陈叔宝往来书信，书信中常常用词谦卑，书信末尾都要写"杨坚顿首"四个字，即便是派使臣出使陈朝，杨坚也再三叮嘱，千万不要逞口舌之快和陈朝君臣闹不愉快。

陈叔宝常年居住深宫，张贵妃、孔贵嫔以及一众文臣宦官把陈叔宝哄得团团转，从来都是报喜不报忧，这让陈叔宝根本不清楚外界天下的局势。

闭目塞听的陈叔宝一直以为陈朝国富民强，当他看到杨坚来信如此谦卑的时候，就更加坚信了这一点，看来隋朝不过是蕞尔小国，杨坚都害怕自己，他内心不禁有点飘飘然起来。

盲目自大的陈叔宝开始以"天朝上国"自居起来，在给杨坚的回信中，他说道："想彼统内如宜，此宇宙清泰。"意思是，你的国家过得还好吧？我的宇宙十分清静太平。

管自己的国家叫"宇宙"，管杨坚的国家叫"统内"，管自己国家的情况叫"清泰"，管杨坚的国家情况叫"如宜"。言辞之间，尽显傲慢和无礼！

这让人不禁联想到后来清朝乾隆皇帝给英国女王的回信，乾隆皇帝说："天朝物产丰盈，无所不有，原不藉外夷货物以通有无。特因天朝所产茶叶、瓷器、丝斤为西洋各国必需之物，是以加恩体恤，在澳门开设洋行，俾日用有资，并沾余润。"

英国本来是想和清朝发展贸易的，结果乾隆皇帝却以"天朝上国"自居，拒绝了英国的贸易请求，出于"加恩体恤"的考虑，才在澳门单独设立洋行开展贸易。

陈叔宝此时的倨傲心态就如同1200年之后的乾隆皇帝。

杨坚看到这封回信，十分生气，把信件内容传示给朝臣们看。大臣们看了，也义愤填膺，纷纷扬言讨伐陈朝。

上柱国杨素立刻拜倒在杨坚面前，慷慨陈词道："君主受辱，是我等臣子的罪过，请派我讨伐南陈。"然后连连叩头。

杨坚没有说什么，但是意思早已昭然若揭，他早就想伐陈了，把信件给朝臣们看，不仅是出于自己生气，更是想让朝臣们也感受到来自陈朝的羞辱，他想让所有人都支持他的统一大业。

在这之后，有很多人开始向杨坚呈献平陈之策，诸如梁睿、薛道衡、李德林，以及前文提到的皇甫绩等，光是见诸史书记载的就有十几人之多。

其中，有一个人献了一条非常毒辣的计策，这个人就是高颎。

高颎建议，长江南北庄稼成熟的时间存在时间差，南方比北方成熟得早，南方农忙时节，北方还正是农闲的时候，我们可趁这个机会，在他们忙着收庄稼的时候，征集少量军队，在边境上虚张声势，装出一副要进攻的样子，他们必然会丢下手中的农活儿，拿起武器以作防御。然后，等他们集结得差不多的时候，我们就下令撤军。这样多次以后，他们的粮草会大量折损，我们再次集结军队的时候，他们也会放松警惕，到时候可以打他们个出其不意。

损招儿不止这一个，高颎继续说，江南土薄（地下水位高），他们通常不会把粮食放在窖藏里，而是囤放在地上的茅草屋里，我们只要派遣小股人马，偷偷烧掉他们的粮仓，他们再建，我们再烧，如此多次以后，就能极大地消耗对方物资储备。

说到底，这就是个疲敌之计，无形中消耗掉对方的实力，从而增加战争的胜算。

杨坚对高颎的建议十分赞赏，连连称赞，于是便依计而行。高颎的这条计策，如同一把无形的刀，深深地刺进了陈朝的心脏，可谓杀敌于无形。

结果可想而知，陈朝上下都摸不清楚隋朝打的是什么主意，一会儿莫名其妙集结兵力，一会儿又偷偷纵火。当有一天，他们开始盘查仓库的时候才发现，仓库里的粮食已经所剩无几，这时候他们才反应过来，原来隋朝是想从经济上拖垮自己，然而为时已晚。

想要讨伐陈朝，多少都得找个借口，正当杨坚为伐陈殚精竭虑的时候，一个绝佳的发动战争的借口来了。这就是发生在开皇七年（587），萧岩带领江陵百姓投奔陈朝一事。

如此一来，隋文帝也就有理由开始大张旗鼓地为伐陈做准备了，隋朝也迅速进入了战备状态。

南陈最大的优势就是有长江天堑，而且有精锐的水师部队和精良的战舰。于是，隋文帝任命杨素为信州（今重庆奉节）总管，在永安（白帝城）组建水军以及建造大型战舰。

杨素所建造的战舰叫"五牙"，史书记载，它有30米高，上下有5层，可以容纳800余名将士，前后左右装备有六拍竿，具有拍毁敌舰的作战能力。稍次一级的战舰叫"黄龙"，可以容纳百余名将士。再往下还有"平乘""舴艋"等小型战舰，同样威力不俗。有了如此规模的一支水军，隋文帝就再也不用担心自己的水军不敌陈朝的水军了。

而陈朝这边自恃有长江天堑，对隋军的动向充耳不闻，相反，陈叔宝为了迎接萧岩的到来，准备在来年正月初一举办盛大的阅兵式，同时宣示陈朝的国威。

为了举行阅兵式，陈叔宝把长江上的战舰全部调遣回建康城。因此，当隋军大举南下时，长江江面上竟然没有一艘陈军战舰。

为了要面子，讲排场，陈叔宝竟然不惜撤掉边境上的防卫力量，简直是昏庸到家了。

隋开皇八年（588）三月，杨坚发布诏书，宣布讨伐陈朝。

战争究竟该怎么打呢？崔仲方为杨坚制定了全套的作战方针：

> 今唯须武昌已下，蕲、和、滁、方、吴、海等州更帖精兵，密营渡计。益、信、襄、荆、基、郢等州速造舟楫，多张形势，为水战之具。蜀、汉二江，是其上流，水路冲要，必争之所。贼虽于流头、荆门、延州、公安、巴陵、隐矶、夏首、蕲口、盆城置船，然终聚汉口、峡口，以水战大决。若贼必以上流有军，令精兵赴援者，下流诸将即须择便横渡。如拥众自卫，上江水军鼓行以前。虽恃九江五湖之险，非德无以为固，徒有三吴、百越之兵，无恩不能自立。

崔仲方的意思是，陈、隋之间隔着长江天堑，因此，平陈最大的困难就是如何突破这条天险。

长江上游有两个重要的关口，一个是三峡的峡口，另一个是汉江入口汉口。崔仲方认为，我们应该在长江中游的武昌地区增派精兵，同时在位于上游的四川地区建造舟船，大造声势。

如果陈朝担心长江上游、中游地区的安全，派精锐部队来布防的话，那么隋军就在下游趁机横渡长江；如果陈朝固守下游核心地区，那么隋军就从上游以及中游顺流而下。

实际上，这个建议和300多年前晋灭吴的作战部署十分相似，王濬楼船破吴的故事相信很多人都知道。什么是军事经典？这就是，时隔300年再次运用，依然可以获得胜利。

杨坚对崔仲方的计策非常赞成，于是任命他为基州（今湖北荆门）刺史，让他负责大建水师。

金陵王气黯然收

隋开皇八年（588）九月，杨坚开始了对陈朝的讨伐。

杨坚集结了51万兵力，把他们分成了三个集团军。

第一集团军由杨坚的二儿子晋王杨广担任行军元帅，下设四路大军，负责长江下游作战，重点突破陈朝的首都建康。

第二集团军由杨坚的三儿子秦王杨俊担任行军元帅，下设三路大军，负责长江中游作战，重点突破汉口。

第三集团军由清河公杨素担任行军元帅，下设两路大军，负责长江上游的作战，重点突破三峡的峡口。

对于这一切，陈叔宝自始至终还被蒙在鼓里，即使有探子报告军情，他也不以为然，反而从容地对大臣们说："王气在我们这边，当年北齐军队三次南下，北周两次，无不败退，如今，他杨坚又算得了什么！"

尚书孔范也附和道："长江天堑，自古以来一直隔绝南北，今日隋军岂能飞渡？边将们想升官发财才谎报军情，我经常不满意我的官位，假如隋军真的要渡江，我一定能立功当上太尉了！"

有人报告隋军死亡了大量战马，孔范却说道："这即将是我们的马了！为何要死掉呢！"陈叔宝不仅不以为意，反而哈哈大笑起来，于是更加放松警惕，一如往常。

孔范原本就自命不凡，以文武全才自居，如今隋军打来，正是他施展军事才干的好机会，他又怎能轻易放过呢？

在这之后，边境上传来的所有告急文书，全部被陈叔宝身边的宠臣拦截了下来，不予呈报。

隋开皇九年（589）农历正月初一。

陈叔宝和他的朝臣们沉浸在春节的氛围中，众人喝得酩酊大醉。偏偏这一天又起了大雾，雾色朦胧，而且十分呛鼻。陈叔宝就这样昏睡过去，一直到当天的下午才睡醒过来。

就在陈叔宝还在昏睡的时候，驻扎在广陵（今江苏扬州）的隋朝吴州总管贺若弼已经趁着雾气发起了攻击。

驻守在长江边的陈朝守军也是喝酒的喝酒，玩乐的玩乐，毕竟这是春节嘛，谁都不想在春节的时候还值班上岗。

贺若弼率领着他12000人的军队，堂而皇之地渡过了长江，并且轻而易举地攻下了京口（今江苏镇江）。

而驻守在横江（今安徽和县）的隋朝庐州总管韩擒虎，带领着500人的队伍，从除夕夜开始就发动了进攻，一举拿下了采石（今安徽马鞍山）。

同一时间，晋王杨广也率领大军驻扎在六合的桃叶山（今江苏南京六合区瓜埠镇）。

京口、采石、桃叶山正好处在建康城的东、南、北三个方向，可以说，隋朝大军已经从三个方向对身处建康城的陈叔宝实现了战略上的全面包抄。

而此时的陈叔宝才刚刚从酣睡中醒来，他根本不知道就在几十里外，隋朝的三支大军已经把自己团团包围了。

陈叔宝和孔范口中的"长江天堑"，能被隋军如此轻易地突破，一方面是隋军战略战术得当，另一方面可以说是陈叔宝咎由自取。

而当隋军成功跨过长江之后，他们已经避免了和陈军在水上作战，在陆路上，他们的长处将得以施展，他们也将无所畏惧，而此时的陈叔宝已然成了瓮中之鳖，等待他的只有束手就擒。

正月初三，也就是隋军渡江两日后，陈叔宝才得到了采石守将传来的有关隋军南渡的消息。

这时候，陈叔宝才终于开始着急了，他像热锅上的蚂蚁一样急得直跺脚，他找到了孔范，向他寻求对策。孔范之前说过，武将们只知道逞匹夫之勇，要求撤掉武将的兵权，而且他反复称自己有文武全才。好了，现在正是你一展才华、建功立业的好时候，你还等什么呢？

陈叔宝焦急地等待着孔范的答复，哪怕是一个肯定的眼神也行，然而孔范自己也傻了眼、犯了尿，半天说不出一句话。陈叔宝这才知道，原来孔范只会吹牛皮，一旦动真格的就彻底歇菜了。

陈叔宝立马又想到了自己还有两员猛将，他们就是任忠和萧摩诃。

任忠首先提出应敌之策，他认为应该坚守台城，坚壁清野，城中兵足粮丰，不可跟隋军正面交锋，等到春雨涨起来的时候，上游的周罗睺将军必定沿着长江而下赶来援助。

然而，陈叔宝最终选择听从萧摩诃的建议，主动出击。

正月二十日，萧摩诃带领着10万陈军，倾巢而出。然而，奇怪的是，大军却南北排列，摆成了一条长30里的长阵。长阵头和尾根本无法互通消息，将帅无法节制，犹如一盘散沙。

当时驻扎在蒋山的贺若弼，手下只有8000人，他原本想暂时撤退，以避陈军的锋芒。然而，当他登上山顶远眺之时，才发现陈军竟然摆出这样的"一字长蛇阵"，他随即放弃了撤退的想法。

从兵力对比来看，贺若弼只有8000人，陈军有10万之多，兵力对比悬殊。但是，两军一交战，贺若弼的军队便如同砍瓜切菜一般把陈军打得无力还击，陈军中唯独鲁广达所率部下作战最为英勇。

贺若弼在鲁广达面前吃了亏，不敢贸然前进，于是他命人点起浓烟，以此挡住敌人的视线，然后才撤军。

这时候，陈朝士兵开始忙着争抢地下隋军的尸首，砍下首级，好回去领赏。也正是在这个节骨眼儿上，隋军不仅躲避了鲁广达部队的锋芒，而且引起了陈朝士兵的争抢，一时间陈军阵脚大乱。

机会来了，贺若弼再次下令发起进攻，这次他把矛头对准了孔范。

柿子要拿软的捏，孔范无疑就是个软柿子。两军刚一交战，孔范的军队立刻兵败如山倒，溃不成军，陈军伤亡500余人，就连主将萧摩诃也被贺若弼的部下俘虏了。主帅被擒，整个陈军自然也就不攻自破了。

这一战，我们可以看到萧摩诃几乎没起到什么作用，然而他当年在陈宣帝北伐北周的时候可是出尽了风头，是陈朝的头号名将，如今却如此不堪，一战即溃，和当年的风采相比根本就不在一个水平线上。这是怎么一回事儿呢？

原来，就在萧摩诃领兵出征的时候，陈叔宝竟然偷偷把萧摩诃的老婆接到了宫中。别看萧摩诃是一个武将，但他的老婆却颇有姿色，陈叔宝对其也是垂涎已久，趁着这个机会就把萧摩诃的老婆给奸污了。

我给你卖命打仗，你却在背后羞辱我，既然如此，这仗我也没办法打了，索性束手就擒好了。

萧摩诃战败之后，陈叔宝只好再次找老将任忠求助。任忠却说道："一切都晚了，陛下收拾好东西，乘船逃走吧，臣一定护您周全。"

陈叔宝非常感动，当即就命张贵妃收拾行囊细软，然后坐在宫中等候任忠的接应。然而，陈叔宝左等右等，等得火烧眉毛了，也没等到任忠的接应，等来的却是任忠投敌的消息以及凶神恶煞的韩擒虎。

关键时刻，任忠背弃了他的名字，选择了"不忠"，他让陈叔宝在宫里等候，其实是怕陈叔宝乱跑，而他自己则投靠了韩擒虎，然后把陈叔宝当作礼物送给了韩擒虎。

萧摩诃和任忠都是陈朝资历最老的将军，如今他们一个被擒，一个投降，其他的陈朝士兵也纷纷丢盔弃甲，放弃了抵抗。

就这样，韩擒虎不费一兵一卒，带着兵士大摇大摆地进入了朱雀门，直奔台城而来。

正所谓大难临头各自飞，此时，陈叔宝身边的文人狎客们早已是树倒猢狲散，纷纷离陈叔宝而去。如今选择留在陈叔宝身边的，除了张贵妃和孔贵嫔之外，就只有尚书仆射袁宪一人了。

陈叔宝不禁长叹一声："非唯朕无德，亦是江东衣冠道尽。"

如今落得这般下场，不仅仅是我无德所致，更是江东衣冠沦丧的结果啊！

陈叔宝惊慌失措，想找地方躲藏，袁宪却严肃地说道："隋军进入皇宫后，必不会对陛下有所侵侮。事已至此，陛下还能躲到什么地方去？我请求陛下把衣服冠冕穿戴整齐，端坐正殿，依照当年梁武帝见侯景的做法。"

当然，陈叔宝毕竟不是梁武帝，他没有梁武帝的胆识，他也做不到用气场来震慑敌人。

陈叔宝只说道："我自有办法！"

说罢，陈叔宝就带着两位爱妃逃出了宫殿，看到殿后有一口深井，于是便抱着两个爱妃，用绳索吊着，钻了进去。

果然是个好办法，妙！实在是妙！

袁宪看得是既好气又好笑！

没过多久，韩擒虎的人马终于到了，然而他们左找右找，怎么也找不到陈叔宝的踪影，难不成长翅膀飞了？

正好有细心的隋军兵士路过井口，发现里面有异样，于是向井里窥视，果然发现里面有人影闪动，便大声喊叫，然而井下始终无人应答。

士兵扬言说道："再不回答，就扔石头啦！"井下这才立马传出求饶的声音。

众人用绳索往上拉人，感到非常沉重，直到把人拉上来，才发现是三个人——陈叔宝和张贵妃、孔贵嫔。

这本来只是一口极普通的井，然而经过陈叔宝这么一番"恶搞"，这口井也有了一个新的名字——胭脂井。后世文人常来此凭吊，感叹陈朝灭亡的历史教训，这口井也因此被称为"辱井"。

陈叔宝，以一种狼狈而可笑的方式，结束了自己的帝王生涯。从此以后，他只是一个阶下囚。

建康城破，陈朝自此灭亡。

隋开皇九年（589），这注定是一个铭刻史册的年份，分裂近400年的中华大地，再次迎来了天下一统。

隋朝的"大一统"对中国历史意味着什么

分裂近400年，从三国（魏、蜀、吴）始，又以三国（周、齐、陈）终。

东汉后期群雄割据，最终分裂为三国。从黄巾起义（184）算起，到曹丕代汉称帝（220），历经30多年才形成魏、蜀、吴三足鼎立的格局。而三国归晋，从魏灭蜀（263），到晋灭吴（280），也历经了17年的历史。

然而，到了南北朝后期，从周武帝灭齐（577）算起，到隋灭陈（589），前后历时却只用了短短12年的时间，就完了隋朝"大一统"的大业，这不能不说是个历史的奇迹。

难怪清朝的赵翼会发出这样的感叹——"古来得天下之易，未有如隋文帝者！"

事实上，隋朝完成统一要比以往历史上的任何一次"大一统"都更加艰难。

当然，这个问题也可以换种方法表述，那就是隋朝的"大一统"和以往其他王朝的"大一统"到底有何不同。

在隋朝之前，能够实现大统一的有秦朝、汉朝、西晋这三个王朝，局部实现统一的也有曹魏、前秦、北魏。但是，它们的统一更多是版图意义上的统一，而隋朝的统一则更为深刻。

隋朝不仅实现了中国版图的统一，更是实现了另外两个维度上的"大一统"，即民族文化认同上的"大一统"和南北文化认同上的"大一统"。

我们要知道，西晋、前秦、北魏，其实都是被内外的民族矛盾击败的，而秦朝之所以短命而亡，也和当时的"东西矛盾"有着密切关系，最终将秦朝推翻的无不是来自东方六国的力量。

从西魏到北周，从宇文泰到宇文邕，数十年时间，汉化改革无时不刻不在推行着，最终帮助北周实现了北方的统一。而隋朝完整地继承了北周的衣钵，同时吸纳了北齐和南陈的汉族文化，这种民族文化上的兼收并蓄最终成就了多民族统一的隋唐大帝国。

比如杨坚和他的妻子独孤皇后，他们这对联璧其实就是胡汉融合的明证。独孤皇后出身鲜卑族，她本人也性格剽悍，这其实是北朝胡风的影响使然。后来唐朝出现了一代女皇武则天，我们就可以从独孤皇后这里找到影子，正是这种胡风的融入，才唤醒了当时"女性意识"的觉醒。

同时，我们还可以看到一个现象，无论北魏孝文帝还是北周武帝，虽然他们都是鲜卑人，但是却从不以蛮夷小国自居，而是自认为是"中国"的主人，并且参与了与南朝争夺"天下之主"的竞争中。

这本质上就是一种汉化的体现，作为草原民族的统治者，却怀揣起"定鼎中原"的志向，这无疑是受到了汉文化"天下观"的影响。

再说南北文化认同上的"大一统"。

从西晋灭亡以来，两百年的南北对立，造成了南北文化上的隔阂，南朝称北朝为"索虏"，北朝称南朝为"岛夷"。南北朝在文化上常常处于对立的状态，势如水火。

然而，侯景之乱的爆发，使大量北人开始在南朝任职，大量的南朝官员也开始进入北朝，前文中我们提到的颜之推颜氏家族"身仕四朝"就是这样的例证。这样一来，南北之间人员流动大大加强，南北之间的文化隔阂也逐渐被消弭。

隋朝平定陈朝之后，虽然陈朝江南旧地也出现了一些反叛势力，但是隋文帝杨坚派出次子晋王杨广前往江都担任扬州总管，在南方采取了文化上的怀柔政策。杨广在担任扬州总管期间，积极笼络江南士大夫，又结交高僧大德，这对消弭南北隔阂和稳固"大一统"局面起到了极为重要的作用。

隋文帝虽然对北周宗室大肆杀戮，但是他对陈朝和西梁的皇室后裔却非常不错，身为亡国之君的陈叔宝和萧岿在隋朝享受到了极大的礼遇。

历史学家田余庆在《东晋门阀政治》中提出："即令苻坚通过一次战役的胜利消灭了江左政权，也不过是把北方的民族动乱扩大到南方，从而使南北统一根本无法维持。"

前秦苻坚也曾有过"大一统"的曙光，但是，诚如田余庆先生所言，前秦即便能取得淝水之战的胜利，统一东晋，完成版图的统一，但是内部的民族矛盾和南北隔阂没有解决，这样的"大一统"也注定不会长久。

而到了隋朝，无论民族文化认同还是南北文化认同，隋朝都已经具备了实现"大一统"的可能，而且这种"大一统"绝非表面的版图统一，而是更为深刻的文化心理认同上的统一。

我们还是那句老话，历史是复杂的，是多种因素聚合的结果，单纯地用"容易"和"不容易"来评判一个王朝的建国和统一，未免显得过于武断。

这同样也带来另外一个问题，从南北朝分裂到隋朝"大一统"，历史究竟发生了什么改变？

从表面上看，这只是一次由分裂到统一的改朝换代，政权的更迭和过渡似乎并没有给历史带来什么改变。但从更大的角度来看，从南北朝到隋唐，历史确实发生了一次巨变，最大的变化其实就是贵族政治的解体，最大的表现就是科举制的创建。

钱穆在《国史大纲》中说，到了隋朝"古代之贵族封建，以及魏晋以来之门第特权，至此皆已消失"。

可能很多人会认为，宋朝以后中国才算走入官僚社会，而在宋朝以前的隋唐时期，仍为贵族政治时代。虽然科举在隋朝便已创建，唐朝继续完善，但是在很长的一段时间里，通过门第和恩荫入朝为官的人仍然占据了大多数。而且，古代的文化普及程度不高，能够读得起书，同时还能走上科举之路的，基本都不会是平民出身，家底普遍比较殷实。

不过，正如阎步克先生所说，隋唐时代的恩荫已经和魏晋时代的恩荫大为不同，魏晋南北朝时代的恩荫是属于门第特权的，而隋唐时代的恩荫已经属于官僚特权了。而且，从人的角度说，"昔日的士族也已按新的游戏规则争权夺势了"。

什么是"新的游戏规则"？就是科举。

没错，在隋唐的科举时代，世家大族依然是官场上的主角，但不管你是高门大族还是平民百姓，从此刻开始，绝大多数人必须按照"新的游戏规则"来进入仕途。

这就让隋唐社会呈现出一种"竞争性"的特征，这种特征在秦汉魏晋南北朝时代是不存在的，在隋朝以前是世卿世禄，官位都可以世袭，高门大族永远都不需要担心丢失"铁饭碗"。但是进入隋唐时代，高门大族也开始担心起自己的未来了，门第郡望虽然仍是行走社会的头号"名片"，但是它的作用已经越来越微弱了。

这也体现了制度上的一种"滞后性"。科举制度虽然建立了，但是贵族政治要真正被破除仍需要一段很长的路要走，这段路一直走到宋朝才真正完成，科举制才真正大行于世，才真正实现了"朝为田舍郎，暮登天子堂"的理想愿景。

除了科举之外，隋朝还在北周六官制的基础上创设了三省六部制，在《北齐律》的基础上制定出了《开皇律》，最后在唐高宗时代形成《唐律疏议》。阎步克在《波峰与波谷：秦汉魏晋南北朝的政治文明》中说"仅此三项进步，就足以在中国制度史上承前启后、继往开来"，是继"西汉前期的创制运动之后的又一里程碑"。

因此,从南北朝到隋朝,尤其是从杨坚改周建隋到隋朝灭陈完成"大一统"这短短的9年时间里,历史正在悄悄地发生着巨变,它为之后隋唐盛世的到来点燃了希望的火种。

隋朝的人口奇迹

关于隋朝初年的人口,《通典·食货》记载:"按大象中,有户三百五十九万,口九百万九千六百四。"

大象是北周静帝宇文阐在位时期(579—581)的年号,故而《通典》中关于大象年间的户口记录,约略可以看作隋朝建立之初的户口数。如果按照一户5口人来算的话,隋朝初年的人口应该有1800万。

又根据《隋书·李德林传》的记载,在隋朝灭陈之前,隋朝的户数已经增长至"六七百万户内"。具体的户数史书没有详载,数据的时间节点也含混不清,但是,户数的迅猛增长是毋庸置疑的,也是令人惊叹的。从大象到开皇九年之前,年数最多不过十载,户数竟然从359万户增长到了六七百万户。

平陈之役,不仅意味着领土的扩张,也意味着户口的增加。那么,平陈战争为隋朝提供了多少户数呢?史书记载是50万户。

到了隋文帝晚年,户数增长至870万户;到了隋炀帝大业年间(或为大业五年),隋朝的户数则增长至890万户,接近900万户。如果按照一户5口人来算的话，隋朝大业年间的人口应为4600余万。也有学者认为，大业年间的户数峰值应该已经达到了900余万户，人口超过了5000万。

从隋朝初年到大业五年（609），前后只有30年时间，人口却呈爆发式增长，从1800万增长到4600万，增长了1.6倍。这个增长速度是令人叹为观止的，也是空前绝后的。

我们拿隋朝的人口增长跟之后的唐朝做一个对比，就能看出隋朝的人口增长是多么了不起了。

唐高祖武德年间，唐朝户数200余万，到了唐太宗上位之初，户口也不到300万，户数只有隋朝鼎盛时期的三分之一。

从唐太宗贞观年间到唐玄宗天宝十四载（755），社会稳定，经济繁荣，人口也实现了大规模增长。贞观十三年（639），户数是3120151，口数13252894。天宝十四载，户数已达8914709，口数达52919309。

唐朝的人口增长是巨大的，人口增长的幅度和峰值都超越了隋朝，但是这是经过唐朝五代帝王上百年的社会积累才得以实现的。隋朝的人口成绩稍次于唐朝，但是隋朝实现这一成绩仅仅耗时不到30年。这不能不说是一个奇迹！

不过，对于隋朝的人口增长，历史学界也是存在争议的，争议的焦点在于隋初人口的数据，即《通典》中所记载的北周大象年间的户数为359万户。但是，我们把这一数据跟之前的数据相对比就会发现问题。

根据《通典》《周书》和《隋书》的记载，北魏全盛时期的户数是500余万，北魏分裂之后，东魏仍有户数200余万，北齐取代东魏，北齐灭亡时的户数已是330万。单单北齐的户数就已经达到300多万，周武帝灭亡北齐之后，加上北周原有的户数，北周的户数怎么可能还是停留在300多万呢？

因此，不少学者都对隋朝建国之初359万的户数表示质疑。比如，历史学家岑仲勉就认为，359万只是北周旧境（不含北齐境内）的户数，隋初的户数或许是600万。再如，由葛剑雄主编的《中国人口史》则认为，史书在记载或流传过程中出现了错漏，"三"和"五"形近，极易出错，"三百"当为"五百"之误，隋初的户数当为559万户。

但是，即便史书记载有误，隋朝建国之初的在籍户数是559万，再加上平陈所得的50万户，在短短30年的时间里，隋朝就已经达到890万户，这仍是一个不小的奇迹。

人口在生产力并不发达的古代意义重大，人口就是第一生产力，是一个国家繁荣强盛的基础。

我们就拿三国时代来举例。

西汉后期人口达到顶峰，全国的人口约为5700万，东汉中期鼎盛时期人口是5600万，但是仅仅过了不到100年时间，进入三国时代之后，三国的人口总数就只剩下了800万，相当于两汉繁盛时期人口的七分之一。汉末三国时代的人口下跌是惊人的，这种人口的减少几乎是断崖式的。因此，史书上才说"十室九空"，这并非虚言。

在乱世，国家要发展，国与国之间要竞争，拼的就是国力，只有具备了强大的国力才能拼得起一次次的战争。那么，国力从哪里来呢？靠的就是人口。打仗需要人，种地需要人，各种国家建设也需要人，可以说，整个社会的发展都需要人。尤其是在战争年代，人口锐减，经济凋敝，唯一的出路就是最大限度地增加人口。也正因此，三国时代魏、蜀、吴都不约而同开启了"抢人大战"。

从后来的历史来看，西晋末年发生了著名的永嘉之乱。所谓永嘉之乱，就是匈奴攻陷了西晋首都洛阳，并且匈奴汉国皇帝刘聪将晋怀帝司马炽俘虏。刚刚统一不久的西晋再次四分五裂，历史进入了东晋十六国时代。而永嘉之乱之所以会爆发，一个重要的背景因素，就是东汉三国以来大量胡人的内迁。

胡人为何内迁？原因并不复杂，就是中原王朝需要大量人口。当本国的人口难以满足发展需求的时候，就需要依靠大规模的移民。因此，从东汉到三国，再到西晋，北方少数民族的内迁从未间断过。

回顾三国历史我们会发现，孙权派卫温去夷洲（今台湾），并不是出于发展贸易的目的，而是抢夺人口；诸葛亮南征孟获，也是为了人口；而当时身处北方的曹魏，同样也需要大量人口，名将邓艾给出的办法便是屯田，同时让胡人内迁。这就是三国时代的"抢人大战"，而最终在三国中胜出的，就是拥有大量人口资源的曹魏及其继承者西晋。

曹魏时代的胡人内迁，直接让自己跑赢了这场三国竞赛。到了西晋，洛阳、并州两地胡人的人口占比已经接近一半，关中地区的占比更高，占到了一半以上。就拿匈奴来说，据统计，从三国进入西晋后，匈奴内迁有20多万人，加上原先的南匈奴就有40余万人。当时的西晋人口勉强只恢复到了1600万~2000万人，匈奴就占了40多万人，相当于每40个人里就有1个是匈奴人。

北方少数民族的大量内迁，一方面充实了中原的人口，帮助曹魏和西晋实现了统一，另一方面也为后来永嘉之乱的爆发埋下了隐患。

我们通过回溯三国时代的"抢人大战"，大致可以认识到人口对于古代一个国家和政权的重要性。

那么，隋朝的人口奇迹到底是怎么实现的呢？

笔者认为，隋朝能在人口上取得如此不凡的成绩，和它所实行的三项政策密切相关。接下来，笔者就逐一来解说。

第一，隋文帝偃武修文、休养生息的国策。

开皇九年（589）四月，平陈战争刚一结束，隋文帝就下了一道宣布偃武修文的诏书：

> 往以吴越之野，群黎涂炭，干戈方用，积习未宁。今率土大同，含生遂性，太平之法，方可流行。凡我臣僚，澡身浴德，开通耳目，宜从兹始。丧乱已来，缅将十载，君无君德，臣失臣道，父有不慈，子有不孝，兄弟之情或薄，夫妇之义或违，长幼失序，尊卑错乱。朕为帝王，志存爱养，时有臻道，不敢宁息。内外职位，遐迩黎人，家家自修，人人克念，使不轨不法，荡然俱尽。兵可立威，不可不戢，刑可助化，不可专行。禁卫九重之余，镇守四方之外，戎旅军器，皆宜停罢。代路

既夷，群方无事，武力之子，俱可学文，人间甲仗，悉皆除毁。有功之臣，降情文艺，家门子侄，各守一经，令海内翕然，高山仰止。京邑庠序，爰及州县，生徒受业，升进于朝，未有灼然明经高第，此则教训不笃，考课未精，明勒所由，隆兹儒训。官府从宦，丘园素士，心迹相表，宽弘为念，勿为蹋促，乖我皇猷。朕君临区宇，于兹九载，开直言之路，披不讳之心，形于颜色，劳于兴寝。自顷逞艺论功，昌言乃众，推诚切谏，其事甚疏。公卿士庶，非所望也，各启至诚，匡兹不逮。见善必进，有才必举，无或嚜嘿，退有后言。颁告天下，咸悉此意。

在这道诏书中，隋文帝明确了平陈战争之后的治国总原则——偃武修文。

隋文帝要求百姓洁身自爱，沐浴德化，推行教化礼仪。他又要求士兵解甲归田，销毁兵刃，军人家庭的子弟，都要开始学习儒家经学。然后，他又制定了此后的施政蓝图，就是要以宽宏治国，广开言路，有才必举。

虽然平陈战争之后，陈朝旧地又发生了反叛，边境上和突厥仍然时有摩擦交战，但隋文帝都尽量把战争的成本压缩到了最低，最大限度避免了劳民伤财。隋文帝的治国原则，让民间有了难得的休养生息的机会，社会经济得到了恢复和发展，人口也得以迅速增长。

第二，减轻赋役。

开皇三年（583），"减调绢一匹为二丈"；开皇九年（589），"帝以江表初定，给复十年。自余诸州，并免当年租赋"；开皇十二年（592），因府库皆满而下诏："河北、河东今年田租，三分减一，兵减半，功调全免"；开皇十七年（597），又以相同理由，诏"停此年正赋，以赐黎元"。隋朝的赋税一定程度上的减免，有利于农民发挥生产积极性和人丁繁育。隋炀帝在位时期，还免除了妇女和奴婢的课税，这对没有男丁的女户而言，无疑是一项善政。

隋朝劳役要比前代减轻很多。有人做过统计，隋朝的一个男丁，一生服役39年，每年20日，合计为780日。而在西晋时，一个男丁一生要服役1590天，隋朝比西晋时期减少了一半以上。南朝刘宋时期，服役51年；北周、北齐时期，服役42年，隋朝比前代服役年数都少。

就服役对象来说，隋朝也做了很大的调整，尤其是在服役人员的年龄上。隋初，服役年龄为18岁到60岁，开皇三年（583），又改为21岁到60岁，炀帝即位之初，又改为22岁到60岁。

另外，隋朝还颁布了一条具有重大改革意义的规定，即"民年五十，免役收庸"。"免役收庸"，又称"输役停防"，意为50岁以上的均田农民，可以不去服役，只需要以实物代替即可。

隋文帝"免疫收庸"的改革意义重大。古代人寿命远不如今人，年50岁以上者往往年老体衰，已经无法从事重体力的劳役，国家征发他们来服役，不仅占了名额而且效率低下，倒不如让他们去从事耕种，用实物替代劳役，可以大大增加国家财政收入。

经过隋文帝的改革调整，隋朝的赋税整体上要轻于前代，而且时常有赋税减免等优惠政策，在力役上，更是减轻了百姓的服役负担，百姓安心生产，自然国家强盛，人丁兴旺。

第三，"大索貌阅"。

在魏晋南北朝时代，地方豪族势力非常大，地主庄园经济发达，土地兼并严重。这些地方豪族不仅占有大片土地，而且还占有大量人口，这些人口脱离政府管控，属于社会上的逃亡户口和隐匿户口。这些人口依附于地方豪族，不向国家缴纳赋税，严重损害了国家的财政收入。

此外，户口也存在虚报、瞒报、漏报的问题。比如北齐灭亡之际，很多民户就借机隐漏户口，十分之六七的百姓成为隐匿户口，这个数字是相当巨大的。很多人为了逃税或逃役，还向政府虚报年龄。比如已经成年的20多岁的精壮小伙，本来是应该服役的，就诈称自己14岁；再比如40多岁的壮年，本来也是应该服役的，就诈称自己是60多岁，从而逃避服役。

为了解决这一问题，隋文帝实施了两项举措，一是"大索貌阅"，二是"输籍定样"。这里先说"大索貌阅"。

所谓"大索",就是进行地毯式搜索;"貌阅",就是根据外貌来核对户口。因此,"大索貌阅"其实就是我们现代俗称的人口普查,而且是极其严格的。

隋文帝知道,户口隐匿的问题严重影响国家赋税收入,于是他决定利用农村中的基层组织,通过"三长",即保长、闾正和族正(在畿外为保长、里正和党长)进行大规模的入户调查工作。于是,"高祖令州县大索貌阅,户口不实者,正长远配,而又开相纠之科。大功已下,兼令析籍,各为户头,以防容隐"(《隋书·食货志》)。

简单来说,就是依靠基层管理组织(即"三长"),来进行地毯式的入户调查,根据体貌特征来核对年龄,登记入户。如果遇到户口隐瞒,或者其他"户口不实"的情况,"三长"就要处以流放远方边地的刑罚。这样一来,就杜绝了"诈老诈小"的问题。

与此同时,又特设负责受理揭发、检举隐瞒户口的专门机构,以清查隐瞒户口的现象。另外,凡属于堂兄弟以下的,一律令其分家,另立户籍,以防止隐瞒户口现象的发生。

值得一提的是,关于"大索貌阅"推行的时间,史学界还存在不少争议。按照《隋书》《资治通鉴》的记载,"大索貌阅"前后大举推行过两次,一次是在开皇五年(585),这次大规模括户行动让隋朝增丁443000人,户口增加了1641500户。而另一次大规模的括户行动发生在大业五年(609),由民部侍郎裴蕴支持,增丁243000人,户口增加了641500户。可以发现,两次"大索貌阅"手段非常相似,所括丁、口的尾数也是相同的。

发现这个问题的是日本学者志田不动麿,他据此认为隋朝的"大索貌阅"其实只是在大业五年(609)进行过一次,《隋书》的记载是有误的。中国也有不少学者支持这个看法,诸如唐长孺等历史学家,但也有池田温、韩昇等学者对此予以反驳。

笔者认为，按照隋朝的人口增长来看，开皇年间的人口增长远非自然增长所能实现的，而且像这样由政府组织牵头进行全国范围内的户口普查工作，只进行一次也是远远不够的，前后进行两次是完全有必要的，手段相似也是可以理解的。后来，唐朝武则天统治时期，也曾效仿隋朝，用"貌阅"之法来检验户籍。因此，隋朝在开皇和大业年间两次大规模的括户行动是真实存在的，尤其是开皇五年（585）这一次，成效也是最大的。

隋朝能够实现人口的迅速增长，"大索貌阅"是最为直接的因素。正如前面所分析的，由于大量山东民户趁着北齐灭亡之际隐匿户口，隋朝实行"大索貌阅"之后，成效最显著的地区也正是北齐旧境，今天的安徽、江苏一带也有较大增长。

我们可以举个具体的事例来说明这一点。

比如隋朝初年担任沧州刺史的令狐熙，他在任沧州刺史期间，沧州从开皇二年（582）的4万户，到开皇八年（588）的10万户，6年之间户数便骤然增长1.5倍，成效斐然。而从开皇八年（588）以后，到大业五年（605），沧州的户数只增长了2万多。可见，开皇五年（585）的这次"大索貌阅"成效之显著，以及北齐旧境人口隐匿之严重。

第四，"输籍定样"。

"输籍定样"，又称"输籍法"，它和"大索貌阅"是一对孪生兄弟，都是隋朝政府所推行的增加户口和税收的举措。而且，相比于"大索貌阅"，"输籍定样"是一项更需要魄力和胆识来推行的改革，因为从它的实行本质上看就是在和地方豪族争夺利益。

前面说过，在魏晋南北朝时代，地主庄园经济发达，很多农民都成了地方豪强的依附人口，这才导致大量人口脱离了政府的管控，进而损害了国家的财政税收。因此，要解决人口和税收问题，就要把依附在地方豪强手中的人口夺回来，让他们重新成为国家的在籍人口，不再向地方豪强缴税，而是向国家缴纳赋税。这无疑是在和豪强势力作对，是抢夺豪强地主阶层的既得利益，而这个举措就是

"输籍定样"。

"输籍定样"是在宰相高颎的建议之下推行的。虽然过去国家向农民征收都有明文规定,但是在实际操作中,农民所要缴纳的赋税远远不只账面上的那些,许多地方官吏上下其手,在国家所收赋税之外另行收取数额不等的租赋,这在当时叫作"义租"。地方官员这种对百姓横征暴敛、上下其手的行为,直接导致了大量人口不愿意成为国家编户民,转而投向了地方豪族的怀抱,依附于豪强地主,向豪强缴纳租赋。

高颎正是从问题的根源上提出了"输籍定样"。其法是,政府按照各类民户的财产、丁口多少,制定出相应的纳税税额标准,将各家民户缴税的税额分为若干等级。简单来说就是,符合什么样标准的是上户,符合什么样标准的是中户,符合什么样标准的是下户,这些都有明文规定,各自需要承担怎样的赋税税额也写得明明白白,地方官吏也不得擅自更改或从中渔利。

具体实施办法是,每年的正月初五,县令巡视本县,将三党、五党就近编为一团,到各处依照定下的纳税标准,再参照每户财产情况,确定等级,再编订成簿,户口、税额都记载得清楚明确。百姓被记下了纳税定级数额,自然无法逃税,地方官吏也不能随意营私舞弊,向百姓额外多收。

如此一来,百姓的利益就得到了保障,并防止了地方官员的额外压榨。官吏不能随意加税,基层的吏治状况得到了改善。

值得一提的是,在规定税额时,其原则是上户多缴,下户少缴,对那些贫弱下户十分照顾。如此一来,国家的税额就比地主豪强的租税轻了许多,明白人都知道怎么选,农民自然也就不再依附豪强了,自愿成为国家的编户民。这不就从根源上解决了隐匿人口的问题了吗?

可以说,"输籍定样"是从根本上杜绝了百姓成为豪强的依附人口,让农民自己去做选择,农民自然都愿意去选择赋税更低的。高颎的"输籍定样"一实行,隋朝政府就立刻化被动为主动了,不用再去挨家挨户查验户口,农民主动成为国家的编户民。当然,这一举措也极大打击了地主豪强的势力,并巩固了隋朝中央集权的统治。

"输籍定样"是隋朝实现人口迅速增长和财政快速增加的重要举措,唐朝宰相杜佑对高颎此举大加赞赏,并认为"隋代之盛,实由于斯"。

隋朝的人口奇迹,就是在这四项国策的推行之下实现的,而人口奇迹带来的直接结果就是隋朝国力的强盛以及开皇盛世的出现。故而,马端临在《文献通考》中说:"古今称国计之富者,莫如隋。"

隋文帝是否举行了封禅大典

在中国古代,封禅是一件意义非凡的大型工程,也是历代所有帝王的至高梦想。

封禅之封,就是祭天;禅,就是祭地。而在古人的心目中,泰山是天下的制高点,祭拜天地就应该到最高的地方去。

古人讲究天人感应,认为人世间的一切都是天意的安排,而皇帝是天的代言人,故而皇帝被称作"天子"。皇帝要按天意行事,要把国家治理得风调雨顺,要让百姓安居乐业,如果做到了这些,就可以到泰山向天地祭拜,向上天汇报,自己实现了人世间的国泰民安。而皇帝自己也可以借此来夸耀自己的功德,宣示自己的文治和武功。国泰民安,说起来容易,实现起来却很难,古代真正能实现太平盛世的时代并没有几个,而要实现天下太平的一个大前提和基础就是天下一统。

中国古代，真正举行过封禅的皇帝寥寥无几，分别是秦始皇、汉武帝、汉光武帝、唐高宗、唐玄宗、宋真宗。我们可以看到，这些皇帝中，除了宋真宗有点名不副实之外，其他几位都是历史上响当当的伟大帝王。而且，除了宋真宗之外，也都是"大一统"王朝的帝王。可见，能够符合封禅条件的帝王寥寥无几。

另外，封禅耗费巨大，劳民伤财，有些帝王即便符合封禅的条件，但顾虑到国计民生，也不得不放弃，比如历史上的唐太宗李世民，他是符合封禅条件的，他屡屡试图封禅，又屡屡作罢。

比较奇葩的是宋真宗赵恒所举行的封禅。宋真宗时期，北宋和辽朝缔结了澶渊之盟，北宋的边患得以消除，两国通商往来不绝。宋真宗认为自己功劳显著，就大搞"天书运动"，进而封禅泰山。宋真宗封禅泰山耗资巨大，北宋的国库也为之一空，其晚年竟然还出现了"内之蓄藏，稍已空尽"的现象。元朝脱脱在编修《宋史》时，对此讥讽道："及澶洲既盟，封禅事作，祥瑞沓臻，天书屡降，导迎奠安，一国君臣如病狂然，吁，可怪也。"

宋真宗其实并不符合封禅的条件，北宋并没有实现"大一统"，国力也并不富足，然而出于帝王私欲之念的作祟，宋真宗试图用封禅来洗刷自己签订"澶渊之盟"的耻辱，宋朝君臣便开始了一场"如病狂然"的封禅运动，最终不仅落得府库空虚的下场，而且成为历史的笑柄。

说回到隋文帝，隋文帝具备封禅的资格和条件吗？按理说，他是有的。从东汉中平元年（184）黄巾起义算起，历经400年的战乱和割据，最终在开皇九年（589）兼并南陈，让中华大地再次重归一统。这个功绩是完全可以和前代的秦始皇、汉武帝和光武帝相提并论的，单单是这个功绩，就足以让隋文帝举行封禅大典。

而且，隋朝建国之后，整齐制度，实行汉魏之制，国力蒸蒸日上，并且降服突厥，实现了四夷宾服，甚至还出现了"府藏皆满，无所容，积于廊庑"的盛世之景，隋朝的国力和财力也都支撑得起隋文帝举行封禅大典。

开皇九年（589）六月，就在隋朝平定陈朝，并颁下偃武修文的诏书之后不久,由杨素和卢恺牵头,一众朝臣纷纷上表,请求隋文帝行封禅大礼。然而,隋文帝并没有接受,还特意颁下诏书:"岂可命一将军,除一小国,遐迩注意,便谓太平。以薄德而封名山,用虚言而干上帝,非朕攸闻。而今以后,言及封禅,宜即禁绝。"意思是,自己只是灭掉陈朝这样的小国,自己的德行也远远不够,如何能封禅呢? 以后再也不许提封禅的事儿了。

同年十一月,考使定州刺史豆卢通等再次上表,请求封禅,隋文帝再次予以拒绝。

从表面上看,隋文帝似乎非常自谦,对封禅根本不感兴趣,并且拒绝大臣再上封禅之请,这事儿似乎也就这么过去了。但是,随着国家逐渐走向稳定和强盛,隋文帝渐渐失去了执政之初的开拓进取之心,倦怠自满和贪图享乐的思想开始占据隋文帝的头脑,隋文帝也开始动了封禅之心。

从开皇十四年(594)发生的一件小事,可以看出隋文帝内心对举行封禅的渴望。

这一年,陈朝亡国之君陈叔宝给隋文帝进献了一首诗,诗曰:

日月光天德,山河壮帝居。
太平无以报,愿上东封书。

这显然是一首歌功颂德的诗,尤其是前两句,完全是吹捧之词,把隋文帝的德行与日月同比。而后两句,则是请愿,愿隋文帝能早日东封,只有这样才能回报这太平之世。

对于这篇拍马屁的诗,隋文帝是什么态度呢? 史书记载,隋文帝是"优诏答之",特意夸奖了陈叔宝并给他写了答复。隋文帝的这个态度,和5年前是天壤之别,可见隋文帝的内心已经是多么的志得意满了。

群臣也发现了隋文帝态度的转变,以晋王杨广为首的朝中文武百官竞相上表,请求隋文帝举行封禅大典。面对来自四面八方的封禅请愿,这一次隋文帝没有再严词拒绝，而是欣然应允，并且让牛弘、许善心等人着手准备封禅礼仪。

事实上，就在这一年的七月，关中发生大旱，百姓流离失所，只能靠豆屑杂糠来勉强充饥。为此，隋文帝还在群臣面前自责，并表示从此不再饮酒吃肉。转眼到了八月，关中饥荒更甚，隋文帝就带领着关中百姓一同前往洛阳就食，扶老携幼，并下敕令不得驱赶百姓，场面十分感人。

发生这样的事情，如果隋文帝是一个有自知之明的皇帝的话，他断然不会在这个时候同意群臣们的封禅之请。毕竟出现大旱和百姓逃荒这样的现象，这又怎能算得上是盛世呢？

然而，隋文帝的眼泪注定是廉价的，就在刚刚带领关中百姓逃荒到洛阳后不久，他就对陈叔宝歌功颂德的诗大为赞赏，并同意了群臣们的封禅之请，还诏令牛弘等大臣筹措封禅礼仪。

不久，礼仪修成，牛弘等人呈送给隋文帝。隋文帝可能也觉得在这样的灾年举行封禅不妥，他审阅之后，突然说道："兹事体大，朕何德以堪之。但当东狩，因拜岱山耳。"意思是，封禅之事事关重大，不能如此草率，还是先去东巡看看吧，顺便去泰山祭祀一下。

对于隋文帝说这番话的原因，学者一般认为是当时天灾人祸，隋文帝心存不安，内心有愧。事实也的确如此，隋文帝虽心怀封禅之愿，但并不敢昭告天下，而是选择了以祭拜的形式来满足自己的心愿。

开皇十五年（595）正月十一日，隋文帝服衮冕，乘金辂，备法驾，率百官登上泰山，于泰山之顶设坛，柴燎祀天，祭拜过后宣布大赦天下。

虽然隋文帝没有大张旗鼓地举行封禅大典，但是在笔者看来，他只是没有用封禅之名，怕遭世人嘲讽，但实际上是行了封禅之实的。隋文帝对泰山的祭拜，其实就是封禅的一种变相实现。可见，隋文帝的内心对封禅有何等的执念。

回过头来再看开皇九年（589）隋文帝拒绝封禅一事，隋文帝或许只是作秀之举，通过拒绝封禅来彰显自己的谦卑，而他的内心对举行封禅是极其渴望的。

通过这次祭拜泰山，隋文帝多年的心愿也算稍微得到了满足，然后便心满意足地折返长安。途中，他重申收缴并禁止私造武器的命令，民间敢有私自制造者问罪。三月一日，隋文帝回到京城，又举行仪式，遥祭五岳海渎。

这一系列祭祀典礼，其实都是形象工程和面子工程，是隋文帝内心虚荣的表现，也从侧面反映出他在位后期志得意满、贪图享乐的心态。

从开皇到仁寿——隋文帝在位后期的政策转向

开皇十五年（595）三月二十九日，就在隋文帝祭拜完泰山回到长安的当月，他便满心欢喜地移居到了长安城西北300多里外、地处岐州的仁寿宫。

此时的仁寿宫刚刚建成，隋文帝便带着独孤皇后一同移驾到此，这一住就是小半年，一直居住到七月二十二日才回到长安。

在仁寿宫居住的这小半年，隋文帝感受到了前所未有的安逸和自在，仁寿宫的一切都让他流连忘返。从此以后，仁寿宫逐渐成了隋文帝的长居之地，这里也逐渐成为隋朝新的政治决策中心，仁寿宫的舒适和安逸更是让这位伟大君王的心志渐渐消沉。

到了开皇二十年（600）底，在太史令袁充的奏议之下，隋文帝决定改元，并且以仁寿宫的"仁寿"二字作为新的年号。

隋文帝在位的20多年里，一共使用了两个年号，一个是开皇，一个是仁寿。开皇代表着锐意进取、革故鼎新，而仁寿代表着持盈守成、安逸享乐。从开皇到仁寿，隋文帝再也不是曾经那个具有雄心壮志、一统华夏的英武之君了，他逐渐成了一个闲居在仁寿宫里消沉倦怠的老人。

隋文帝的这一思想转变直接造成了隋文帝在位后期的政策转向以及诸多政策失误。在看似繁华的盛世外衣之下，大隋的朝堂之上开始变得危机四伏、潜流暗涌。

我们先来说说仁寿宫的修建。

开皇十三年（593）正月，隋文帝驾幸长安西北的岐州，他被这里的风光所吸引，而且大兴城里每到夏天就暑热难当，他顿时萌生了在此处修建离宫避暑的想法。

这一年，正是隋朝国力最鼎盛的时候，有关部门向隋文帝报告，府库里的钱粮、布帛堆得四处都是，府库已经装不下了，连走廊都堆满了。在这样的盛世景象面前，隋文帝不自觉开始飘飘然起来，他觉得自己奋斗了大半辈子，如今可算是实现国家富强了，是该为自己安享晚年做准备了。于是，在隋文帝的授意下，修建离宫别苑的工程开始有序展开了。

隋文帝把修建离宫的任务交给了杨素，而具体的工程建设交由宇文恺负责。

杨素是一个崇尚奢华之人，《隋书·杨素传》记载，杨素家中有"家僮数千，后庭妓妾曳绮罗者以千数"，而他的宅院更是"第宅华侈，制拟宫禁"，规制和皇宫没什么两样。

自己家的宅院都极尽奢华，给皇帝修建离宫那就更是花钱如流水了。仁寿宫修建得如何呢？《隋书·食货志》记载是"夷山堙谷，营构观宇，崇台累榭，宛转相属"。

由于工程浩大，所用的钱财和民夫更是不计其数，为了赶工期，许多民夫劳累而死，"死者以万数"。杨素对这些死掉的民夫不仅毫无怜悯之心，而且用他们的尸体填平山谷，覆盖上土石，筑成平地。

盛世之下，竟然有数万民夫被役使而死，最后他们的尸骨还成了皇帝离宫的地基，这不是对盛世的莫大讽刺吗？

开皇十五年（595），耗时两年的仁寿宫终于建成了，隋文帝看到仁寿宫修建得如此华丽,而且听说死掉了数万民夫,就开始斥责杨素,说杨素是"为吾结怨于天下"。

杨素十分惶恐,担心获罪,便在封德彝的建议下去游说独孤皇后,此事最终大事化小,小事化了,杨素不仅无罪而且有功,被独孤皇后极尽赞赏,并受到了"赐钱百万,锦绢三千段"的赏赐。隋文帝也很快忘记了杨素铺张奢华、草菅人命的事,开始了在仁寿宫的享乐生活。

隋文帝是历史上著名的节俭帝王,他和独孤皇后都躬行俭约。也正因为这样,后来太子杨勇因为生活奢侈,遭到隋文帝夫妇的冷落,晋王杨广厉行节俭,才得到了特殊的恩宠。

在隋文帝和独孤皇后的表率作用下,社会上兴起了一股节俭之风。《隋书·高祖纪》记载:"开皇、仁寿之间,丈夫不衣绫绮,而无金玉之饰,常服率多布帛,装带不过以铜铁骨角而已。"

然而,我们通过杨素修建仁寿宫一事可以看出,隋文帝和独孤皇后早年的简朴生活已经发生了质的转变。原本自律性很强、躬行节俭的隋文帝和独孤皇后,到了开皇后期,开始放松了对自我的约束,出现了纵欲享乐的苗头。

从这件事来看,隋文帝不仅开始耽于享乐,而且对百姓的怜悯之心也荡然无存,甚至影响到了后来的隋炀帝。隋炀帝即位之后便大兴土木,不惜民力,终致亡国,很难说没有受到隋文帝晚年的影响。

隋文帝晚年不再严格约束自己,甚至有点放飞自我,这也表现在他的治国手段上。我们从几个方面来讲一下。

在法律方面,隋文帝开始制订严刑峻法。

隋文帝曾经发布了一道诏令,"盗一钱已上皆弃市",偷一文钱就要被判处死刑。这样的法令古今未有,而隋文帝偏偏就这么发布了,而且付诸执行。于是就出现了四个人盗窃一根屋椽被判死刑,以及三个人共同偷吃了一个瓜被判死刑的情况。这样的法令不仅不合理,而且极其荒唐。

隋文帝的法令刚颁布不久,社会上就出现了一桩绑架案。一个司法官员被几个歹徒绑架了，这些人既没有索要钱财，也没有伤人性命，而是对这个官员说了一番话。他们说："我们不是要跟你索要钱财，而是想让你给皇帝带句话——自古以来，无论哪朝哪代制定法律，都没有偷一文钱就判死刑的道理。如果你不把我们的话带到，我们下次还会绑架你。"

这件事最终上报给了隋文帝，隋文帝这才意识到问题的严重性，立刻废除了这项法令。

这还没完，隋文帝在法律上任性妄为还不止这一次，他还发布诏令："盗边粮者，一升已上皆死，家口没官"，以及"行署取一钱已上，闻见不告言者，坐至死"。

从表面上，隋文帝这么做是严明法制、为民除害，但实际上都是不经大脑思考的任性妄为之举，根本起不到整饬吏治、维护社会治安的效果，反而把社会治安搞得很差，让不少人铤而走险走上犯罪道路。当时，在天子脚下的京城，竟然还发生了大白天公然抢劫的恶性事件，闹得"京师大索"，地方上也是"人间强盗，亦往往而有"，可谓盗贼横行，社会治安极其糟糕。

隋文帝还大搞廷杖，经常在殿上就把大臣拖出来廷杖，有时甚至一日数次，朝臣的颜面尽失。隋文帝起初还能接受群臣的劝谏，撤除了廷杖之刑，但到了开皇十七年（597），隋文帝又正式下诏恢复廷杖，并且将其制度化、法律化。

大家在中学课本上都学过，廷杖是专制主义的一大表现，事实上廷杖并非明清时代的专利，早在隋文帝时期，廷杖就成为皇帝羞辱朝臣的一种惩罚制度。而通过廷杖制度的实行，我们也可以看出，隋文帝在位后期，已经开始走上了专制主义集权高度膨胀的道路。

在文化方面，隋文帝醉心佛教，实行文化专制。

本书开篇已经有过介绍，隋文帝是一个不折不扣的佛门天子。从隋朝建国之初开始，隋文帝就一反北周以来的灭佛政策，他下令恢复了北周武帝以来所废诸寺，鼓励民间自发出钱营造佛像，允许民间自由出家，还让地方政府出钱抄录佛经。

隋文帝不仅崇信佛教，而且迷信鬼神图谶，推崇及拉拢道教。从改朝换代开始，隋文帝就不断地制造图谶祥瑞，为他的皇权合法性制造舆论。开皇三年（583），隋文帝迁都大兴城，同时"于都下畿内造观三十六所，名曰玄坛，度道士二千人"。

隋文帝即位之初的一系列宗教举措，是具有一定合理性的，因为当时隋王朝刚刚建立，隋文帝为了维护自己的皇权统治，需要拉拢宗教来神化自己的皇权。尤其是在改朝换代过程中，图谶祥瑞是必不可少的一环，因为图谶祥瑞象征着天意，象征着自己是天命所归。

但是到了平陈战争之后，尤其是在位后期，隋文帝对宗教的迷信渐渐趋向痴狂的地步，甚至不计民生和国用。

平陈战争之后，隋朝的造寺之风愈演愈烈，各地迎奉舍利，广纳僧众，甚至还把破坏佛像和亵渎佛祖列入"十恶"重罪。隋文帝大兴佛教的背后，是难以估量的财政开支，以及大量的土地和人口都成了佛教寺院的附属品。例如，开皇十二年（592），敕赐宣州稽亭山妙显寺"水田二顷五十亩，将充永业。寺侧近封五十户民，以充洒扫"；开皇十三年（593），诏令五岳及名山各置僧寺一所，并赐予田庄等。

到了隋文帝晚年，尤其是进入仁寿年间，随着独孤皇后的去世，以及家庭的诸多变故，隋文帝的内心越发空虚，只能通过不计成本的宗教活动来慰藉自己寂寞的心灵。

与蒸蒸日上的佛教事业形成鲜明对比的是，隋朝的学校教育江河日下。仁寿元年（601）六月，隋文帝颁发诏令，中央仅保留国子学一所，其余太学以及州县学校统统废除。废除学校，就等于众多师生无学可上，他们只能被遣散还乡。而隋文帝废除学校的理由则是"徒有名录，空度岁时，未有德为代范，才任国用。良由设学之理，多而未精"。

与此同时，隋文帝还下令，禁止民间私人修史，禁止民间臧否历史人物，禁止民间私藏有关谶纬之学的图书。

隋文帝这一系列文化举措，本质上就是一种愚民政策，是一种文化专制主义政策，无异于秦始皇的"焚书坑儒"。要知道，在开皇三年（593）的时候，隋文帝还颁发过一道"劝学行礼"的诏令，过了不到20年时间，隋朝的文化政策就彻底走向了反面，走向了文化独裁，走向了高压专制。

在个人性情方面，隋文帝晚年变得喜怒无常，动辄杀戮。

《隋书·高祖纪》总结杨坚的性格是"天性沉猜，素无学术"。隋文帝杨坚出身北周军人家庭，早年深染胡人习俗，缺少文化熏陶，故而说他"素无学术"是可以理解的。

但是，隋文帝为何会"天性沉猜"呢？这其实和他的早年成长环境有关。

历史上很多开国君主都是马上得天下的，而杨坚却是通过政变上台的，他在青少年时目睹了太多宫廷政治事件，诸如宇文护夺权、独孤信被杀等。而当杨坚走上仕途之后，他在北周的朝堂上一直如履薄冰，宇文护、宇文邕、宇文宪、王轨等多次想加害他，他只能通过韬光养晦来积蓄势力，最后才在关键时刻夺取了最高权柄。杨坚性格中的深沉猜忌，和他早年的这些经历关系密切，这种性格也直接影响到他后来的治国策略。尤其是到了晚年之后，他志得意满，失去了继续奋斗的方向，性格的弱点就更加显现了出来。

在一次元旦朝会之上，隋文帝发现武将们穿戴凌乱、衣衫不整，就对御史说道："你身为御史，弹劾百官是你的职责，怎么可以如此随意？"隋文帝这番话，其实就是怪罪御史没有督责百官，这本是小事一桩，但是隋文帝却雷霆大怒，当即下令杀掉了御史。谏议大夫毛思祖上前劝解，隋文帝余怒未消，又下令杀了毛思祖。这件事情说明晚年的隋文帝不仅喜怒无常，肆意杀戮，而且独断专行，堵塞了劝谏之门。

隋文帝对一些朝堂上的小事经常锱铢必较。比如，将作寺丞因征收麦秸太晚，武库令因办公场所杂草丛生，隋文帝身边的亲信因外出办事收受了地方官员赠送的马鞭、鹦鹉。隋文帝知道这些小事后，一律下令斩首，不仅如此，他还亲自监斩。这些小事完全可以小惩大戒，但是隋文帝过于气量狭小，锱铢必较，完全不顾法律规定，全然按照自己的心情处理，大多一杀了事。

正所谓上行下效，隋文帝的做法也影响到了他的宠臣杨素，杨素办起事来也是随心所欲，罔顾国法。杨素与鸿胪少卿陈延有矛盾。一天，他经过接待蕃邦客人的宾馆，发现院内有马粪，仆人们还在地上摊着毛毯赌博。杨素向隋文帝汇报后，隋文帝大怒，下令将鸿胪寺主客令以及参与赌博的人全部杀死，陈延也几乎被棒打至死。

从开皇后期开始，隋文帝任意杀戮的行为越来越严重，经常不顾国法和法纪，全凭一己好恶。有一次，隋文帝打算在六月盛夏用棍棒杀人，大理少卿赵绰劝谏道："盛夏时节，万物生长，不宜在这个季节杀人。"隋文帝回答："六月虽然是万物生长的季节，但上天也有雷霆万钧之时，我顺天而行，这有什么不可以的！"最后，隋文帝还是固执己见，杀掉了那个人。

开皇十七年（597），隋文帝派遣亲卫大都督屈突通前往陇西视察牧马场，结果查出了隐匿的马匹有2万多匹。屈突通在隋朝以刚正不阿著称，即便是亲戚犯法，他也不徇私情。他弟弟屈突盖在长安担任县令，也以执法严明著称。当时社会上就有民谚："宁食三斗艾，不见屈突盖；宁服三斗葱，不逢屈突通。"意思是，宁可去吃三斗艾、三斗葱这种难以下咽的食物，也不要作奸犯科落在屈突通和屈突盖这对兄弟手里。屈突通发现了牧场藏匿马匹的情况，自然是眼里不容沙子，直接上报给了隋文帝。

隋文帝听完屈突通汇报后，顿时勃然大怒，下令将各级有关官员一共1500人全部斩杀。以执法严明著称的屈突通都觉得隋文帝此举过于残酷，向隋文帝劝谏道："人命关天，死不能再生，陛下非常仁爱，也十分英明，养育天下万民，岂能因畜生的缘故而让一千多人人头落地？愚臣唐突，愿以死请求陛下宽恕。"隋文帝不但不听劝谏，反而更加愤怒，怒斥屈突通。屈突通没有退缩，继续劝谏道："臣愿自身受杀戮，来免除千余人的死罪。"

屈突通以死相谏，隋文帝这才幡然醒悟过来，说道："朕竟然昏聩到了如此地步！我为你的一片诚心所感动，也心生怜悯之情。今天朕听从你的请求，以表彰敢于直言劝谏的忠臣们！"隋文帝这才免除了这1500人的死罪。

在古代，马匹，尤其是军用马匹，是非常宝贵的国家资源，私藏2万马匹，这确实触犯了国家禁令。对于这一事件，杀掉几个涉事官员不是不行，但是隋文帝的第一反应竟然是要斩杀1500多人。难道这1500多人都是涉事人员吗？显然不是，其中必然有大量无辜者。隋文帝此举只是泄愤，是一时情绪冲动，如果不是屈突通的拼死相谏，以隋文帝独断专行的性情，这1500多人的性命肯定保不住。

藏匿马匹事件最终并没有酿成大范围的杀戮，但是隋文帝的心性却显露无遗。从这一事件可以看出，隋文帝的肆意杀戮已经不是针对个别犯事官员，而是欲开株连之法，到了罔顾人命的地步。

整体来说，从开皇后期开始，一直到仁寿四年（604）隋文帝驾崩，随着隋文帝的性情大变和治国策略的转变，隋朝君明臣贤的盛世景象已不复存在，出现了衰败的迹象。

毛泽东主席曾对隋文帝后期的治国策略有过四字评语——"蕴藏大乱"。笔者认为，这个评语是十分恰当的，盛世往往是从根上坏掉的，尤其是在封建帝制时代，一个君王的治国手段是可以左右国家命运的。

事实上，隋朝之所以二世亡国，绝不是隋炀帝一人的责任，隋文帝的诸多失策之举都为隋朝的灭亡埋下了祸根，隋文帝的很多思想也直接影响到了隋炀帝。

比如，后世人经常说隋朝灭亡的一大原因就是隋炀帝大兴土木，不惜民力。但是，如果你仔细考察隋文帝在位后期的历史就会发现，隋文帝也是一个喜欢大兴土木的人，而且他也不惜民力。

隋文帝是历史上著名的节俭帝王，但是他任由杨素大兴土木修建仁寿宫。杨素修建仁寿宫，死掉了数万民夫，隋文帝最后也没有深究，还对杨素予以赏赐，反倒是对一些朝中小事锱铢必较，罔顾法纪，肆意杀戮。

关中闹饥荒的时候，隋文帝忧心忡忡，甚至为百姓的流离失所而掉下眼泪，但是关中其实是有粮食储备的，隋文帝宁愿带着百姓去洛阳就食，也不肯开仓放粮，而且转过头来还一度妄想举行封禅大典。

虽然历史上前明后昏的君主也不少，但是笔者觉得隋文帝前期的为政举措更像是伪装和表演，都是为了政治需要而做的妥协和让步，等他彻底完成南北统一和实现国家富强之后，就渐渐褪去伪装，暴露本性了。

而隋文帝的第二子、隋朝第二代君主隋炀帝杨广，在即位之前也是一位极善伪装和表演的政治家，在即位之后也是褪去了伪装，我行我素，独断专行，最终让大隋的江山滑向了历史的深渊，我们很难说隋炀帝的性格缺陷不是受到了隋文帝的影响。

说到底，没有了奋斗目标和自律约束之后，隋文帝和所有普通人一样，他只是一个优点和缺点都十分明显的凡人而已，这样的盛世也注定不会太长久。

第三章 炀帝风云

晋王杨广的逆袭之路

晋王杨广和太子杨勇的夺储之争，是隋文帝在位后期最为重要的一起政治事件，围绕着夺储之争，隋朝发生了一系列人事变动，比如高颎被罢相，隋初"四贵"的凋零，以及杨素的上位。

那么，作为夺储之争的核心人物，即后来隋朝第二代君主的晋王杨广，究竟是怎样从夺储之争中胜出的呢？

晋王杨广，曾用名杨英，乳名阿㦷（音"摩"），是隋文帝的第二子，隋文帝改周建隋之时，他就被封为晋王，任并州总管，当时年仅13岁。

《隋书·炀帝纪》记载："上美姿仪，少敏慧，高祖及后于诸子中特所钟爱。"意思是，杨广从小就相貌堂堂，一表人才，十分聪慧，深得父亲隋文帝杨坚和母亲独孤伽罗的宠爱。史书的记载可能是溢美之词，但是杨广此后所立下的功业，却是无可争辩的，也成为他后来夺储成功的重要资本。

杨广早年有哪些功业？杨广早年有三大功业是诸皇子难以望其项背的。

第一，北破突厥。

隋朝建立之后不久，就开始对突厥用兵，隋文帝依靠长孙晟的计策打入突厥内部，利用其内部矛盾，成功分化和瓦解了强大的突厥汗国，使突厥从此四分五裂。杨广虽然年幼，但他作为并州总管，驻扎在晋阳（今山西太原），而这里是隋朝与突厥对战的前沿阵地，杨广最大的任务就是防御突厥。

尤其是在隋突战争的后期，杨广的作用就更大了，他数次被任命为领兵统帅，并且亲自参与到战争中，在与突厥的最后一战中，晋王杨广亲自指挥并取得了胜利，沉重打击了突厥的力量。

第二，平定陈朝。

平陈战争之时，晋王杨广已经20岁，他亲身参与平陈策略的谋划，以行军元帅的身份统领三大集团军，成功夺取建康，并活捉了陈后主。在这场平陈战争中，杨广作为整场战争的总指挥，自是有功勋。

有人或许会说，杨广只是挂名和摆设，实际的功劳应该是杨素、贺若弼、韩擒虎、高颎等人的。事实上，就在隋军进入建康城之时，杨广就曾以"先期决战，违军命"的罪名处置了贺若弼，并将其逮捕，交给了执法官员。可见，晋王杨广绝非没有主见之人，更非摆设，他是有实权的行军统帅。

当时社会上的人对杨广也是颇为称颂，他平定陈朝之后，就着手派人整理陈朝的图书、府库，宫室财物一无所取。杨广平定陈朝的功业获得了满朝的认可，"天下皆称广，以为贤"。

第三，安抚陈朝。

开皇九年（589），隋朝平定陈朝，实现了南北一统，然而到了开皇十年（590），陈朝旧境就发生了大规模的反叛。究其原因，在于隋文帝对南方实行了过于高压的统治政策，而且急于把隋朝的政策在南方普及。换句话说，隋文帝对南方的统治过于急躁，完全不考虑民众的接受和认可程度。

隋文帝一方面派杨素平定叛乱，另一方面则派出晋王杨广安抚江南士人。杨广在江南积极拉拢士人，支持宗教和文化事业，结交当地的高僧大德，江南百姓的反抗情绪很快就被平复了。可见，少年的晋王杨广是个极具政治智慧的人，他用怀柔的手段巩固了国家的统一。

杨广的功绩在隋文帝诸子中无人可及，就连对他评价极为刻薄的唐朝史臣，也不得不承认。《隋书·炀帝纪》的史臣评语中说："炀帝爰在弱龄，早有令闻，南平吴会，北却匈奴，昆弟之中，独著声绩。"

除了这三大功业，杨广能够得宠，并最终夺储成功，还在于他有成为君王的优秀品质。

杨广身上有哪些品质呢？

第一，杨广具备一个领导者的领袖气质。

有一次外出打猎，天突然下起了滂沱大雨，有人给杨广披上了蓑衣，结果杨广一把就推开了，并且说道："士兵们都在淋雨，我岂能独自披蓑衣？"杨广的这句话，一下就把他的领袖气质尽显无遗，更何况他多次担任领军统帅，完全具备统驭群臣和万民的王者气质。

第二，杨广仁孝。

杨广是以扬州总管的身份来安抚江南民众的，这不是一时半会就能完成的，他坐镇江南有10年之久。在这10年间，杨广虽然远离政治中心，但是他并没有失去父母的恩宠，这和他极善于表现自己的仁孝密切相关。

朝廷每次派使者来到江南，杨广都要亲自迎接，并且极尽礼遇。使者回到长安，就会把杨广的一举一动汇报给隋文帝和独孤皇后，都称颂晋王仁孝，这让隋文帝夫妇心中倍感欣慰。

杨广知道父母都是佛教徒，他就投其所好，在江南广建佛寺，大兴佛法。独孤皇后特别信奉一个法号叫昙崇的禅师，并将其迎入宫中奉养，杨广就特地在江南给昙崇禅师制作了露盘以及各种装饰物。杨广还请江南著名的智𫖮禅师给自己受戒，戒名为孝，以此来为隋文帝和独孤皇后祈福。

第三，杨广私生活极节制。

独孤皇后信奉一夫一妻制，天性善妒，她不仅要求隋文帝只能有她一个妻子，而且要求大臣们也跟着学。而晋王杨广不仅不好色，而且整天和王妃萧氏大秀恩爱，杨广的几个孩子也都是萧妃所生，晋王府的侍女都是又老又丑的。古代男人能做到这一点实在不易，何况还是大隋的晋王，杨广此举博得了独孤皇后的青睐。

隋文帝夫妇崇尚节俭，杨广也是有样学样，他王府中的帷幔都是素色，灰扑扑的；府中的乐器都断了弦，落满了灰尘也无人去擦。隋文帝夫妇来到晋王府，看到满屋子都是灰，就格外高兴，杨广在隋文帝夫妇心中的印象越来越好。

少年的晋王杨广，要功业有功业，要品德有品德，干什么都是好手，这样的人简直就是隋文帝夫妇眼中的理想储君啊！然而，杨广唯一的遗憾就是不是长子，按照传统宗法观念，只有皇长子才能成为皇太子，才能是储君。

杨广十年如一日，他每天都谨小慎微，这才把自己的形象塑造成了文武双全的道德完人，成了父母眼中的好儿子，并且获得了满朝称颂，他的风头盖过了太子杨勇。

相比之下，太子杨勇就不太会为自己营造形象，他在隋文帝夫妇眼中的形象也越来越差。

就拿生活作风来说，隋文帝夫妇崇尚简朴，崇尚一夫一妻，杨广就投其所好，获得了父母的青睐和认可，然而，太子杨勇偏偏反其道而行之，他在父母心中地位便越来越低。

有一次，杨勇想用金银来装饰从蜀地运来的铠甲，结果被隋文帝发现了，隋文帝对杨勇一顿训斥，训诫他"当以俭约为先，乃能奉承宗庙"。隋文帝这话多少带有一点威胁的意思：只有艰苦朴素，才能当好未来的皇帝，你这样骄奢淫逸，是不能统治长久的。

太子杨勇不仅不够艰苦朴素，而且犯了独孤皇后的大忌。杨勇的太子妃元氏是隋文帝夫妇钦点的，是北魏宗室之后，其父元孝矩是北周、隋朝两代著名的将军，两家可以说是门当户对。然而杨勇偏偏就不喜欢这个元氏，还时常在旁人面前抱怨此事，说：阿娘不与我一好妇女，亦是可恨。"

太子杨勇的夫妻关系不和睦也就罢了，他还喜欢上了别人，而这个人恰恰是独孤皇后最忌讳、最不可容忍的。杨勇喜欢谁呢？一个姓云的姑娘，父亲是云定兴，没有深厚的背景和资历，而且有传言她是云定兴的私生女，可谓门不当户不对。但是，杨勇根本不管这些，他对这个云姓女子十分宠爱，并将其纳为昭训，其所享受到的恩宠和礼遇都超过了太子妃元氏。

除此之外，杨勇还有高良娣、王良媛、成姬，以及众多没有品级的府中女子。杨勇一共生了10个儿子，都是和云昭训等女人生的，他和太子妃元氏没有生下一儿半女。可见，杨勇的私生活有多混乱，多不检点。更要命的是，杨勇还对独孤皇后的侍女说："你们以后全都是我的人。"连皇后身边的宫女都想染指，杨勇简直胆大包天。

杨勇的这些私生活问题，惹得独孤皇后十分不满。再加上太子妃元氏的早死，让她十分怀疑元氏是杨勇暗中毒害的。

与此同时，杨广积极拉拢宠臣杨素，结成了反太子联盟。杨素等人在独孤皇后面前添油加醋，朝中反对太子杨勇的势力越来越强，就连很多在太子东宫任职的官员都站出来检举杨勇的过失。一时间，请求废黜太子的呼声越来越高，史称"内外喧谤，过失日闻"。

隋文帝是什么反应呢？作为一个优秀的政治家，隋文帝虽然不像独孤皇后那样计较个人的私生活，但是他也对太子杨勇十分不满，主要体现在两个方面。

一是政治理念不同。

隋文帝是军人家庭出身，他的政治理念是带有明显军事化特征的，喜欢把军事化的管理手段运用到政治运作中，他喜欢雷厉风行、令行禁止那一套。而杨勇的性格非常仁厚，他喜欢文学词赋，性情率直，在政治上表现出强烈的人文主义特征。

从隋朝开国初期的一件小事就可以看出隋文帝和太子杨勇之间政治理念上的分歧。北齐旧境有不少流民，这些人不事生产，隋文帝担心会扰乱社会治安，就想把他们迁徙到北方边境戍边。而太子杨勇坚决反对，他认为移风易俗需要时间，百姓都有恋土情结，执意让他们迁徙，恐怕会生出祸乱，倒不如多花点时间慢慢治理，百姓沐浴着皇恩，自然会安守本分的。

老实说，隋文帝的想法过于简单粗暴，北齐旧境所处的山东地区本来就比关中地区经济发达，隋文帝所谓的"流民"，其实包括了大量手工业、工商业的百姓，把他们全部迁徙到边境，会让山东地区民心不安，并不利于隋朝的统治。

事实上，隋文帝的这一主张和他后来治理陈朝的举措是一模一样的，就是不太考虑社会现实，喜欢采用强硬手段来治理社会。其后果，前文也说过，就在平定陈朝的第二年，陈朝旧境就发生了大规模的反叛，最后在杨素的武力平叛和杨广的怀柔安抚之下，陈朝旧境才恢复平静。

太子杨勇的建议是怀柔的，是循序渐进的，是想通过润物细无声的办法，来慢慢教化百姓，这就是一种具有人文关怀主义的治国理念。在乱世，隋文帝的做法或许会产生立竿见影的统治效果，但现在已经是太平盛世，隋文帝的办法就有点过于强硬、过于僵化了，缺乏弹性和人文关怀。而杨勇的政治理念，更适用于太平盛世，也比隋文帝的思想更为先进。

隋文帝和太子杨勇的政治分歧还体现在对待功臣勋贵集团的态度上。

隋朝的开国功臣中，有一员武将名叫卢贲，但是卢贲并没有获得心里想要的赏赐，对当时主政的高颎、苏威心怀愤怒，就意图谋反。结果，谋划泄露，隋文帝得知此事，就把涉事人等贬为庶民，卢贲也在其中。

后来没过多久，卢贲又被恢复了爵位和官职，后来在担任齐州刺史期间，因饥荒时关闭义仓不发放粮食给老百姓，又被朝廷除名为民。隋文帝后来想再授予他一州刺史，而卢贲在回复文帝诏书时不合隋文帝的意，再加上有怨言，隋文帝十分愤怒，就不再起用他。

这个时候，太子杨勇就上奏说："像卢贲这些人都有佐命大功，他虽然秉性轻薄，行为险诈，但是也不能弃之不用。"隋文帝回答说："我压制他，是为了保全他的性命。如果不是刘昉、郑译、卢贲等人的辅助，我也不会有今天。但他们都是些反复无常的小人，卢贲这类人，永远不会有满足欲望的时候。"

通过处置卢贲一事可以看出，隋文帝对功臣勋贵集团是打压的态度，尤其是对刘昉、郑译这些政治投机分子，隋文帝是十分猜忌的，而且绝不委以重任。而太子杨勇过于宽仁厚道，缺乏政治阅历，这让隋文帝非常不放心。

二是隋文帝多疑猜忌的性格。

有一次冬至大朝会，百官向隋文帝朝贺之后，就去向太子杨勇朝贺。结果，太子杨勇大摆排场，让乐队演奏迎宾曲，自己则穿着礼服，接受了群臣的朝拜。这一事件直接惹恼了隋文帝，如果说太子杨勇之前只是存在生活作风问题的话，那么此时的举动就直接触犯到了皇权的禁忌。隋文帝自己就是通过篡位登上的帝位，因此他极其敏感，太子杨勇此番举动，难不成是想抢班夺权了？

另外，中国古代皇权还有一大忌讳，就是朝臣结党营私，尤其是东宫太子和朝臣的结党，更是皇权所不能容忍的。太子杨勇当时和宰相高颎关系甚密，而且高颎和杨勇是儿女亲家，高颎的儿子娶了杨勇的女儿。有一次，隋文帝把他废立太子的想法说给了高颎，高颎立刻提出反对，说："长幼有序，其可废乎！"言辞非常激烈。

这就不由得隋文帝多想了，他开始意识到，自己最信赖的宰相高颎竟然已经和太子杨勇是穿一条裤子的人了，这岂能容忍？不久之后，高颎就被罢相了，失去高颎的支持之后，太子杨勇也最终被废。

由此一来，杨勇不仅得罪了独孤皇后，而且得罪了隋文帝，还失去了老臣高颎的支持，他的太子之位已是岌岌可危。

此时，距离东宫易主，也只差最后一根稻草了。

太子杨勇被废，和一个小人物有关，此人来自东宫，是太子杨勇的手下，名叫姬威。但事实上，姬威此人早已被晋王杨广的手下重金收买，是潜伏在太子杨勇身边的奸细，他的职责就是监视太子的一举一动和搜集太子的罪证。

机会很快就来了。开皇二十年（600）秋，姬威正式上书告发杨勇。当时，隋文帝还在仁寿宫避暑，听说有人告发太子谋反，当即连夜赶回到大兴城。

隋文帝一回到京师，就对身边的侍臣和朝臣倒苦水，说："我每次返回京师都得严格准备仪仗保卫，就像进入敌国一样，内心总是闷闷不乐，难不成是有人要害自己？"

隋文帝一边倒苦水，一边命人抓捕东宫官员，开始审问和罗织太子的罪状，有关太子不法的事情，一桩桩、一件件全都抖落了出来，这里面既有公事，也有私事。明眼人都看得出，隋文帝这是打算废黜太子啊！

群臣中有一个叫元旻的将军坚决反对隋文帝的做法，他说："废立太子是国家大事，请陛下一定不要听信谗言，不然后悔莫及。"

元旻的意见其实代表了不少朝臣的意见，纵然太子有诸多不堪的劣迹，但是还不至于将他废黜，太子废立关乎国本，不可轻易行事。隋文帝也意识到，必须得拿出强有力的罪证，才能说服朝臣，将太子杨勇废黜。

怎么办呢？这时候又到姬威表现的时候了。姬威对着隋文帝和朝臣列举了太子杨勇三大罪状。

第一，太子曾说，以后要杀掉劝谏自己的人，杀他百来人，就不会有人劝谏了。而且，太子还要对宰相级别的高官动手，杀几个宰相，让群臣不敢怠慢自己。姬威说的这些明显是对朝臣们说的，就是要让朝臣们都知道，太子杨勇是一个不听劝谏、任意妄为、肆意杀戮之人。

第二，太子声称要营建楼台宫殿，一年四季都不停止。姬威说这个是要表明太子杨勇是一个喜欢大兴土木、贪图享乐之人。

第三，太子之前行过巫蛊之术，算得陛下活不过开皇十八年（598），于是他就天天掐着手指头算日子。姬威说这个是要表明太子杨勇根本不是仁孝之子，如此诅咒自己的父皇，是不忠不孝之人。

当然，口说无凭，姬威还得拿出实打实的证据。当时隋文帝就派杨素去搜查东宫，于是就发现了东宫有几样奇怪的东西，一是几千根槐树棍，二是几斛艾茸。姬威就借机检举，说这些都是太子杨勇意图造反的罪证，太子杨勇不仅准备了这些，他还养了1000匹马，他打算让卫兵用槐树棍和艾茸点燃当火把，然后骑马夜袭仁寿宫，把皇帝困死在仁寿宫里。

如此一来，所有的证据都齐了，群臣再没有了反对意见，杨勇也是百口莫辩。

开皇二十年（600）十月九日，隋文帝召集群臣，宣布正式废黜太子杨勇，让中书侍郎薛道衡宣读废太子诏书：

> 太子之位，实为国本，苟非其人，不可虚立。自古储副，或有不才，长恶不悛，仍令守器，皆由情溺宠爱，失于至理，致使宗社倾亡，苍生涂地。由此言之，天下安危，系乎上嗣，大业传世，岂不重哉！皇太子勇，地则居长，情所钟爱，初登大位，即建春宫，冀德业日新，隆兹负荷。而性识庸暗，仁孝无闻，昵近小人，委任奸佞，前后怨衅，难以具纪。但百姓者，天之百姓，朕恭天命，属当安育，虽欲爱子，实畏上灵，岂敢以不肖之子而乱天下。勇及其男女为王、公主者，并可废为庶人。顾惟兆庶，事不获已，叹言及此，良深愧叹！

宣读完诏书之后，薛道衡又对杨勇说："你如今犯下的罪行，可谓人神共弃，想不被废黜，你觉得还有可能吗？"杨勇当即跪拜在地，说道："臣本应该被斩首于闹市，供后世之人引以为戒，幸而得到陛下的哀怜，我才得以保全性命。"说完，眼泪就流满了衣襟。

太子之位，有废就有立，晋王杨广经过十多年的苦心经营，最终成功扳倒了太子杨勇，而他也成了太子之位毫无争议的候选人。

开皇二十年（600）十一月初三，众望所归的晋王杨广正式被册立为皇太子，杨广终于得偿所愿。

为了进一步赢得隋文帝和独孤皇后的好感，就在被册立为太子的前夕，晋王杨广主动提出了两点请求：一是降低册立仪式上太子的礼服等级；二是日后东宫官员不再向太子称臣，而是向皇帝一人称臣。

已经隐忍和表演了十几年的杨广，此刻并没有放松警惕，即便登上太子宝座已经是板上钉钉的事，他也仍然坚持要把戏做足。

对于杨广的请求，隋文帝和独孤皇后十分欣慰，在他们看来，杨广孝顺，他们没有看错人。他们也相信，杨广是大隋王朝最称职的接班人，日后必成大器。

扑朔迷离的仁寿宫疑案

开皇十三年（593），仁寿宫正式营建，耗时两年，于开皇十五年（595）正式营建完成。仁寿宫甫一竣工，便受到了隋文帝的青睐，并从此长居于此，后来就连年号都由"开皇"改为了"仁寿"。

"开皇"代表着隋文帝锐意进取、开疆拓土，而"仁寿"则意味着安于现状、沉溺声色，隋文帝的内心也确实在发生着这样的变化。

仁寿宫的修建本是出于避暑之用，但是从开皇十五年（595）开始，隋文帝和独孤皇后便会在每年的春天离开长安大兴城前往仁寿宫居住，直到九月入秋才会离开仁寿宫重返大兴城。可以看出，隋文帝和独孤皇后非常喜欢也非常依恋这里。

仁寿二年（602）阳春三月，独孤皇后和隋文帝一起去仁寿宫避暑，然而这一去，独孤皇后就再也没能回到大兴城。就在当年的八月二十四日，独孤皇后一病不起，病逝于永安宫，时年59岁。

另外，值得一提的是，独孤皇后病逝之后，隋文帝就开始宠幸起了另外两个夫人，一是宣华夫人陈氏，二是容华夫人蔡氏。

很多人说，隋文帝是个"妻管严"，虽然他和独孤皇后崇尚一夫一妻，但实际上只是屈服于独孤皇后的强势，独孤皇后去世之后，隋文帝就获得了彻底的自由，开始了与其他女子寻欢作乐。也有人认为，隋文帝和独孤皇后伉俪情深，独孤皇后的去世，让隋文帝内心十分痛苦，于是便自暴自弃起来，开始消沉怠惰，他把自己沉浸在温柔乡中，只是宣泄苦闷的一种方式而已。

隋文帝的真实想法究竟如何，我们已经没办法考证了，但笔者相信，独孤皇后的去世给晚年的隋文帝造成了非常大的心灵打击。

或许是因为丧妻之痛，从那一年开始，隋文帝一年多没有再去仁寿宫，一直到了仁寿四年（604）正月，隋文帝才再次前往仁寿宫，然而这一去，隋文帝也和独孤皇后一样，没能再回到大兴城。

在隋文帝这次去仁寿宫之前，便有了不祥之兆。术士章仇太翼劝说隋文帝不要去仁寿宫，此一去便回不来了，隋文帝大怒，将章仇太翼下狱，隋文帝不信这个邪，依然如期前往仁寿宫。临行前，把军国大事一并托付给了他信任的太子杨广。

对于杨广来说，这是从未有过的殊荣，似乎冥冥之中暗示着，未来的皇帝之位已然是杨广的囊中之物。

隋文帝在仁寿宫里安然地颐养天年，然而好景不长，到了四月份，隋文帝的身体开始出现了不适，到了七月，病情加重。隋文帝似乎也感觉到时日无多，召集了众多大臣，举行了诀别仪式，这说明隋文帝已经认命了，他在做着临终前的最后交代。

然而就在这之后，发生了中国历史上的一件千古谜案"仁寿宫变"。

关于隋文帝之死，《隋书·高祖纪》记载："甲辰，上以疾甚，卧于仁寿宫，与百僚辞诀，并握手歔欷。丁未，崩于大宝殿，时年六十四。"

我们可以看到，在高祖纪中没有哪怕一丁点关于政变的记载。

按照这段文字记录，隋文帝应该为自然死亡，杨广为正常继位。按理来说，帝纪是史书最重要的组成部分，如果真有政变弑君，怎么可能完全忽略呢？

然而在《隋书》的其他传记里，却有着各种扑朔迷离的记载。

《隋书·后妃传》记载：

> 初，上寝疾于仁寿宫也，夫人与皇太子同侍疾。平旦出更衣，为太

子所逼，夫人拒之得免，归于上所。上怪其神色有异，问其故。夫人泫然曰："太子无礼。"上恚曰："畜生何足付大事，独狐诚误我！"意谓献皇后也。因呼兵部尚书柳述、黄门侍郎元岩曰："召我儿！"述等将呼太子，上曰："勇也。"述、岩出阁为敕书讫，示左仆射杨素。素以其事白太子，太子遣张衡入寝殿，遂令夫人及后宫同侍疾者，并出就别室。俄闻上崩，而未发丧也。夫人与诸后宫相顾曰："事变矣！"

这段记载是所有野史笔记和影视小说最为津津乐道的段子。大致意思是，隋文帝病重期间，宣华夫人和杨广一同侍疾，杨广欲强暴宣华夫人未果，隋文帝发现宣华夫人有异状，询问之下才得知杨广调戏自己的小妾，气愤之余，命元岩、柳述去召唤被废了的太子杨勇。然而，元岩、柳述并没有去找杨勇，而是鬼使神差地去找杨素商量。杨素是太子杨广的人，他就把情况汇报给了太子杨广，太子杨广命令张衡控制住了皇帝寝宫，然后隋文帝就这样神秘地驾崩了。

《隋书·杨素传》记载：

及上不豫，素与兵部尚书柳述、黄门侍郎元岩等入阁侍疾。时皇太子入居大宝殿，虑上有不讳，须豫防拟，乃手自为书，封出问素。素录出事状以报太子。宫人误送上所，上览而大恚。所宠陈贵人又言太子无礼。上遂发怒，欲召庶人勇。太子谋之于素，素矫诏追东宫兵士帖上台宿卫，门禁出入，并取宇文述、郭衍节度，又令张衡侍疾。上以此日崩，由是颇有异论。

这段记载中，增加了一个新的情节，就是杨广给杨素暗通密信，在杨素回信给杨广的时候，密信误传到了隋文帝的手中，于是隋文帝大怒。

这样一来，事情的发展脉络就很清晰了，我们试着从这些环节中一个个入手来讨论问题。

第一，关于密信误传事件。

这里提到传递信件的人物是"宫人"，既然是密信，又怎能交给一个普通宫人，让一个无名无姓的宫人来传递如此重要的信件，这可能吗？更何况，在如此关键时刻，竟然误送到了隋文帝手中，怎么想都觉得蹊跷。

杨广此时已经坐镇监国，大事小事都由他一人决断，此时又入居大宝殿，何必如此偷偷摸摸？杨广素来善于隐忍，又怎会如此毛毛躁躁，如此担心宫中发生变故呢？这与杨广一贯隐忍的风格大相径庭。即便是真的担心宫中有变，委任亲信带话给杨素不可以吗？何必用传递信件的方式，反而给人留下把柄呢？

第二，关于杨广对宣华夫人"强奸未遂事件"。

还是根据《隋书·后妃传》中的记载，杨广与宣华夫人并非初次相识，在此前就多有来往，尤其是在废黜太子杨勇之时，史书记载宣华夫人是出过力的，可见二人颇有交涉。

这里有个疑问，那就是在废黜太子的过程中，宣华夫人为何要为杨广效力，她的真实目的又是什么呢？

按照《隋书·后妃传》的记载，杨广为了结交宣华夫人，经常给她送礼，诸如金蛇、金驼等，似乎宣华夫人是个贪财好礼之人。事实上，宣华夫人之所以助力杨广，绝不是看在这些钱财宝物上，而是为自己的将来做打算。

此时的宣华夫人还年轻貌美，比杨广还小，而隋文帝已经年过半百，如果不是独孤皇后的意外去世，宣华夫人都不可能得宠。或者，宣华夫人早已有委身于杨广的想法，抑或二人此前已经是情人关系。北朝以来，受胡风影响，子纳父妾并不是什么稀奇的事，所以这是有一定可能性的。

假设杨广真的企图强暴宣华夫人，宣华夫人即使不愿意，又何至于对隋文帝说太子无礼呢？宣华夫人如此在隋文帝面前状告杨广，和她之前支持杨广的态度截然相反，一旦杨广太子地位动摇，她又能有什么好处？之前的努力不就付之东流了吗？为何要在这个关键时刻去做贞节烈女？

而根据现今出土的宣华夫人的墓志铭可知，宣华夫人的母亲施太妃，两个同母兄弟陈叔敖、陈叔兴，都是倚仗隋朝宗室而活命，他们没有安身立命的本事，没有田产，所以宣华夫人的政治立场，必然是要靠趋炎附势才能存活。这种情况不光是发生在宣华夫人和她的家族身上，当时很多陈朝旧贵族都是如此。

当时就流传着一个破镜重圆的故事。陈朝灭亡后，陈朝的乐昌公主做了杨素的侍女，陈朝宗室的生存情况便可见一斑了。而此时的隋文帝已然60多岁，杨广还是38岁正当盛年，很难想象20多岁年轻貌美的宣华夫人，会为一个60多岁即将殒命的老头守身如玉。何况宣华夫人并非什么贞节烈女，就在隋文帝驾崩的当天夜里，杨广就临幸了宣华夫人，而另一位荣华夫人也是主动对杨广投怀送抱的。

结合宣华夫人此前帮助过杨广登上太子之位，以及在隋文帝驾崩之后杨广立即临幸宣华夫人，并将其纳为妃子，我们可以做出推论，宣华夫人和杨广可能很早就已经产生暧昧关系了。这样的话，"强暴未遂事件"就十分可疑了。加之杨广一向隐忍，在父亲面前一向孝顺贤明，此时此刻对于杨广来说，皇帝之位唾手可及，军国大事已掌握在手，即使早已心仪于宣华夫人，何必如此操之过急？

综合分析，"强暴未遂事件"并不存在，最有可能的情况是，隋文帝在临终前察觉到了宣华夫人和杨广的不正当关系，并为此愤怒。

第三，关于隋文帝得到密信后的表现。

根据《隋书》的记载，隋文帝的第一反应是"大恚"，继而是要重新废立太子。回顾一下此前废太子杨勇的过程，何等艰辛而漫长，岂是一纸诏书就可以决定的？废太子杨勇尚且不易，而此时隋文帝竟然不假思索地要召唤杨勇入宫，重新确立太子，这未免过于草率！

改立太子是何等重大之事？杨广此前费尽心机，在众人的帮助下才被册立为太子。杨广当上太子，已经有4年光阴，朝中遍布太子党，可谓根深蒂固，隋文帝难道就没有考虑吗？

此前隋文帝欲废黜杨勇时，朝臣元旻就劝谏说："废立大事，天子无二言，诏旨若行，后悔无及。谗言罔极，惟陛下察之。"废立太子之严重性，可见一斑。

就算隋文帝真的打算重新立杨勇为太子，他此前已把国家大小事务全部交给了杨广，杨广已然手握权柄，自己又是重病在身，又岂能如此轻言废立，隋文帝就不怕引火烧身吗？

再说，柳述和元岩又是什么人？他们两人只是刚刚步入政坛、没有政治经验的新贵。柳述是隋文帝的女婿，和杨素一向有过节，隋文帝可以相信柳述，但是隋文帝凭什么信任元岩呢？隋文帝怎么会把如此重要之事交托给此二人，隋文帝就没有想过元岩或许也是太子党吗？

假使隋文帝真的知道杨广觊觎皇位，那么他首先最应该做的是保全自己，赶鸭子上架、气急攻心就要一纸诏书行废立之事，杨坚可能这么愚蠢吗？杨坚当年正是凭借丰富的政治经验和人脉关系，最终才夺取了北周的权柄，难道此时的隋文帝就成了一个政治白痴？在这种关键时刻，只有先保证自己的安全，然后再镇住杨广，才能行废立太子之举，这才是一个政治家应该考虑的。

综合来看，按照《隋书》所载，隋文帝杨坚的表现无异于政治白痴，他的表现很可能为自己招致杀身之祸，这与隋文帝一贯老辣深沉的性格完全不同。

第四，柳述、元岩去找杨素商谈废立太子之事。

关于这一点，其实是最不可信的。我们不妨来看一下元岩、柳述的政治履历。

柳述，是隋文帝晚年新崛起的人物，他娶了隋文帝的女儿兰陵公主，是隋文帝的女婿。兰陵公主是隋文帝和独孤皇后最为宠爱的公主，正所谓爱屋及乌，隋文帝对这位女婿也是非常器重，不仅破格提拔他，而且让他伴自己左右。晚年隋文帝有什么政令传达，都是通过柳述之手。柳述自恃为皇帝女婿，不把杨素、杨广放在眼里，甚至还当面羞辱过杨素，在隋文帝面前，说了不少杨素的坏话，因此才与杨素结怨。

而兰陵公主与杨素之间也有着重重矛盾。首先，兰陵公主此前已经有过一次婚姻，嫁给王谊之子王奉孝，王奉孝病逝后，王谊请求公主守丧一年再改嫁，杨素因此弹劾王谊，后来，因王谊在家中发了牢骚，便被隋文帝赐死。显然王谊之死全拜杨素所赐，兰陵公主岂有不恨之理？

而当兰陵公主再嫁之时，候选人中除了柳述外，还有萧玚。萧玚是杨广的正妻萧氏的弟弟，也就是杨广的小舅子，杨广当时是极力支持萧玚的。然而，兰陵公主最终并没有选择萧玚，而是选择了柳述。这等于说，兰陵公主没有给二哥杨广这个人情和面子，柳述和杨广又怎会相处得来呢？彼此之间难免会有隔阂或者矛盾。

杨素与杨广是政治盟友，兰陵公主和杨素、杨广的矛盾，就相当于是柳述与杨广一派的矛盾。至于元岩，事迹不详，他是华阳王杨楷妃元氏之父，不过在杨广登基之后，同柳述一同被贬，显然也是和柳述一个派系的。柳述一派和杨广一派早有积怨，又岂会在此时上门找杨素商谈？

有人说，柳述、元岩企图就此机会，扶持杨勇上位，挫败杨广。这显然是天方夜谭，因为柳述只是朝廷新贵，当时的政治实力还十分弱小。而杨素和杨广在朝中经营多年，根基深厚，柳述一派要跟杨素和杨广作对，无异于以卵击石、蚍蜉撼大树。

隋文帝临终之时的废立太子之争，其实就是柳述一派与杨素、杨广一派的政治角逐，但是这两个政治派系实力悬殊。柳述能够得势，完全是凭借隋文帝的提拔，一旦隋文帝驾崩，他就没有丝毫的政治能量，又岂能和杨素、杨广周旋呢？就当时的情况而言，太子杨广已经派心腹宇文述控制了整个仁寿宫，一切尽在杨广的掌控之中，柳述和元岩根本掀不起大浪。

第五，关于张衡和杨素。

关于隋文帝是被弑杀还是自然死亡，史学界一直存疑。如果是被弑杀，刽子手极有可能是张衡或者杨素。

按照史书记载，张衡是杨广派去控制隋文帝的人，并且杀掉了隋文帝，后来杨广登基即位后，张衡又被杨广所杀，临死之时说了一句："我为人作何物事，而望久活！"有人据此认为杨广是为了杀人灭口，而张衡的遗言也暗示是因果报应，暗示其弑杀隋文帝。

但是仔细分析，张衡被杀是在大业八年（612），如果是为了杀人灭口，肯定会尽快痛下杀手,何必要等到8年之后呢?而且,在杨广登基称帝之后,张衡便被委派去修建汾阳宫,在大业五年(609)隋炀帝临幸汾阳宫之时,甚至一度想要提拔重用张衡,此后张衡又被派往修建江都宫。

隋炀帝即位以来,对张衡还是很信任的,多次委派他参与各种大型工程的建设。而张衡被贬甚至被杀,是有一个循序渐进的过程的。在修建江都宫的时候,有人举报残暴不仁的宫监,张衡把诉状直接递给了宫监,后来举报人怀恨在心,又全盘告诉了来此检查的礼部尚书杨玄感。杨玄感因为与张衡有家仇,便在隋炀帝面前诬陷张衡,说张衡为死去的薛道衡感到不平。隋炀帝愤怒之余想要处斩张衡,但没有痛下杀手,直到张衡的小妾再次举报张衡对皇帝不满,这才招致杀身之祸。

显然,张衡被杀,是另有原因,并非和隋文帝之死有关。后来李渊入主关中后,为张衡平反,谥号为忠。李唐王朝是尊崇隋文帝的,如果张衡真的是弑杀隋文帝的刽子手,唐朝又怎么会给他"忠"的谥号呢?唐朝时人肯定比今人更熟悉内幕,如果张衡真的参与了谋杀隋文帝,定然是没办法隐瞒得住的。

另外再看杨素。杨素临死之前,已经成为皇帝的杨广派御医每天来探视,杨素知道皇帝的用意,便停了药,临死之前对弟弟杨约说:"我岂须更活耶?"意思是,我难道要继续活下去吗?而薛道衡对于杨素之死,也说:"人之将死,其言也善,岂若是乎!"

根据杨素临死前的这句话,以及薛道衡的话,后人推测杨素是自知参与弑君,罪孽深重,所以心虚。这种推论也是不可靠的,杨素一生以严酷著称,他虽然立下无数功劳,但也做了不少坏事,害死很多人,即使是临终忏悔,所忏悔的也未必是弑君之事。

第六,当时杨勇的情况。

从开皇二十年(600)开始,太子杨勇便被废为庶人,然后囚禁于东宫。杨勇一度想找父亲申辩,却一直没有机会。甚至有一次爬上高树,企图呼喊远处的父亲隋文帝,也依然无果。隋文帝死的地方,是在仁寿宫,位于大兴城西边的岐州，而杨勇所居，显然是在大兴城内。

二者之间的距离不言自明，两地相距几百里路，来回走一趟，都需要很长时间。临终时刻的隋文帝即便再昏聩，也不可能不知道仁寿宫和大兴城的距离。隋文帝派人从大兴城把杨勇召唤过来，这不是一时半刻就能过来的。

当时太子杨广就在隋文帝身边，随从侍疾，杨坚已然时日无多，又怎会如此大费周章派人去大兴城传唤杨勇呢？恐怕还没等到杨勇到来，自己就一命归西了。

而且，当时隋文帝身边的近臣，也就元岩、柳述是可以信赖的，元岩、柳述一走，隋文帝身边就只有杨素、杨广了。如果隋文帝认定杨素和杨广不可信，又怎会把亲信派出去，然后把自己置身于险境呢？隋文帝难道就不担心自己的安危？

很显然，隋文帝派元岩、柳述去大兴城召唤杨勇，其可信度也是很低的。

第七，关于杨广弑杀隋文帝的史料来源。

最早记载仁寿宫变详情，并指控隋炀帝弑父的史料，是赵毅《大业略记》和马总《通历》二书。

《大业略记》记载：

> 高祖在仁寿宫，病甚，追帝侍疾，而高祖美人尤嬖幸者，唯陈、蔡二人而已。帝乃召蔡于别室，既还，面伤而发乱，高祖问之，蔡泣曰："皇太子为非礼。"高祖大怒，啮指出血，召兵部尚书柳述、黄门侍郎元岩等令发诏追庶人勇，即令废立。帝事迫，召左仆射杨素、左庶子张衡进毒药。帝简骁健官奴三十人皆服妇人之服，衣下置仗，立于门巷之间，以为之卫。素等既入，而高祖暴崩。……十八日，发丧。

《通历》记载：

> 上有疾，于仁寿殿与百僚辞诀，并握手欷歔。是时唯太子及陈宣华夫人侍疾，太子无礼，宣华诉之。帝怒曰："死狗，那可付后事！"遽令召勇，杨素秘不宣，乃屏左右，令张衡入拉帝，血溅屏风，冤痛之声闻于外，崩。

表面上看来，这两段记载，写得绘声绘色，如同亲眼所见。但是这两部文献，都属于传奇小说性质，是经不起历史考究的。《大业略记》中把强奸案的主人公宣华夫人错记成了容华夫人，文献的作者连主人公是谁都没搞清楚，还有何可信度可言呢？同样，这部书中还有其他诸多错误，比如隋文帝的发丧日期，将二十一日误记为十八日。这些都表明，传奇小说性质的文献材料是不能当作正史材料来使用的。

而这两部文献对于隋文帝死亡时的情况，也是各执一词，而且文学色彩浓厚。《大业略记》说"召左仆射杨素、左庶子张衡进毒药"，是说弑杀隋文帝的方式为毒杀，而《通历》却说"令张衡入拉帝，血溅屏风，冤痛之声闻于外"，这里弑杀隋文帝的方式是拉杀，而且还血溅屏风，隋文帝的呼喊声都传到了宫外。既然是阴谋，又怎能如此血腥？杀喊声震天，又如何是阴谋？如何做到秘不发丧、掩人耳目？

真正让仁寿宫变广为流传的是司马光的《资治通鉴》。《资治通鉴》融合了以上这两条材料，于是便演绎出了隋炀帝弑父的戏码。而司马光写作《资治通鉴》是带有强烈政治目的的，《资治通鉴》是宋代帝王的模范教科书，书中有选择性地对一些帝王高度赞扬，同时也对一些帝王极力贬低，甚至用非正史的材料来刻意抹黑。很显然，隋炀帝就是被《资治通鉴》抹黑的最典型的案例，这已经不是一两条的记载了。

而在隋末农民大起义中，很多起义军打出反隋旗号，但是却没有一个起义者给隋炀帝安上弑父的罪名。如果隋炀帝真的有弑父之举，那么这无疑是最有渲染力的一条罪状，但是却没人引用，这不是很奇怪吗？唯一稍微沾点边的是李密的

《讨隋檄文》的第二条罪状。

《讨隋檄文》记载：

> 禽兽之行，在于聚麀，人伦之体，别于内外。而兰陵公主逼幸告终，谁谓馱首之贤，翻见齐襄之耻。逮于先皇嫔御，并进银环；诸王子女，咸贮金屋。牝鸡鸣于诘旦，雄雉恣其群飞，祖衣戏陈侯之朝，穹庐同冒顿之寝。爵赏之出，女谒遂成，公卿宣淫，无复纲纪。其罪二也。

而这主要说的是隋炀帝荒淫无道，败乱纲纪，其中也提到了杨广霸占父亲的小妾一事。如果连这种事情都被写进了檄文，那么更为恶劣的弑父罪名为何只字不提呢？

同样，在唐朝初年，也无一人提出过隋炀帝弑父的观点。隋朝的事情，对于他们来说，可以说是当代史，为何也无一人提出呢？

综合分析，关于隋炀帝弑父一说的史料来源，根本查无实据。历史学家傅斯年曾有一个著名的论断，说"历史学就是史料学"。我们研究历史，首先要了解史料来源，不是所有流传下来的文献都可以用。

第八，关于隋文帝临终前的另外两次谈话。

《隋书·卢太翼传》记载：

> 高祖至宫寝疾，临崩，谓皇太子曰："章仇翼，非常人也，前后言事，未尝不中。吾来日道当不反，今果至此，尔宜释之。"

自知时日无多的隋文帝，可能想起了术士章仇太翼的话，于是嘱咐太子杨广要释放章仇太翼。

《隋书·何稠传》记载：

及上疾笃，谓稠曰："汝既曾葬皇后，今我方死，宜好安置。属此何益，但不能忘怀耳。魂其有知，当相见于地下。"上因揽太子颈谓曰："何稠用心，我付以后事，动静当共平章。"

何稠曾为独孤皇后选择陵寝，隋文帝看到何稠就想起了独孤皇后，他非常欣慰地揽着太子的脖子，把自己的后事交代给了何稠。

从这两则史料看，隋文帝临终前，非常地释然，也非常地安详，对太子也很信任，在笔者看来这更接近历史真实。宫变一说恐怕并不存在，杨广并没有弑父。

杨广即位的生死考验

仁寿四年（604）七月十三日，隋文帝驾崩于仁寿宫大宝殿。

临终前，隋文帝留下遗诏，他在遗诏中回顾了自己的一生，又述说了把杨勇、杨秀废黜为庶民和选定杨广为太子的原因，并嘱托杨广要和百官勠力同心，共治天下，这样才能不辜负自己的遗愿。

这道遗诏是否是出于隋文帝的本意，抑或是经过了杨广的篡改和修饰，我们已经无从得知了。但是，不论真相如何，这道遗诏对杨广的即位来说是至关重要的，因为它是证明杨广皇位合法性最有力的证据。

遗诏专门对杨广做了高度评价："皇太子广，地居上嗣，仁孝著闻，以其行业，堪成朕志。"又痛斥了杨勇和杨秀的罪行："勇及秀等，并怀悖恶，既知无臣子之心，所以废黜。……若令勇、秀得志，共治家国，必当戮辱遍于公卿，酷毒流于人庶。"

这几句文字，一捧一踩，一褒一贬，一方面对杨广不吝赞美之词，另一方面则对杨勇的所作所为做了根本性的否定，对杨广和杨勇的两极化评价十分显眼。我们很难说杨广没有对遗诏做过手脚。

事实上，在隋文帝驾崩之后，杨广并没有急于将消息公之于众，而是选择了"秘不发丧"，他完全有时间来对遗诏动手脚。

"秘不发丧"更重要的原因在于，隋文帝是在仁寿宫突然驾崩的，而非政治中心的大兴城，一旦过早将消息公之于众，很难保证不会有居心叵测之人在京城趁机作乱。尤其是废太子杨勇还在京城，废太子的旧系官员恐生异心。

当年周武帝宇文邕临终之际，也是这样嘱托后事的，他明确嘱托宇文孝伯和尉迟运，一定等车驾回到京城，再对外宣布自己驾崩的消息。如今，杨广也是出于这般考虑，才做出了"秘不发丧"的安排。

当时，伊州刺史杨约正好来仁寿宫朝见，而杨约是杨素的弟弟，是杨广可以信赖的人。杨广就派杨约先行赶回大兴城，并且嘱托给他两件事：一是换掉京城的留守官员；二是诈称隋文帝的诏令，赐死废太子杨勇。

杨约回到京师后，既干脆又漂亮地完成了杨广的嘱托，然后把全城官兵都集合起来，当着众人正式宣布了隋文帝驾崩的消息。

听说杨约顺利完成交代的任务之后，杨广当着杨素的面赞扬道："你的弟弟果然能够担当重任啊！"然后，杨广才班师回朝。八月初三，隋文帝的灵柩从仁寿宫运至京师；十二日，杨广在大兴前殿为隋文帝出殡。然后，杨广又罢免了柳述和元岩，将柳述流放到龙川，元岩流放到南海。

通过"秘不发丧"的前前后后，我们可以看出，杨广的政治经验是很老到的，所思所虑都是极为周详和细心的。

这也可以看作杨广掌权后所面临的第一桩考验，他完成得非常出色。不过，杨广要面临的考验，还不止这一个，更大的考验接踵而至。

八月十二日，杨广给隋文帝出殡，然而，到了十月十六日，隋文帝才被下葬于太陵，和独孤皇后同坟异穴。

隋文帝的遗体拖延了两月之久才下葬，这和当时发生的一件大事有关，以致杨广根本无暇料理隋文帝的安葬事宜。

什么大事呢？就是当时担任并州总管的汉王杨谅起兵反叛了。

先来说杨谅是谁。

隋文帝和独孤皇后有五个儿子，分别是长子杨勇、次子晋王杨广、三子秦王杨俊、四子蜀王杨秀、五子汉王杨谅。杨谅是隋文帝最小的儿子，也是最受宠爱的儿子。

隋文帝在位初期，除了已经册封为太子的杨勇留在京师之外，老二杨广、老三杨俊、老四杨秀都被派到了地方镇守，唯独老五杨谅迟迟没有被派出，到22岁才出任并州总管。并且，隋文帝是亲自把杨谅送到了并州。

可能所有的父母都有这种感情，就是对小儿子格外偏爱，隋文帝也不例外。隋文帝十分宠爱这个小儿子，一直舍不得让他太早离开自己。

而且，隋文帝还给了杨谅特别大的权力和优待。

第一，杨谅出任的并州总管一职，在当时来说战略意义重大。并州总管所统领的可绝不仅仅是今天的山西一带，而是西至崤山，东到大海，黄河以北的所有区域，包含了52个州，差不多相当于原先的北齐了。

第二，隋文帝给予杨谅"便宜大权"，甚至"不拘律令"。什么是"便宜大权"？就是遇到特殊或者紧急情况，可以自行处置，不必请示中央。而"不拘律令"权限就更大了，可以不受国家法令行事，即便是犯法也可以免于处罚。

第三，隋文帝还不断给予杨谅武备支持。开皇年间，隋朝始终面临着突厥边患，而并州处在北部边境，其治所晋阳是军事重镇，常年需要防御突厥。于是，杨谅向隋文帝请求在并州修整武备。隋文帝当即应允，"大发工役，缮治器械"，还允许杨谅招兵买马，积蓄武力。

第四，隋文帝还给杨谅"盛选僚佐"，把很多有才能的人都派给了杨谅。比如，任命以"公正著称"的安定皇甫诞为并州总管府司马，掌管总管府所有政事,又任命南朝名将王僧辩之子王颁(kuǐ)为总管府参军、著名学者吴郡张冲为汉王侍读、河间尹式为汉王府记室。一时间,汉王杨谅府上宾客如云,人才济济。

正是因为杨谅有着如此之大的特权和军事实力,所以对于刚刚即位的杨广来说,无疑是个心腹大患。隋文帝还在世的时候,杨广就察觉到了这个小弟弟怀有"异志",他一直认为隋文帝是在养虎为患。但是,因为有隋文帝的庇护,而且杨谅又远在晋阳,杨广一时半会儿也拿杨谅没办法。

如今隋文帝已经驾崩,杨谅终于可以对这个不安分的小弟弟动手了。于是,杨广就派车骑将军屈突通前往晋阳,用伪造的隋文帝的玺书征召杨谅入朝。杨广试图用假诏书把杨谅骗入京师,然后再将其扣押,同时收缴他在并州的兵力。

杨广打的算盘是不错的,而且很可能是受到了其父隋文帝的启发。当年周宣帝宇文赟意外驾崩,杨坚窃取了北周国政,成为大丞相,为了防止地方藩王作乱,就以千金公主出嫁突厥回京观礼为由,骗得五王进京,然后将其控制并杀害。如今,杨广也是有样学样,用同样的方式欺骗杨谅进京,期望用这种兵不血刃的方式铲除自己的心头大患。

然而,千算万算,杨广还是失策了。当屈突通带着伪造的玺书来到晋阳时,杨谅打开一看,马上就看出这是假的,同时也知晓了京师有变。

原来,隋文帝和杨谅此前早有密约,曰:"若玺书召汝,于敕字之傍别加一点,又与玉麟符合者,当就征。"意思是,如果朝中发来玺书征召入朝,一定要注意两点,一是玺书的"敕"字旁边多加了一点,二是要与玉麟兵符相合,二者无误才能上路。

这里要介绍一下隋朝的玉麟符制度。隋文帝对镇守四方并且掌有军事大权的总管颁发有兵符,兵符一分为二,一半在皇帝手中,另一半在镇守者手中。如果朝中需要调兵遣将或者有其他重大军事行动,都需要把两半兵符合二为一,只有兵符相合,镇守一方的将领才能受命,以防有人伪造圣旨发兵叛乱。

杨广称帝后,自然是拿到了属于皇帝那一半的兵符,但他不知道的是,除了兵符外,隋文帝和杨谅还有玺书上的密约。杨谅看到只有兵符,玺书上的"敕"

字边上并无一点，于是就盘问屈突通，屈突通闭口不答，杨谅就已经知晓京师有变了，继而开始张罗起兵反叛。

虽然玺书事件直接促成了杨谅的反叛，但这只是杨谅后来发起反叛的直接诱因和导火索，杨谅反叛的深层原因并不在于此。

事实上，在杨广夺储的过程中，骨肉相残的悲剧一再上演，除了太子杨勇被废之外，另外的两个皇子也没有什么好下场。

权力之争是残酷的，是冷血的，帝王之家更是如此。除了太子杨勇被废，秦王杨俊和蜀王杨秀也先后遭遇不幸。

先说秦王杨俊。

在杨勇被废的前夕，秦王杨俊不幸离世，然而隋文帝却没有丝毫悲伤，这是为什么呢？是因为秦王杨俊也犯了隋文帝和独孤皇后的大忌，他贪图享乐，骄奢淫逸，宠幸了不少女人。杨俊的妃子崔氏也是一个善妒的人，就在杨俊吃的瓜里下了毒。杨俊虽然没有被毒死，但是他彻底病倒了，被征召回京师之后，他胡作非为的那些事儿全都被隋文帝知道了。因此，秦王杨俊一直到病逝，隋文帝都没有原谅他，就算是在临终之际，隋文帝也没有掉一滴眼泪。

再来说蜀王杨秀。

杨秀徙封蜀地多年，担任益州总管，从小长得霸气凛然，有一把"美须髯"，武艺高强，是个出类拔萃的人物，群臣们都有点害怕他。虽然杨广当时也是要样貌有样貌，要才干有才干，但是杨广知道收敛，懂得讨好和奉承。而杨秀就不同了，他过于招摇，过于锋芒毕露。隋文帝的性格本就多疑猜忌，越到晚年越是如此。有一次，隋文帝就对独孤皇后说："秀必以恶终。我在当无虑，至兄弟必反。"意思是，杨秀这孩子，以后不会有善终，我在的时候，他不会出什么乱子，等到他兄弟掌握天下后，他一定会造反。可以说，隋文帝很早就开始担心和防范杨秀了，预想到杨秀日后会犯上作乱。

可能隋文帝夫妇对自己的子女教育过于严苛了，越是不让铺张浪费，儿子们就个顶个的骄奢淫逸，前面讲了杨勇、杨俊莫不如此，杨秀也不例外。由于蜀地闭塞，正所谓天高皇帝远，杨秀就穷奢极欲，还做了不少草菅人命的非法勾当。最要命的是，杨秀还有僭越之举。《隋书·文四子传》记载，杨秀"渐奢侈，违犯制度，车马被服，拟于天子"。作为一个皇子，骄横不法或许还会被原谅，但僭越之举，就是皇权所不容了。

开皇二十年（600），隋文帝废黜太子杨勇，改立晋王杨广为太子。这时候，两个人就有想法了。一是杨秀，他开始"意甚不平"，既然皇帝可以废长立幼，凭什么不能立自己为太子呢？二是杨广，杨广的政治嗅觉很敏锐，察觉到四弟杨秀心有不甘，就让自己的心腹杨素在隋文帝面前揭发和检举杨秀在蜀地的不法行为。

仁寿二年（602），隋文帝觉得不能再让杨秀在蜀地胡作非为了，就把杨秀征召入朝。杨秀回到京城后，隋文帝就派使者严厉训斥杨秀，杨秀只好自行请罪，称"不能奉法，罪当万死"。隋文帝丝毫没有宽恕他的意思，反而语气更重，说："顷者秦王糜费财物，我以父道训之。今秀蠹害生民，当以君道绳之。"这是在拿杨秀和杨俊作比较，说秦王杨俊只是铺张浪费，我用父亲管教儿子的办法来管教，而你却残害生民，我要用皇帝惩治大臣的办法来教训你。朝臣中有为杨秀开脱的，隋文帝二话不说，就把劝谏官员的舌头割掉了，然后又当着群臣的面严厉地说："当斩秀于市，以谢百姓。"意思是，杨秀这种恶人，不杀不足以平息民愤。隋文帝就把杨秀关押了起来，交给杨素、牛弘等人审讯和处置。

杨素是杨广派系的，自然不会轻饶了杨秀，于是就开始给杨秀罗织罪名，即便没有罪名，也要伪造罪状。太子杨广担心父亲会对杨秀从宽惩处，便联合杨素派人暗中制木人，写上隋文帝和汉王杨谅的名字，绑住手脚，用钉子钉在心口的位置，又在上面刻了诅咒的话，埋于华山脚下。接着，杨素和杨广就派人告发于文帝。这是什么？这是巫蛊，在中国古代是极为严重的罪行。

杨素和杨广还给杨秀伪造了另一大罪状。杨广亲手写了一封檄文，上面写着"逆臣贼子，专弄威柄，陛下唯守虚器，一无所知"，说皇帝身边都是乱臣贼子，国柄被小人窃取，皇帝被蒙在鼓里，一无所知。杨秀还准备"陈甲兵之盛""指期问罪"，也就是说，要从蜀地集结兵力，确定好日期后就兴兵讨伐，行"清君侧"之举。然后，杨广再把谋逆的檄文塞进杨秀的文集里，再让杨素去搜查，搜出来就上报给了隋文帝。这是什么？这是图谋不轨，意图叛乱，和巫蛊一样，在古代都是相当严重的谋逆大罪。

有了这两项大罪，隋文帝就更容不下杨秀了，简直是人神共愤，天理难容。隋文帝下令罢免了杨秀的王爵，将他废为庶人，关进了内侍省（宦官机构），软禁起来。

杨秀的下场是凄惨的，这让杨谅不寒而栗，恐惧之心日复一日。杨谅心里很明白，大哥杨勇被废，三哥杨俊被毒杀，四哥杨秀也被废，接下来恐怕就要轮到自己了。尽管父皇隋文帝对自己宠爱有加，但是终究也有驾鹤归西之日，二哥杨广不择手段，到时自己恐怕难免要遭毒手。有鉴于此，杨谅才"居常怏怏，阴有异图"，并且主动向隋文帝请求加强并州的武备。这才是杨谅内心不安、谋图叛乱的真正原因。

杨谅最终决定起兵反叛，也缺不了身边同样怀有异志的小人的撺掇。前面说过，隋文帝给杨谅"盛选僚佐"，杨谅手下云集了不少宾客和谋士。其中，有两个人最得杨谅的信赖，这两个人都来自南朝，也都对朝廷怀有不满，一是王颁，二是萧摩诃。

王颁是南梁名将王僧辩的儿子，齐州刺史王颂的弟弟，梁朝灭亡后就进入北周，继而入仕隋朝，他倜傥有大志，博学多才，还通晓诸子和兵法。他胸怀大志，经常感叹生不逢时，常常自许将相之才。隋文帝十分欣赏他的才华，封他为国子学博士，他在国子学讲学授课，并且和当时的国子学祭酒元善展开了一场辩论，二人针锋相对、唇枪舌剑，元善经常落下风，此事在当时也被传为美谈，王颁的名气也越来越响。后来，王颁因犯事被流放到岭南，后从岭南回来，就被隋文帝派到了并州，担任了杨谅的总管府咨议参军。

萧摩诃，南陈时代的风云人物，也是南陈最后的名将，他曾协助陈后主上位，然而在隋朝大军兵犯金陵之时，陈后主却奸污了他的妻子，他最终无心应战，被隋朝名将贺若弼生擒。金陵陷落后，陈后主被贺若弼关押在德教殿，由卫兵看守，萧摩诃向贺若弼请求道："如今我是囚犯，随时可能被杀，我只要能见一见旧主，死也没有遗憾了。"贺若弼同意了。萧摩诃见到后主，跪地痛哭，取出食物给后主吃，然后诀别而出。入仕隋朝之后，萧摩诃被隋文帝授予开府仪同三司的荣誉称号，隋文帝可能觉得萧摩诃是个对主上忠心不二之人，不久就把他派到了晋阳，安排进了杨谅的幕府，以辅佐杨谅。

王颎和萧摩诃都是隋文帝安排给汉王杨谅的僚佐之臣，这二人后来也确实成了杨谅身边的心腹之臣。他们都是在政治上的失意之人，自从得知杨谅"潜有异志"后，就巴结杨谅，并积极献计献策。杨谅以防备突厥为由，向隋文帝请求修整武备、招兵买马，这个就是王颎的主意。《隋书·王颎传》记载："谅遂举兵反，多颎之计也。"在杨谅起兵反叛的过程中，为杨谅出谋划策最多的就是王颎，而萧摩诃则主要负责战场上的行动。

可以说，王颎和萧摩诃，一文一武，一人负责出谋划策，另一人负责领兵打仗，堪称杨谅起兵反叛过程中的左膀右臂。

不过，王颎和萧摩诃只是代表了在隋朝政坛上失意的南方士人的想法，杨谅府上其实还有很多人是不赞同杨谅起兵的。

当时的总管府司马皇甫诞就极力反对，并苦苦劝谏，杨谅却拒不纳谏。皇甫诞流着眼泪说道："我断定大王的兵力绝不是朝廷的对手，更何况如今君臣名分已定，顺逆态势明显，即便我们兵马强盛，也难以取胜。一旦真的起兵反叛，可就没有回头路了，就是想再当一介平民，也不行了！"杨谅大怒，将皇甫诞关押了起来。

事实上，当时的并州总管府上，存在着至少三股政治势力：其一是王颎和萧摩诃所代表的南方士人集团；其二是关陇政治集团，总管府司马皇甫诞就是代表；其三是山东士人集团。

正是因为并州总管府存在三股派系势力，所以王颎曾对杨谅说："王所部将吏家属，尽在关西，若用此等，即宜长驱深入，直据京都，所谓疾雷不及掩耳。若但欲割据旧齐之地，宜任东人。"

王颎的这番话，其实是给杨谅起兵提供了两套战略方案，一是"直据京都"，二是"割据旧齐"。如果要采用"直据京都"的方案，就必须重用关陇贵族，因为他们的家族亲属都在关中，只要重用这些人，就可以长驱直入，直捣京师。如果要采用"割据旧齐"的方案，也就等于是要割据山东，和朝廷分庭抗礼，那就必须重用山东士人，这些人的家族根基都在山东，代表着北齐旧势力，只要重用他们，自然会得到他们的拥护。

不得不说，王颎确实有政治头脑，也看得清政治局势，他给了杨谅两种选择，其实也就说明，当时的并州总管府上关陇贵族集团和山东士人集团的势力是最大的，只有重用其中一派，才能有希望取得成功。

对于王颎提出的两套战略方案，杨谅是怎么选择的呢？《隋书·文四子传》记载："谅不能专定，乃兼用二策。"杨谅对此十分犹豫，举棋不定，最后决定，将两种方案折中，同时兼顾，重用关陇贵族集团和山东士人集团。

兼顾，就意味着二者都不顾，都重用，就意味着都不重用。这也就意味着，杨谅的起兵反叛，既得不到关陇贵族集团的支持，也没有得到山东士人集团的支持，而是重用了实力最弱的江南集团。

历史上很多战争的失败，往往是从战略大局上失败的。可以说，杨谅在战略选择上的失误，为他后来的兵败埋下了伏笔。从起兵的那一刻开始，杨谅在战略上就已经输了，不管他掌握着多强的兵力。

杨谅反叛

就在杨谅酝酿反叛之时，晋阳城里突然开始流传起一首童谣："一张纸，两张纸，客量小儿作天子。"

这首童谣是什么意思呢？

这里的"一张纸，两张纸"说的是当时并州总管府发给下属官员的任命书，也叫作"告身"。所谓"告身"，就是授予官职的文凭，从南北朝时代开始出现，南朝称作"除身"，北朝称作"告身"，后来隋朝统一，就统一称作"告身"，再后来唐朝沿用并完善了告身制度，凡任命官员，不论流内（九品至一品官）、流外（九品以外）或者视品（在流内官和流外官之外另置有视流内和视流外，俱有品），均给以告身。

"客量小儿作天子"是什么意思呢？很多人都没看懂，但是杨谅却看懂了。因为杨谅的小名是阿客，单名谅，同时他又是隋文帝最小的儿子，"客量小儿"可不就是指自己吗？这句话的完整意思，不就是说杨谅要做天子，要当皇帝吗？

听闻这首童谣，杨谅喜不自胜，认为这是天意的安排，预示着自己兵变成功。

不过，回过头来一想，这首童谣是怎么来的呢？我们今人肯定不会迷信这些，这种童谣肯定是好事者编的。那么，究竟是谁编的呢？这首童谣早不出现，晚不出现，偏偏在杨谅准备起兵的时候出现，肯定是有政治用意的。换句话说，童谣对谁有利，就是谁编的。

听到这首童谣，最高兴的莫过于杨谅，也是对他最有利的，可以鼓舞人心，凝聚士气。但是，从当时以及后来发生的事情来看，以杨谅的智谋不太有可能编造出这种童谣，编造这种童谣的应该是那些极力煽动杨谅叛乱的人，最有可能之人就是王颋了。萧摩诃虽然拥护杨谅起兵，但是他四肢发达，头脑简单，也不太可能干这事儿。

我们今人可以看得清这些，但是当局者迷的杨谅和他的一众属下可就群情激昂起来了，无不摩拳擦掌，恨不得再喊上一声"王侯将相宁有种乎"，就等着起兵成功，夺取京师，封侯拜相呢。

就这样，杨谅正式宣布起兵反叛了。当然，杨谅是不会用"反叛"这种说法的，他打出的旗号是"杨素反，将诛之"，也就是历史上起兵常用的"清君侧"的口号。

杨谅的这个口号好吗？老实说，一点也不合适。杨谅之所以要起兵，就是因为朝中有变，这个时候最应该把斗争矛盾集中在新君隋炀帝身上，这样才能为自己争得舆论支持，进而一鼓作气夺取京师。

不过，有可能杨谅还是想着给自己留条后路，在"直据京都"和"割据旧齐"两种战略之间摇摆不定，这才想了这种办法，打出了"杨素反，将诛之"的口号。

可以说，杨谅打出"杨素反，将诛之"这样一个不太恰当的口号，是他战略失误的又一次延续。

杨谅打出起兵的旗号之后，最先给予响应的是岚州（今山西岚县）刺史乔钟葵。

乔钟葵正要响应杨谅，然而他府上的司马陶模却坚决反对。陶模说："汉王图谋不轨，大人受到朝廷厚恩，身为一方大员，理当尽心为国，怎能为虎作伥招惹祸端！"乔钟葵脸色一变，怒道："你是要造反不成？"说完，他就用刀架到陶模的脖子上，但陶模毫无惧色，依然义正词严，乔钟葵为其大义所感动，就打算放陶模一马。手下的军官们却对乔钟葵说："如果不杀了陶模，就不能压服众心。"于是，乔钟葵就把陶模囚禁了起来。

当时，杨谅并州总管辖区有五十二州，杨谅发起兵变后，参与响应的有十九州，占到了三分之一。可见，支持杨谅起兵者，并不占多数，绝大多数是持中立态度或是支持朝廷的，这或许也是杨谅不敢长驱京师，畏首畏尾的原因。

接下来就要考虑该怎么打这场仗了。

这时，一个名叫裴文安的武将向杨谅建议道："如今井陉以西都是我们的地盘，山东北齐旧地的兵马也为我们所有，我们应该将他们全部动员起来。先派遣其中羸弱的士卒驻扎在山东地区的各个要害之地，让他们在各自的地方攻城略地，与此同时，我们统率精锐兵力向西突进，直入蒲津关（今山西永济）。我愿意担任前锋，大王率领大军跟进，以迅雷不及掩耳之势，挺进霸上，长安城以东地区便很容易平定了。这样一来，京师震动，人心扰攘，军队来不及集中，上下互相猜疑，人心离散。我们严阵以待，发号施令，谁敢不听？十天之内，大事可定。"

如果说王颎的建议是从战略的高度做出高屋建瓴的局势分析的话，那么此时裴文安的建议就是把王颎的战略分析具体化了，是从实际操作层面作出的军事部署计划。裴文安的建议和王颎的战略分析是高度契合的，二者可谓是相辅相成，而且考虑到了杨谅想要兼顾的想法，可操作性很强。

根据裴文安的设想，要想夺取政权，京师中有两个关键的地区是重中之重，而且是必争之地，一是蒲津关，二是霸上。

蒲津关，又称临晋关，是黄河古渡口，位于蒲州西门外的黄河东岸，是关中和山西之间交通的桥头堡，乃是"河东要害，国之东门"，地理形势十分显要；而霸上则位于长安以东，是长安的东大门，是长安城周边最重要的军事重地，也是京师的最后一道屏障。

通过战略突袭，迅速夺取蒲津关和霸上，就可以在最短时间内夺取京师，正所谓兵贵神速，就是要趁杨广在长安立足未稳之际，一举攻入京师，对杨谅集团来说，这才是制胜的关键。

而在杨谅的大后方，裴文安选择用非主力部队来应对，分兵驻守和进击，即便不敌，也不会轻易溃退，可以为前方主力夺取京师争取到宝贵的时间。

杨谅听完，大为高兴，当即任命裴文安为柱国，分兵五路进攻：

一路由大将军余公理率领，从太谷出发，直扑河阳（今河南孟州）；

二路由大将军綦良率领，从滏口（今河北武安）出发，前往黎阳（今河南浚县）；

三路由大将军刘建率领，从井陉出发，夺取燕赵地区；

四路由柱国乔钟葵率领，从雁门出发，进攻代州总管李景；

五路由柱国裴文安率领，会同纥单贵、王聃、大将军茹茹天保、侯莫陈惠，率军直指京都。

从军事部署来看，杨谅是完全按照王颎和裴文安的战略进行任命的，如果继续按照既定的军事部署来行动，杨谅至少有六七成的成功可能。然而，在实际军事行动中，杨谅却再次犹豫不决起来，致使军事部署中途更改，最终导致军事失败。

这又是怎么回事呢？下面仔细来说。

其他各路军马的情况暂且不表，我们主要来看裴文安所率领的西进主力部队，因为这路军马是取胜的关键，决定着战争的走向。

战争一开始，裴文安的主力部队是十分顺利的，取得了不小的"开门红"。

裴文安的部队昼夜疾驰，很快就来到了黄河岸边的蒲州城外。裴文安精挑细选了数百名精锐骑兵，让他们打扮成妇人的样子，披戴着幂篱（盛行于唐代，通常以黑色三纱罗做成，蒙住面部，长可及地的穿戴物），如此便可掩人耳目，然后又谎称是杨谅的宫女，要赶回长安。蒲州城的看守也没有仔细检查，就开门放行了。结果，这数百名精锐骑兵一进入蒲州城，就和城中的奸细里应外合起来，一举夺取了蒲州城。

当时的蒲州刺史丘和也是刚刚被隋炀帝任命过来，他发现城中有变，马上越过城墙，朝着长安狂奔而去，把蒲州城的情况汇报给了隋炀帝。蒲州长史高义明、司马荣毗等人都成了裴文安的俘虏。

夺取蒲州的整个过程，可以说是兵不血刃，甚至比预想中的还要容易。占领了蒲州，也就意味着占领了蒲津关，更意味着杨谅起兵叛乱取得了阶段性的重大胜利，距离最终目标迈出了跨越性的一大步。如果裴文安继续率军渡过黄河，长驱关中，拿下霸上，那么杨谅一方真的就是稳操胜券了。

对于裴文安来说，他原先只是一个不起眼的无名小卒，正是因为给杨谅提出了这样一个堪称完美的军事行动计划，他才得以跃升为柱国，如果下一步能顺利夺取长安，那他就是杨谅夺取帝位的头号功臣，以后就可以位极人臣，有享不尽的荣华富贵。因此，裴文安对接下来的战斗充满了期待，也充满了渴望。

然而，就在裴文安摩拳擦掌，准备开展他的下一步军事行动，出兵霸上的时候，后方却突然传来消息——停止一切军事行动，召裴文安回晋阳。带来这个消息的是纥单贵和茹茹天保,裴文安立刻愣在了当场,他几乎不相信自己的耳朵,如此大好时机,怎可轻易错过?但是,这确实是杨谅下的命令,裴文安作为将领,听从军令是他的天职,他只能撤军。

这是怎么回事呢?原因其实很简单,杨谅怂了。

按照杨谅的想法,他对战争并没有十足的把握,此时已经夺取了军事要塞蒲津关,只要拆掉黄河上的渡桥,让朝廷没办法打过来,采用王颋"割据旧齐"的方案,从此割据河东就行了。于是,纥单贵和茹茹天保率军驻守在蒲州,并拆除了黄河上的渡桥,而裴文安则带着主力精锐折返回了晋阳。

明明已经胜利在望,却突然放弃,这让裴文安非常不甘心,他一回到晋阳,就对杨谅上谏道:"战场上取胜的关键在于诡秘和神速,我本来打算出其不意,奇袭长安,大王却不按我的计策实行,又把我召回,这只会使对方的计谋得逞,现在大势已去了。"裴文安说得义愤填膺,而杨谅也自知理亏,无言以对。

事实正如裴文安所言,杨谅集团在战场上的优势稍纵即逝,本来就是要趁着杨广立足未稳之际,打他个措手不及,如今却改进攻为防御,化主动为被动,这不就给了对手充足的准备时机了吗?换句话说,杨谅把战争的主动权拱手让给了杨广,这正是杨广最想看到的。

杨谅接下来的军事部署,全部都是防御性的。他任命王聃为蒲州刺史,裴文安为晋州(今山西临汾)刺史,薛粹为绛州(今山西新绛)刺史,梁菩萨为潞州(今山西长治)刺史,韦道正为韩州(今山西襄垣)刺史,张伯英为泽州(今山西晋城)刺史,分兵镇守各地。

杨谅之前任命的五路大军,除了裴文安这一路取得胜利外,其余四路都接连失利。如此一来,不仅突袭长安的计划落空,就连"割据旧齐"的战略也变得困难重重了。

尤其是北线战场上,杨谅派出3万精兵进攻代州总管李景。李景手下只有数千人,城墙也早已年久失修、破败不堪,然而杨谅的部队却前前后后打了一个月都没有打下。后来,隋炀帝派出朔州总管杨义臣救援李景,杨义臣和李景合力,最终彻底击溃了杨谅的3万大军。这场战役的失利，让杨谅集团整体遭受到了重大打击，军队士气更是低落到了谷底。

世上什么药都有，就是没有后悔药，杨谅浪费了突袭长安的最佳机会，也就等于把自己置身于四面受敌的险境，他现在唯一的出路就是据守，只有拼尽全力打退中央军，自己才有割据自保的机会。然而，眼前的现实却让杨谅感到心灰意冷，他注定要为自己在战场上的错误决策埋单。

就在杨谅把裴文安从蒲州召回，开始四面御敌的同时，隋炀帝已经从最初的慌乱中镇定了下来，立刻派出了战神级的名将杨素去平叛。

杨素领兵出征，他只用了5000轻骑兵，趁着夜色偷渡黄河，一举就拿下了蒲州城，蒲州刺史王聃也投降了杨素。

蒲州原本是杨谅取胜的唯一砝码，他自认为打下了蒲州，就可以扼守黄河渡口，从此就可以和朝廷分庭抗礼，据守河东。然而，蒲州城竟然如此轻而易举就再次易主了，杨谅这下彻底被动了。

与此同时，隋炀帝也派出长孙晟和李子雄在山东集结兵力，准备对杨谅发起进攻。一时间，身处并州的杨谅可谓是四面楚歌，他开始自乱阵脚，彻底慌了。

杨素夺取蒲州之后，没有去逐个攻打城池，而是派了2000兵马分别去和晋州（今山西临汾）、绛州（今山西新绛）、吕州（今山西霍邑）三城守军周旋。

凭2000兵马就想拿下一座城池？这几乎不可思议。事实上，这也并非杨素的真实意图。

杨素的真实想法是，这三座城池在从蒲州通往晋阳的通道上，但是并不需要挨个去打，只需要派小股兵力去佯装攻城，去牵制、干扰和监视这几个城池的驻城守军，而他自己则带着数万主力大军，绕过了这几座城池，直奔晋阳而去。

发觉杨素的动向后，杨谅派出他的心腹大将赵子开率领10余万大军迎击杨素，大军驻扎在高壁（今山西灵石），摆出了50里的阵仗，同时又把晋阳四周所有的大小交通道路都用栅栏切断，防止杨素偷袭。

杨素没有正面跟赵子开的10余万大军硬碰硬，而是让主力部队正面与赵子开对峙，自己则亲率一支奇兵，冒险潜入霍邑东北的霍山，沿着悬崖、山谷前进，迂回到了敌军后方，直抵赵子开的大营。赵子开没想到会天降奇兵，猝不及防，立刻被杨素的奇兵冲杀得七零八落，死伤数万人。当时的介州（今山西介休）刺史梁修罗听说赵子开大败，立刻弃城而逃。

杨谅听说赵子开大败，亲率10万兵力赶到了蒿泽（今山西汾阳以北湖泊）抵御杨素。这个时候，如果按兵力对比来看，杨谅仍然具有绝对优势，如果拼死一搏，胜负犹未可知。

然而，就在两军对峙之时，突然天降暴雨，倾盆大雨把士兵淋了个落汤鸡。杨谅觉得天时不利，不适合开战，索性下令撤军。这时候，王颎立刻站了出来，向杨谅进谏道："杨素孤军深入，人困马乏，而我们是精锐之师，只要认真打，必胜无疑。这个时候如果下令撤军，会让敌军以为我们是胆怯，只会助长敌方士气，灭自家威风。大王，您千万不能撤军啊。"

杨谅完全不听，他这个时候早已六神无主，根本听不进去任何人的意见。事实上，杨谅说天时不利，也多半只是借口，他就是瞻前顾后，害怕遭遇失败。可是，现实中的行军打仗，哪有绝对的天时地利呢？

就这样，杨谅撤军了，杨素的大军则一直高歌猛进，很快就挺进到了清源（今山西清徐），而这里距离晋阳只有30里的距离。

两军在清源展开激战，杨谅的军队本来没有败，但是跑了一路就跟失败了没两样，而杨素的军队本来没有得胜，一路追击下来，反而士气高涨。结果可想而知，杨谅这边是兵败如山倒，溃不成军，主将萧摩诃也被杨素生擒了。

吃了败仗的杨谅，逃回到了晋阳，然而此刻的他已经成了孤家寡人，晋阳也成了一座孤城。而且，杨谅此时孤立无援，各路大军纷纷溃败，李子雄和长孙晟也已经集结兵马在井陉一带打败了杨谅派出的刘建。

此时的杨谅已是穷途末路，叫天天不应，叫地地不灵，他最倚重的谋士王颎此时下落不明，他最倚重的武将萧摩诃也已被杨素生擒，此时他已经没有任何翻盘的机会和可能了。

晋阳城沦陷，只是时间的问题，索性不如开城投降。就这样，在杨素重兵团团围困之下，杨谅出城投降了。杨谅出城投降之后，各地叛军也纷纷被平定，历时一月有余的杨谅叛乱，最终以失败告终。

最后，隋炀帝会怎么处置他的弟弟杨谅呢？这个时候，隋炀帝开始了猫哭耗子假慈悲，决定利用杨谅反叛事件来为自己树立新君的仁德形象。

杨谅被带回到了长安，群臣请求将杨谅处死，以儆效尤，然而隋炀帝却说："终鲜兄弟，情不忍言，欲屈法恕谅一死。"意思是，杨谅再怎么作乱，他也都是我的弟弟，我本来就没几个兄弟，如今死的死，囚的囚，我实在不忍心杀掉他，我想法外开恩，饶他一死。

隋炀帝说得情真意切，事实上这些话都是说给外人听的，是向天下人彰显自己的仁君形象。于是，隋炀帝就免了杨谅的死罪，将其贬为庶民，拘禁关押了起来，最终杨谅被幽禁而死。

回顾这场叛乱，颇有点雷声大雨点小的感觉。杨谅本来掌管着五十二州的军事，并州又是"天下精兵处"，而隋炀帝则是新君登基，京师空虚，人心不安。因此，战争一开始，隋炀帝面临着空前的统治危机，然而，这场声势浩大的叛乱仅仅历时一个月，就彻底归于沉寂。这就很让人疑惑，杨谅怎么这么容易就一败涂地了呢？

除了前面重点强调的战略问题之外，杨谅之所以失败，还有至少三点原因。

第一，杨谅从小养尊处优，缺乏历练。杨谅对战争的认识是不足的，他虽然也曾被任命为征讨突厥的行军统帅，但那只是挂名，他从未涉足过战场一步，没有丝毫的政治军事经验，更不具备领导者应有的素养和胆识。

第二，杨谅不善用人。王頍和裴文安都是足智多谋之人，通过夺取蒲州城一战就能看出，裴文安是一个有勇有谋的人，而王頍更是从一开始就为杨谅制订了军事战略计划，然而，杨谅谁都没有重用。

就拿王頍来说，杨谅率领10万大军在蒿泽迎击杨素的时候，王頍费尽口舌力劝杨谅不要撤兵，然而杨谅终究没有听从。那个时候，王頍就知道杨谅必败无疑了，他没有跟着杨谅回并州，而是带着儿子抄小路逃跑了，决定去投靠突厥。然而，运气不好的是，王颁走的这条山间小路竟然是绝路。他仰天长叹，对儿子说道："我的谋略不比杨素差，但由于主上言不听计不从，才沦落到今天这种地步。我不能束手就擒，成就了竖子（杨素）的名声，等我死后，你千万不要跑到亲朋故旧家里。"

王颁说完就自杀了，嘱咐儿子把自己埋在山间石窟里。后来，他的儿子饿得实在受不了了，还是去找了亲朋。结果他这一过去就被抓了，一番严刑拷打，才招出了王颁的埋葬地点。杨素派人把王颁的尸体挖了出来，将其枭首在晋阳城头。

王颁直到临死，都能把自己的身后事想得如此明白，可见，正如他自己所言，其智谋"不减杨素"，只是跟错了人。杨谅身边有这样的谋士，却不对他进行重用，焉有不败之理？

第三，杨谅起兵的合法性不强。杨谅终究只是幼子，而杨广是隋文帝生前册立的太子，隋文帝临终前留有遗诏，这些都是杨广皇位合法性最有力的保障。纵然隋文帝死得蹊跷，但正如笔者前文所论述，后世关于隋文帝之死的种种猜测都是捕风捉影，当时并不存在隋文帝被弑杀的确凿证据。也正因如此，杨谅很难有拿得出手的反叛理由，结果只能打着"清君侧"的旗号起兵反叛。

走出关陇，营建东都

随着杨谅叛乱的平定，隋朝的统治秩序开始回归正道。但是，通过这场叛乱，隋朝也暴露出了统治政策上的两大问题。隋炀帝意识到了这一点，并且随之开始着手解决。

什么问题呢？

第一，隋朝的总管府制度。在隋朝建国之前，还是在杨坚执掌北周国政的时候，在山东地区就发生了声势浩大的尉迟迥叛乱，而尉迟迥能够发起叛乱挑战中央政府，其所倚靠的就是相州总管府强大的军备实力。事实上，从那个时候开始，总管府制度的弊端就已经显现了，只是隋文帝并没有过多注意。

隋朝建国之后，由于要应对突厥，以及平定陈朝，总管府制度仍然继续发挥着它对历史的积极作用。再加上，隋文帝把几个大的军区总管府都任命给了自己的几个儿子，那其他的总管府也就没有借机作乱的实力和可能了。故而，隋文帝统治时期仍然沿用总管府制度。

然而，随着隋文帝几个儿子悉数凋零，以及杨谅叛乱的发生，总管府制度的弊端愈发凸显，并且严重威胁着中央政府的统治。于是，在叛乱平定之后，隋炀帝就把总管府制度废除了。

第二，国家的区域稳定还需要加强。无论是隋朝建国之前的三总管叛乱，还是平陈之后江南和岭南地区的叛乱，以及隋炀帝登基后发生的杨谅叛乱，清一色发生在山东和江南地区，关中是从来没有发生过叛乱的。尤其是很多山东和江南士人在隋朝郁郁不得志，人心思变，一旦有变乱发生，这些人就会成为不稳定因素，群起响应，附和叛乱。

到隋炀帝即位时，隋朝已经建立了25年，距离统一全国也有15年了。这个时间说短不短，说长不长，但也是一代人的时间了，为何隋朝还存在如此大的统治隐患呢？为何关中和山东、江南地区还有如此大的隔阂呢？

对于这个问题，一方面是两晋南北朝时代分裂割据的时间过久所留下的后遗症，另一方面也和隋文帝的统治政策有关。

隋文帝在位期间，并没有过多考虑这个问题，因为他是站在一个统治者的角度来考虑的。隋文帝是关陇集团的领袖，他所代表的也是关陇集团的立场和利益,因此他更多地是把山东和江南看作被征服地区,统治的方式也以简单粗暴为主,具有很强的强权特征。他所任用的官员也以关陇集团为主,作为山东士人代表的李德林,也被隋文帝所猜忌和疏远,下场凄凉。

而隋炀帝坐镇江南10年之久,这段经历让他的视野和格局都不会局限于关陇,而是放眼天下。隋炀帝后来做的一系列事情,其实都是在这种大局观下所做的决策,诸如建东都、开运河、修长城、开科举、通西域、出使南洋……其眼界之广远非一般帝王包括其父隋文帝所能比的。从这个意义上来说,隋炀帝更具备一个"大一统"王朝的帝王所应有的胸襟。

因此,隋炀帝要做一番大事业,就必须脱离关陇集团的限制,而这第一步,就是走出关陇。如何走出?营建东都洛阳城。

这是隋炀帝营建东都的政治原因,也是最主要的原因。

当然,隋炀帝营建东都,还有其他方面的考虑,一个极为重要的现实原因就在于,关中经济日趋凋敝,无法满足都城的需要,最主要的表现就在于,一到灾年关中就会出现饥荒,就连皇帝都得外出逃荒。而且,这个问题不仅仅存在于隋朝,后来的唐朝也未能解决,而唐朝灭亡以后,长安也就此结束了作为王朝都城的光辉历史。

大唐景龙三年(709),由于长安所在的关中地区接连遭受水旱灾害,关中出现了粮食短缺的严重问题。于是,作为大唐皇帝的唐中宗李显,就效仿前代(唐高宗、武则天)先例,带着文武百官迁到了洛阳寻求食物,美其名曰"就食"。为此,唐中宗自嘲道:"岂有逐粮天子?"

关中人多地少,一发生灾荒,就粮食短缺,就连皇帝也成了"逐粮天子"。而且,隋唐历史上的"逐粮天子"还真不少,隋文帝就是一个,为此还上演了一出"苦情戏",他带着关中百姓,扶老携幼,还让官兵不得驱赶,一同来到洛阳就食。

唐朝后来把洛阳称作"神都",并且长期实行"两京制",其实就是因为长安的人地关系日趋紧张,其经济物产越来越难以满足都城所需。而隋炀帝无疑是有先见之明的，他在唐朝实行"两京制"之前，就开始营建东都洛阳了。从这个角度来说，唐朝也是受到了隋炀帝的恩惠。

这是隋炀帝营建东都的经济原因。

基于政治和经济两方面的原因，隋炀帝选择走出关陇是很有历史眼光的一个决策，但是为什么偏偏选择洛阳作为新都呢？

这就要说说洛阳的优势了，洛阳的优势主要有两点，历史优势和区位优势。

先说历史优势。

洛阳作为古都的历史，并不比长安短多少。夏商时期，王都就是选在河洛之间，而从西周成王营建成周洛邑开始，洛阳先后成为东周、西汉（汉初刘邦时期）、新莽、东汉、曹魏、西晋、北魏的都城。尤其是在北魏迁都洛阳后，北魏进入全盛时期，洛阳城更是成为一座国际化的大都市。根据文献记载和考古勘测，当时的洛阳城有100平方公里，其面积甚至要超过后来的隋唐长安城，也就是前面讲到的隋朝大兴城。

再说区位优势。

秦汉以来，黄河中下游平原一直是经济最发达的区域，一直领先于关中，尤其是到了南北朝后期，东魏、北齐正是因为占据山东地区的地利优势，才一直压着西魏、北周。

而洛阳的地理位置位于"天下之中"，不仅可以牢牢控制着黄河中下游地区，而且可以北控幽燕、南抚江淮，可以更好地起到统御全国的作用。

就在营建东都的同时，隋炀帝也开始了大运河的开凿工程。大业元年（605）三月，隋炀帝下令开凿沟通淮河和黄河的通济渠，之后又疏通了邗沟（也叫山阳渎）和江南河，一直到大业四年（608）永济渠开工。整个大运河全线贯通之后，洛阳"天下之中"的地理属性得到了进一步的加强。

正是因为洛阳有着如此得天独厚的历史优势和区位优势，隋炀帝才选定洛阳作为新都。故而，隋炀帝在他的《营东都诏》中明确指出：

> 是故姬邑两周，如武王之意，殷人五徙，成汤后之业。若不因人顺天，功业见乎变，爱人治国者可不谓欤！然洛邑自古之都，王畿之内，天地之所合，阴阳之所和。控以三河，固以四塞，水陆通，贡赋等。故汉祖曰："吾行天下多矣，唯见洛阳。"

不过，在司马光编纂的《资治通鉴》里却没有记载隋炀帝营建东都的这些原因，也没有记载隋炀帝的这道《营东都诏》，而是记载了另外一种说法——隋炀帝营建东都主要是出于迷信。

《资治通鉴》第一百八十卷记载：

> 章仇太翼言于帝曰："陛下木命，雍州为破木之冲，不可久居。又谶云：'修治洛阳还晋家。'"帝深以为然。

意思是，术士章仇太翼对隋炀帝说："陛下属木命，雍州（指大兴城）是在西边，西边属金，而金又克木，不可长久居住，谶语也说：'修治洛阳还晋家。'只有修了洛阳城，晋家才会兴旺，您是晋王，这说的就是您啊。"隋炀帝听后深以为然。于是，在章仇太翼的建言下，营建东都的工程展开了。

《资治通鉴》的说法可信吗？显然是不可信的，《资治通鉴》的这一说法取材自唐人笔记小说《大业杂记》，根本不是来源于正史。《资治通鉴》把这种小道消息记入，其根本目的就是让后世皇帝不要学隋炀帝大兴土木，故而安插了这么一个极其荒诞的小说故事，以此来说明隋炀帝营建东都是荒唐之举。

事实上，隋炀帝的暴君形象之所以会在民间有如此广的影响，《资治通鉴》所发挥的"黑化"作用是十分重要的。

隋炀帝是如何建造东都洛阳的呢？

据李吉甫《元和郡县志》记载，在营建东都之前，隋炀帝进行了大量调研工作，多次登上洛阳以北的邙山，眺望伊阙（龙门），观察这里的地理形势。

隋炀帝站在邙山之巅，俯瞰着眼前的盛景，在他的东边是昔日繁华的汉魏洛阳城故址，在他的西边是东周洛邑王城。他被这片宝地深深吸引，就转身对群臣说："此非龙门邪？自古何因不建都于此？"意思是，这不就是龙门吗？怎么自古帝王不在此建都呢？苏威站了出来，抢先回答说："古人不是不知，而是在等待着陛下您啊。"苏威的话，分明就是溜须拍马，但是对隋炀帝来说却非常受用，隋炀帝大喜过望，下定决心要在此营建一座崭新的都城。

605年正月初一，已经登基半年的隋炀帝杨广正式宣布改元大业，大赦天下，立萧氏为皇后，晋王杨昭为太子。从大业这个年号可以看出，隋炀帝对未来信心满怀，他决心做出一番震古烁今、经天纬地的宏大功业。

同年二月二十八日，隋炀帝下诏晋升尚书左仆射杨素为尚书令。三月十七日，隋炀帝再次下发诏令，命尚书令杨素、纳言杨达、将作大匠宇文恺三人主持负责营建东都事宜，每月征发民夫200万人。

值得一提的是，隋炀帝还在《营新都诏》中强调了修城的原则："今所营构，务从节俭，无令雕墙峻宇复起于当今，欲使卑宫菲食将贻于后世。"

隋炀帝的意思是，这次营建东都洛阳，务必要遵从节俭的原则，不能弄得太过富丽堂皇，要把艰苦朴素的传统流传给后世。

你看，隋炀帝这话说得多漂亮啊！这哪里像是我们后世所认为的昏君呢？然而，事实上，无论是主持营建事宜的杨素还是宇文恺，在营建洛阳城的过程中都是怎么奢华怎么来，最后还是把洛阳城修建得雕梁画栋、金碧辉煌，因为他们都知道隋炀帝本性崇尚的就是奢华。

后来唐太宗就对隋炀帝作出一针见血的评论，说隋炀帝是"口诵尧、舜之言，而身为桀、纣之行"。意思是，隋炀帝平时说的话，写的字，无不是圣人之言，然而所作所为却都是桀、纣这样的暴君的行径。

洛阳城建好之后，隋炀帝就把"务从节俭"的话抛到了九霄云外，他对洛阳城的建筑十分满意。更重要的是，根据史书的统计，由于不分昼夜地修建洛阳城，累死的民夫有"十之四五"，也就是40%~50%的比例，接近一半。而且，运尸车一辆接着一辆，在道路上相连成片。虽然说史书一定程度上有夸大之嫌，但是也确实反映了当时隋炀帝对劳苦大众的残酷剥削，洛阳城的修建过程确实死掉了大量民夫，这也是隋朝二世而亡的重要原因。

隋文帝修建大兴城的时候，还讲究废物再利用，把旧城拆下来的木料拿来接着用，而到了隋炀帝修建洛阳城的时候可就不这样了，很多物料都是选用上好的，而且是从很遥远的地方运来的。

贞观四年（630），唐太宗打算重修洛阳的乾阳殿，取名为乾元殿。给事中张玄素上书劝谏，说他亲眼看到隋炀帝当年修建这座大殿，栋梁非常宏伟壮丽，所用的木材都不是本地出产，大都是从豫章郡（今江西南昌）运来的，光是运送一根柱子就得2000人来拉，柱子下面安装有昂贵的铁轮（木轮在运送中容易着火），运送一根柱子就要花费数十万钱，其他的费用开支更是不计其数。

通过唐太宗和张玄素的对话，我们可以窥见隋炀帝营建东都是何其奢华，简直是花钱如流水。

隋炀帝兴建的这座洛阳城分为郭城、皇城和宫城，其规制基本和大兴城相同，可谓是依样画葫芦。比如，宫城在整个都城和皇城以北，区别在于大兴城的宫城在正北，而洛阳城的宫城在西北。再如，都有坊市，区别在于大兴城是一百零八坊，分东市和西市；洛阳城是一百零三坊，分南市和北市。

整个洛阳城的规模要比大兴城略小，根据考古勘测结果，隋炀帝的洛阳新城规模约为大兴城的四分之三。整个都城规制严谨，处处体现着皇家威仪，以及皇权的至高无上。

以上所述都只是洛阳城的主体工程，除此之外，洛阳城周边还有一系列配套工程。

有些是隋炀帝贪图享乐用的。比如，隋炀帝还修建了显仁宫，和隋文帝修建仁寿宫是为避暑一样，显仁宫也是供隋炀帝个人享乐用的。再如，隋炀帝还修建了西苑，在苑内开挖了方圆10余里的人工湖，修筑了大量的假山、名石和院落。

当然也有一些是有特殊意义的。比如，隋炀帝修建了天经宫，是隋朝的宗庙所在，用于祭祀隋文帝，并且安置了隋文帝身前的大量遗物。再如，隋炀帝在城北还修建了窖藏粮食用的含嘉仓，占地面积四十余万平方米，可以储存二十余万吨粮食，如果全部装满，可以供应数十万人一年的口粮。

笔者认为在整个隋朝的历史上，隋炀帝营建东都是一件极具历史意义的大事件，也是隋炀帝战略智慧的一大体现。为什么这么说呢？

就在隋炀帝营建东都100多年前，北魏太和十八年（494），北魏孝文帝也曾实行过迁都，他将都城从平城（今山西大同）迁到了洛阳。也正是从这一刻开始，北魏孝文帝开始了一系列的全面汉化改革，包括移风易俗、改汉姓、穿汉服、说汉语、实行汉魏官制等。孝文帝自己积极做出表率，改姓"元"，因此他也叫元宏。

北魏孝文帝之所以迁都，就是为了方便汉化，为了统御全国，同时也为了远离鲜卑旧势力所聚居的平城。只有离开平城，迁都到洛阳，孝文帝元宏才能开始他的汉化改革大业。

事实上，隋炀帝决定营建东都洛阳，诚如100多年前的北魏孝文帝，二者几乎如出一辙。按照隋炀帝的既定目标，他之所以选择另立新都，就是为了走出关陇集团势力所集中的关中地区，进而统御全国，实现对关陇门阀势力的压制和制衡。除了营建新都外，他开凿大运河，创设科举，其实都是为了抗衡关陇门阀旧势力。

因此，从这个角度来看，营建新都只是隋炀帝对关陇门阀势力打压计划的第一步，是与关陇门阀势力的第一次对抗和博弈。只不过，隋炀帝最后失败了，而失败的原因就在于他的改革过于仓促，步子迈得过大，甚至最终还遭到了关陇门阀阶层的集体反叛。隋朝末年起兵的杨玄感（杨素之子）、李密（西魏八柱国之一李弼之曾孙）以及李渊（西魏八柱国之一李虎之孙），其实都是关陇门阀旧贵族，是他们合力推翻了隋炀帝的统治。

但是，我们也必须清楚认识到，隋炀帝营建东都洛阳的政治意图是极具战略眼光的，而且不为当时和后来很长一段时间的人所认识，反而给隋炀帝扣上大兴土木、好大喜功的帽子，这其实是非常不公正的。

隋炀帝开凿和贯通大运河对中国历史的意义

与隋炀帝营建东都洛阳相配套的最大的一件工程，就是大运河。

大运河，是可以跟长城相媲美的中国古代最为宏大的一项工程，也是世界古代史上的一大奇迹。大运河的开凿和贯通，也和隋朝当时的社会经济密切相关。

按照司马迁《史记·货殖列传》中的记载，在秦汉时期，关中之地（函谷关以西）的国土只占天下的三分之一，人口只占天下的十分之三，但是财富却占到了全天下的十分之六。

从古代军事战略的角度来说，关中的战略地位也极为重要。关中的地理优势绝不仅仅在于它是"四塞之地"，从关中向西可以宰制陇右，沿河西走廊经略西域；向南可以南并巴蜀，巴蜀号称"天府之国"，完全可以充当关中盆地的大粮仓；向东可以凭高据险，对关东享有高屋建瓴的军事优势，进可攻，退可守。

这些都是关中在秦汉时代的突出优势，因此关中也成为那个时代不折不扣的政治、经济和军事中心。

但是，随着历史进入魏晋南北朝时代，长安的人口越来越多，日益狭促的土地已经无法满足日益增长的人口需求。随着西晋后期永嘉之乱的发生，中原士族衣冠南渡，大量北方人口也跟着南迁，先进的生产技术被带到了南方地区，江南地区得到了空前开发，社会经济得到了长足发展，经济重心开始出现了南移的倾向。

当历史进入隋唐时期，南方和北方的经济发生了更为剧烈的变化。北方经过魏晋南北朝长达400年的长期动荡，土地渐趋荒芜，虽然有不少土地慢慢得到了恢复，但是要完全复元，是不可能的了。

一方面是土地生产力下降，另一方面原有的灌溉水利工程逐渐被破坏和废弃。比如，战国时秦国所修的郑国渠和汉朝时所修的白渠，两渠在秦汉时期可以灌溉4万余顷土地，到了唐高宗永徽年间就只能灌溉1万余顷土地了，唐代宗大历年间继续锐减至6200余顷，宋朝时期所溉之田就连2000顷都不到了。

前文说到隋文帝统一南方之时，陈朝的户数只有50万户，可谓是地广人稀。从孙吴开始，建康就成了南朝的都城所在，建康也成了六朝古都，江南地区的开发与日俱增，经济越发繁荣。再加上江南的土地和气候条件本就优越，以及统治者积极劝课农桑，江南的经济得到了飞速发展，很快就和北方持平了，为后来全国经济重心的全面南移奠定了基础。

《宋书》中有一段对江南经济发展的描写：

> 江南之为国，盛矣。……地广野丰，民勤本业，一岁或稔，则数郡忘饥。会土带海傍湖，良畴亦数十万顷，膏腴上地，亩直一金，鄠、杜之间，不能比也。荆城跨南楚之富，扬部有全吴之沃，鱼盐杞梓之利，充仞八方；丝绵布帛之饶，覆衣天下。

这段史料是说，南方土地广袤，百姓勤劳，只要有一年取得丰收，人民就会忘记饥饿，土地依山傍海，物产丰饶，良田遍布，荆城和扬郡是南方最富庶的地方，百姓从不愁吃穿。

隋炀帝长期经略江南，他对江南的社会发展状况是有深刻认识的，他也意识到江南地区在未来将发挥越来越显著的作用。

起初，关中最大的优势就是山河之险，而随着历史发展，这种优势渐渐转化为了劣势，闭塞的环境让关中和关东地区之间形成了天然的隔膜。长安也渐渐不再受到历代统治者的偏爱,统治者更钟爱发展空间更为广阔的关东地区,历史天平开始悄悄偏向东方。

因此,在南北朝后期,占据关东的东魏、北齐始终是压着西魏、北周打的,如果不是北齐后期内部出现了严重的矛盾,以及没有处理好民族关系的话,周武帝是很难实现北方的统一的。

纵观整个魏晋南北朝和隋唐时代,全国的经济重心是从西向东、由北向南转移的。而随着隋炀帝时代大运河的开凿和贯通,关东地区和江南地区通过运河紧密联结在了一起,江南的经济越来越发达,而江南的财富则通过运河水路源源不断地输送到了中原腹地的洛阳。

中唐名相权德舆就有一句名言,说"天下之计,仰于东南",而北宋王朝也是"实仰东南财赋",江南的财赋成为国家最主要的来源,正所谓"苏湖熟,天下足"。可见,整个唐宋时代,一直处在经济重心南移的进程之中,直到南宋时期,南方的社会经济才正式超越了北方。

南方的财赋如何输送到北方?靠的就是大运河。到了唐朝中后期,藩镇割据,尤其是河北三镇长期割据,不向中央提供赋税,唐帝国得以继续运转上百年,靠的就是大运河。再后来,随着王仙芝和黄巢起义的爆发,帝国的东南陷入动荡之中,大运河水路也名存实亡。没有了江淮财富的供给,大唐帝国也就岌岌可危了。没有了经济支柱的唐帝国,很快沦为了军阀的傀儡,最终为朱温所灭。

关于大运河,有一首很有名的诗《汴河怀古》,诗曰:

尽道隋亡为此河,至今千里赖通波。
若无水殿龙舟事,共禹论功不较多。

作者是晚唐诗人皮日休,皮日休亲眼目睹了大运河对唐王朝繁盛的重要意义,因此才高度评价了大运河,并且指出了隋炀帝开凿大运河是"功在当代,利在千秋"。

后来宋朝把国都定在了无险可守的东京汴梁，一个很重要的原因就在于开封要比洛阳有着更加发达的漕运，足以供养都城上百万的人口。因此，宋代以后，长安就彻底被历史遗忘了，除了李自成的大顺政权，再也没有哪个王朝以长安为国都了，洛阳也同样渐渐被世人所淡忘了。

有个老生常谈的话题，为什么历史往往是北方统一南方，却很少有南方统一北方的？为何只有明朝实现了由南向北统一，成为古代史上的特例呢？这里其实已经从社会经济的角度给出了答案，那就是经济决定政治，经济基础决定上层建筑。

南宋之前，经济重心虽在南移，但是北方的社会经济状况总体上要优于南方。尤其是在割据分裂时代，北方政权由于在人口和经济上都强于南方政权，故而能够终结分裂乱世的往往是北方政权。相对应地，割据南方的政权往往也都成了短命王朝。

而南宋以后，南方的社会经济才真正实现了对北方的反超，南方也终于可以向北方发起挑战了。因此，到了元末农民起义的时代，南方很多起义军势力正是凭借着着强大的经济基础才得以兴起，当时的几大起义军势力，如朱元璋、张士诚、陈友谅等，无一不是来自南方。正是在这样的社会经济条件下，朱元璋最终脱颖而出，将元廷驱逐回漠北，建立了明朝，明朝也成了历史上唯一一个由南统北的"大一统"王朝。

言归正传，我们回过头来再看隋炀帝开凿大运河这件事，就会发现，隋炀帝真是独具慧眼。可以说，隋炀帝开凿和贯通大运河是顺应历史发展趋势的结果，同时也为唐宋王朝的繁盛奠定了基础。

隋炀帝营建东都和开凿大运河是两项并举的工程，也是相得益彰的，营建东都洛阳让大运河从此舳舻千里，而开凿大运河也让洛阳以及后来的开封成为繁华之都。

但遗憾的是，隋炀帝和他的隋朝并没有享受到大运河带来的红利，真正享受到大运河巨大红利的是后来的唐宋王朝。

再后来，元世祖忽必烈任命郭守敬在隋朝大运河的基础上重新开凿，新的运河河道不再绕道洛阳，而是裁弯取直，形成以大都（今北京）为中心，南下直达杭州的纵向大运河，这就是后来的京杭大运河。

明清两代定都北京，而大运河就成了维系王朝经济命脉的生命线，运河上的漕运支撑起了帝国财政的半壁江山，当时京师的宫廷用度、百官俸禄和军饷民食等，"咸仰给予东南数百万之漕运"。

而到清朝灭亡以后，更为便捷的铁路运输和航空运输开始兴起，同时海运技术也走向了成熟，大运河的河道运输功能越来越弱，大运河的波涛渐渐不复当年的盛景，河道渐趋荒芜甚至被废弃。

可以说，一部运河史，就是一部王朝经济的兴衰史，而这部运河史的转折节点就在隋炀帝开凿大运河。

不过，严格来说，说隋炀帝开凿大运河是不太准确的。这是因为，大运河的不少河道是此前就有的，隋炀帝一半是开凿，另一半其实是疏浚和贯通。

我们来回顾一下隋炀帝之前的运河发展史。

中国很早就有了开挖运河的历史。春秋战国时代，为了争霸中原和运输粮草物资，很多国家都修建了运河。比如，楚庄王为了与晋国争霸，任命孙叔敖修建的"荆汉运河"和"巢肥运河"，是中国历史上最早的人工运河。再如，吴越争霸的时候，吴国也修建了一系列运河，这里面就有古江南河和邗沟，也是隋代大运河的重要组成部分。

而到了隋朝建国之后，为了给伐陈做准备，在开皇七年（587），隋文帝下令在古邗沟的基础上开凿了山阳渎（即邗沟），沟通了长江水系和淮河水系，既利用了古邗沟河道，也利用了天然湖泊。

隋朝的大运河，北至涿郡（今北京），南至余杭（今杭州），共分成四个部分，从北向南依次是——永济渠，从涿郡到洛阳以北的黄河口，沟通了海河水系和黄河水系；通济渠，从洛阳西苑到淮河口（今江苏盱眙），沟通了黄河水系和淮河水系，当时称御河，宋朝也称汴河；邗沟，当时称山阳渎，连接了今天的淮安到扬州，沟通了淮河水系和长江水系；江南河，连接了京口（今镇江）到余杭（今杭州），沟通了长江水系和钱塘江水系。

这四段运河的开通，总体上是采用先南后北的策略，分批分段来进行的，大体可分三个阶段。

第一阶段是通济渠和邗沟。大业元年（605）三月，几乎是在隋炀帝即位伊始，他就"发河南诸郡男女百余万，开通济渠，自西苑引谷、洛水达于河，自板渚引河通于淮"。同年，隋炀帝又在隋文帝开皇七年（587）所开山阳渎的基础上进一步开凿，这就是邗沟。

第二阶段是永济渠。大业四年（608）正月，隋炀帝"诏发河北诸郡男女百余万开永济渠，引沁水，南达于河，北通涿郡"。这次开凿永济渠，工程更为浩大，而且更为急促，因为隋炀帝开凿永济渠的直接目的是给接下来对高句丽的战争做准备。因此，这次开凿的过程中，男丁都不够用了，征派了大量的妇女服役。

第三阶段是江南河。关于江南河的开凿情况，《隋书》和《北史》都没有记载，只有《资治通鉴》对此做了记录。大业六年（610）十二月，隋炀帝"敕穿江南河，自京口至余杭，八百余里，广十余丈"。正史没有记载，可能是由于江南河在先秦时期已经被多次开凿，隋炀帝只是对江南河做了简单的开阔和疏浚工作，工程量较小。

就这样，前后经过6年时间，分三批工程，北通涿郡、南达余杭的大运河全部贯通完工了。大运河无疑是一项伟大的工程，它沟通了海河、黄河、淮河、长江、钱塘江五大水系，贯穿了今天的北京、河北、河南、山东、安徽、江苏、浙江，全长约5000里，是世界上航程最长、最雄伟的一条人工运河。

然而，关于隋炀帝开凿和贯通大运河这一壮举，后世史家却普遍给予了尖锐而猛烈的批评，并且将开凿大运河看作导致隋朝灭亡的重要原因。

通过前面的分析，我们可以知道，隋炀帝开凿大运河的出发点是好的，是顺应时代发展的，具有超前的战略意义和历史意义，更重要的是，大运河实实在在地惠及了后世唐宋王朝，后世之人受益了上千年。

我们不禁疑惑，这样一个"功在当代，利在千秋"的伟大工程，怎么就遭到了后世的猛烈批判呢？隋炀帝怎么就因为开凿大运河而被钉在了历史的耻辱柱上呢？

究其原因，不外乎两点——第一，后世人认为隋炀帝开凿大运河是为了下江都，巡游玩乐；第二，开凿大运河劳民伤财，给当时的百姓带来了巨大的灾难，最终导致隋朝的亡国。

事实上，开凿大运河是好的，但是，隋炀帝在开凿大运河的过程中还同时建东都、修长城、修驰道，后来又三征高句丽，这才导致民怨沸腾，国家机器最终彻底崩盘，酿成亡国惨剧。

隋炀帝很多项目，无论哪一项，单拿出来都是好的，都是极具战略远见的，但是所有的工程项目累加在一起，就是广大劳苦百姓的沉重负担。

在隋炀帝的统御下，隋朝取得的一个又一个"超级工程"，其背后都是劳动人民的血汗，是用百姓的尸骨堆积而成的。

在隋炀帝的统治下，万民都是蝼蚁，他们看不到富丽堂皇的东都洛阳，也看不到烟波浩淼的大运河，他们只能在督工的鞭笞下，前仆后继地以血肉之躯去铸就隋炀帝的雄伟"大业"。

史学家胡如雷曾做过估算，大业年间，隋炀帝一共兴修22项工程，共动用人力达3012万人次。当时全国人口有4600万，每年平均征用400万左右的劳动力，占到了总人口的近十分之一，几乎是全国男丁的总数了。仅开凿通济渠就役使了河南淮北100多万民众，丁夫死亡三分之二，沿河民众所受侵扰，更难胜言。

而且，隋炀帝在巡游江都的时候，还极尽奢华之能事，修建的龙舟无比气派，所动用的民夫不计其数，沿途的供应和浪费难以估量。难怪皮日休会感叹"若无水殿龙舟事，共禹论功不较多"。本来隋炀帝是可以和大禹的功劳相提并论的，但是有了巡游江都的奢华，一切就都变味儿了。

也正因如此，隋炀帝开凿的大运河，注定只能成为他人（唐宋王朝）的嫁衣，虽是"利在千秋"，但"祸在当代"。

我们回过头来再看，从这2000多年来的运河兴衰史中可以看到，大运河出现在隋朝，出现在隋炀帝时代，带有一定的历史必然性。为什么这么说呢？

首先，大运河这样的工程，所需要的人力、物力、财力都是极其庞大的，而且它所要跨越的地理空间是极其广阔的，这就导致能开凿得了大运河的必然只能是"大一统"王朝。在隋朝之前，"大一统"王朝的时代只有秦汉和西晋。

再举个例子，历史上凡是大规模治理过黄河的，都是"大一统"或者接近"大一统"的时代，历代也涌现出了很多治理黄河的名人，如东汉的王景、元朝的贾鲁、明朝的潘季驯、清朝的靳辅和林则徐。治理黄河和开凿大运河是一个道理，一是需要强大的人力、物力、财力支持，二是需要一个辽阔的统治区域，这些都注定这种超级工程只能发生在"大一统"时代。

其次，社会经济发展的要求。秦汉时代的社会经济状况前面介绍过了，那个时候的南方还是未开发的不毛之地，整个国家的政治、经济、军事、文化中心都在关中，根本不需要去修建这样一条贯通南北的大运河。而西晋王朝则过于短暂，受内部矛盾的影响，也无力去做这样的工程。

而经过长期的分裂割据、沧桑巨变，北方经济遭到严重破坏，经济重心开始出现了南移的趋势，政治中心和经济重心开始南北分离。这就导致如果再出现南北统一的"大一统"王朝，就必须将北方的政治中心和南方的经济重心相连接，王朝才能拥有一个相对稳定的局面，才能长治久安。

就这样，历史的重任最终落在了结束400年乱世、重新完成"大一统"的隋朝身上。

从这个角度来看，隋炀帝无疑是一个悲壮的殉道者，他做了他那个时代必须要做的事，但是他为此付出了高昂的代价，最终身死国灭。

巡游天下，重建丝绸之路

历史上绝大多数皇帝，可以说都是宅男，很多皇帝终其一生都未必出过皇宫。不过，历史上也有一些皇帝，特别热衷于外出游历，比如秦始皇、汉武帝、唐高宗、明武宗以及乾隆帝。

但是，如果要问谁巡游的路程最长，时间最久，并且走得最远的话，那就要数隋炀帝杨广了，上面列举的那几位帝王都得甘拜下风。

隋炀帝在位14年，真正待在大兴城的时间只有10个月，待在东都洛阳的时间也不过4年，加起来仅有5年的时间，在他剩下的帝王生涯中，不是在巡游，就是在巡游的路上。

大业五年（609）的时候，隋炀帝跟陈朝旧臣蔡徵讨论了这么一个问题，他说："自古天子有巡狩之礼。而江东诸帝多傅脂粉，坐深宫，不与百姓相见，此何理也？"意思是，自古以来天子就有巡狩之礼，但是南朝那些帝王整天就知道涂脂抹粉，坐在深宫之中，也不跟百姓相见，这是什么道理？蔡徵是怎么回答的呢？他奉承道："这就是南朝都是短命王朝的原因啊！"言下之意，就是说隋炀帝四处巡游才是一个合格的帝王，才能享国长久。

通过这件事就可以看出隋炀帝对巡游一事的态度，他绝非像后世人所想的那样喜欢宅在深宫内苑之中，整天沉溺于声色犬马，而是向往着国家的大好山河，希望用自己的脚步去丈量国家的山山水水。

向南，隋炀帝三下江都，并且最后死在了江都；向北，他巡游过塞北草原；向西，他登上过海拔4000米的祁连山和青海地区；向东，他御驾亲征高句丽，到过今天的辽东地区，最远打到了今天朝鲜境内的平壤。

不过，一提起隋炀帝的巡游，很多人印象中只知道他三下江都，事实上，他巡游之处远不止于江都，他的脚步几乎涉足当时隋朝西、北、东三个方向所能到达的最远的地方。

可以说，隋炀帝是一个特别喜欢外出巡游的皇帝，用今天的话说，他是个极度狂热的"驴友"。

有人说，隋炀帝下江都是为了享乐，是为了宣扬国威。这个说法不能说是错的，但也是片面的，不完全正确的，因为隋炀帝下江都，以及他巡游天下是有着深远的战略意图的。

第一，南下江都。

除了表面上的享乐和炫耀外，隋炀帝下江都还有另外一个深远的目的，安抚江南士人，以巩固"大一统"的成果。

扬州，当时也叫江都，算得上是隋炀帝的第二故乡，因为他此前在这里镇抚江南有10年之久。因此，隋炀帝下江都颇有点衣锦还乡的意思，也的确是有炫耀自己当上皇帝的虚荣心的想法。但是，隋炀帝并没有把时间都用在奢侈享乐和炫耀武功上，而是把绝大部分时间用在了结交江南士人这件事上。

大业元年（605）三月，隋炀帝下令开凿通济渠，八月份他就迫不及待驾着龙舟，巡幸江都了，到了十月份，就下诏书，宣布免除扬州城内5年的赋税，原先属于总管府辖区内的也免除3年赋税。隋炀帝施惠于扬州百姓，一方面是向第二故乡的江都百姓炫耀和讨好；另一方面是为了向整个江南地区发出信号，以表明自己以后会交好于江南，团结江南群众。

除了讨好和笼络江南百姓之外，隋炀帝还积极结交江南的上层人士，有陈朝的贵族，也有江南世族，还有佛教的大德高僧。可以说，隋炀帝把江南社会从底层到上层全部讨好了一遍，这就绝不仅仅是出于炫耀文治武功那么简单了，而是为了团结一切可以团结的力量，消除潜在的不稳定因素，进而巩固"大一统"。

事实上，隋炀帝建东都、开运河、下江都都是一脉相承的，一整套举措都是相辅相成的，而且从他对江南的留恋和诸多用心来看，他似乎也有意建都于江都。毕竟江都远离关陇，和东都洛阳又有运河相连，江都对他来说，有着更广阔的发展空间，更可以大展拳脚。

大业六年（611），隋炀帝第二次下江都时，他规定江都太守的官阶和京尹相同，这等于是把江都和京城放在同等的地位上来看待了。这是基于当时江南经济条件上的考量，但更多的恐怕是政治上的考虑，或许隋炀帝也有意在江都建都。当然，这只是假设和猜想，即便隋炀帝有这样的想法，后来发生的历史已经不允许他再有这个机会了。

第二，北巡突厥。

隋炀帝三下江都多少带有些游山玩水、奢侈享乐的目的，但是他的数次北巡和西巡可就没有这份闲情逸致了，塞外的苦寒之地也没能阻挡隋炀帝的脚步，除了流连于江南的美景之外，他也神往于塞外的壮美。

隋朝的北部边患一直不断，隋文帝采用长孙晟的策略，最终用了20多年的时间，才算是基本解决了突厥之患，并且建立了以隋朝为核心的东亚霸权。隋炀帝即位之后，继续采用恩威并施的手段，一边拉拢一边敲打，而他数次北巡突厥其实就是为了镇抚突厥，巩固隋朝的宗主国地位。

同时，隋炀帝在北巡的途中，发现长城有残破，就积极开展了修筑长城的工作，他北巡的第二个目的其实就是巡视长城工事。

第三，西巡河西。

相比于南下江都和北巡突厥，隋炀帝对西域的经营和巡游是隋炀帝所有巡游中意义最为深远的。

隋炀帝在西巡之前，派了一个大臣到西域去经营，并且隋炀帝最后决定西巡也是这个人促成的。他是谁呢？此人就是裴矩。

裴矩是何许人？他出身河东裴氏家族，是北齐旧臣，北齐灭亡之后，就投奔当时担任定州总管的杨坚，后来又出仕隋朝。这个人不仅有家世背景，而且是个能文能武、有勇有谋的人。

隋文帝灭了陈朝之后，裴矩被任命巡行江南，就在这个节骨眼儿上，江南地区又发生了叛乱，通往吴越地区的道路被叛乱者挡住了。裴矩没有知难而退，而是孤身一人义无反顾地出发了。结果，当他行进到南康（今江西赣州）之时，竟然凭一己之力聚拢起了几千人的部队，还凭借这几千人的残兵剩勇解决了被叛军围困的广州城。之后，裴矩又把叛军打到了南海，安抚岭南二十余州，可谓功勋卓著。隋文帝对裴矩大加赞赏，给了他很多赏赐，之后裴矩被任命为内史侍郎。

后来，隋文帝决心除掉大义公主，当时负责去游说都蓝可汗的也是裴矩。劝说突厥的大汗杀掉自己的妻子，这是一件极具风险的任务，一旦说错话很可能就会招来杀身之祸，结果裴矩成功完成了任务。之后，他又多次参与对突厥的军事行动，并多次立下战功。

从这两件事就可以看出，裴矩是个有勇有谋的人，而且胆识过人。这样的人不仅隋文帝喜欢，隋炀帝更喜欢。因此，隋炀帝即位之后，就把裴矩擢升为吏部侍郎，并把他派到了西域的张掖，来监督西域胡商和中原的贸易。

不过，以裴矩的才能，可不光是去监督贸易这么简单，他把更多的精力用于考察西域人文风俗和山川地理，因为他早就揣摩到隋炀帝是个有雄图霸略之人。同时，裴矩在张掖接触了很多胡商，通过和胡商的交流，他也了解到了西域各国的事情，比如西域各国君主都是什么样的人，穿什么样的衣服，有什么礼节习俗，他全都摸得一清二楚。

于是，裴矩凭借在张掖的所见所闻，编纂出了一部三卷本的图书《西域图记》，回到京师后，就把图书进献给了隋炀帝。隋炀帝看后大喜过望，经常向裴矩询问西域的详情。

《西域图记》都记述了哪些内容呢？很遗憾，这部三卷本的《西域图记》如今已经看不到了，只有《隋书·裴矩传》完整记录了这部书的序言。根据序言，大致可以知道这部书讲了两个方面的内容。

第一，记载了西域三十六国、五十五王的详细情况，包括历史、地理、人文、山川风貌等多个方面。

第二，里面有详细的地图，画出了从敦煌到西海的三条道路。西海是哪里？根据学者的研究，很可能就是地中海或阿拉伯海。从敦煌到地中海的道路，其实也就是我们所熟知的丝绸之路。按照《隋书·裴矩传》的序文来看，裴矩一共列出了丝绸之路的三条通道，分别是北路、中路和南路。

此外，裴矩还在隋炀帝面前讲了两点让隋炀帝格外心动的事情，一是西域有很多珍奇宝物，二是吐谷浑可以被轻而易举地消灭。隋炀帝本就喜欢奢侈浮华，又喜欢穷兵黩武，裴矩所说的这两点令他心潮澎湃。

看完裴矩所编撰的这部《西域图记》，以及听完裴矩的各种工作汇报，隋炀帝十分心动，认为裴矩有"绥怀之略"，当即决定把经略西域的重任，全权委任给裴矩。《隋书·裴矩传》记载："矩盛言胡中多诸宝物，吐谷浑易可并吞。帝由是甘心，将通西域，四夷经略，咸以委之。"

隋炀帝为何如此兴奋？因为隋炀帝想做汉武帝那样的人，汉武帝时期就曾开辟西域，汉宣帝时代又设立了西域都护府，后来又有东汉班超出使西域，再现了丝绸之路的辉煌。可以说，两汉时代经营西域数百年，在西域留下了很多辉煌的功业。然而，随着历史进入魏晋南北朝时代，中原王朝对西域的控制和影响越发衰微，除了个别时间段以外，丝绸之路是长期处于断绝状态的。现在，隋朝完全有实力也有能力去重新开辟西域，重新建立起丝绸之路，隋炀帝一想到能建立起和汉朝一样的功业，他能不兴奋吗？

裴矩秉承隋炀帝的心意，开始了对西域各国的笼络，他通过结交西域胡商，进而联络西域各国的上层人士，开始宣扬大隋的好处，再把他们带到长安和洛阳，向他们展现隋朝的强盛和繁华。

大业二年（606），在裴矩的宣传和诱导之下，西域10多个国家的使节齐聚张掖。大业三年（607），隋炀帝北巡时，高昌和伊吾的使者更是进入榆林，直接觐见了隋炀帝。

但是，这些外交成绩都没有达到隋炀帝的最终愿望。当时，通往西域各国的通道被西突厥和吐谷浑挡住了，而且西突厥和吐谷浑都不是省油的灯，经常在西域捣乱使绊子。隋朝已经建立20多年了，但是中原地区和西域至今交通断绝，由于有西突厥和吐谷浑挡在中间，西域各国也无法臣服于隋朝。

基于以上这些考虑，隋炀帝决心拔掉西域的这两个钉子。无论裴矩还是隋炀帝都非常清楚，要经营西域，要让西域各国臣服，西突厥和吐谷浑是最大的障碍，西域各国就算想投靠隋朝，也没有可能。

隋朝先对付的是西突厥。裴矩在张掖经过长期打探，获得了一个非常重要的情报，那就是西突厥处罗可汗的母亲是中原人，姓向。开皇二十年（600），隋朝打突厥的时候，向夫人就流落到了隋朝，此时此刻就住在大兴城里。多年以来，母子二人分居两地，难以相见，处罗可汗内心十分思念自己的母亲。另外，西突厥内部早已是矛盾重重，处罗可汗的统治也并不稳固。

掌握到这些情报之后，裴矩想到了办法，决定把向氏当作筹码，用不战而屈人之兵的办法来解决掉西突厥和处罗可汗。

大业四年（608）二月五日，隋炀帝派遣司朝谒者崔君肃携带诏书前往西突厥，劝谕处罗可汗归降。

处罗可汗也是一阵纳闷儿，突然间隋朝派来个使者，带来一份诏书，就要让自己乖乖归降，天下哪里有这种道理？隋朝皇帝拿自己当什么人，一句话就想让自己归顺？简直是白日做梦。

这种诏书，处罗可汗当然是不会放在眼里的，态度非常傲慢，崔君肃宣读诏书的时候，处罗可汗根本就爱搭不理。《隋书·西突厥传》记载："处罗甚踞，受诏不肯起。"

处罗可汗这样的表现和反应，崔君肃事先早就想到了，他也没跟处罗可汗较真，而是直接亮出了撒手锏，那就是向氏。

崔君肃不紧不慢地开始了游说，先是分析了西突厥此时内忧外患的情形，然后又说大隋天子（隋炀帝）已经决定发兵打你了，最后这才搬出了向氏。

崔君肃知道处罗可汗是个孝子，就开始拿向氏来威胁他说，向氏怕你被剿灭，从早到晚守在宫门口，向大隋天子求饶谢罪，我们这才勉为其难给你个归顺的机会，谁想你还脾气挺横，信不信我们回去就杀了你母亲，杀完她还要再来打你！你现在处境堪忧、众叛亲离，你觉得你是大隋的对手吗？你忍心你的母亲就这么惨死，忍心让你的国家因你而亡？

崔君肃的一番话可谓是动之以情，晓之以理，利害关系全都说清了。处罗可汗听后，顿时从床上跃起，泪流满面，再三叩拜，他不再犹豫，立刻跪着接受了诏书。接受完诏书，处罗可汗就派使者跟随崔君肃一起来到隋朝，向隋炀帝进贡了汗血马，以表示归顺的诚意。

兵不血刃解决完西突厥之后，接下来就是吐谷浑了。

吐谷浑，是一个国家的名字，也是一个人的名字，但这并不冲突，因为就是这个名叫吐谷浑的人建立了吐谷浑这个国家。

吐谷浑的全名应该是慕容吐谷浑，出自鲜卑慕容部，他还有一个非常著名的弟弟，名叫慕容廆。

可能很多人没听说过慕容廆这个人，但是如果放在五胡十六国时期，慕容廆绝对是一个叱咤风云的人物，因为慕容廆和他的子孙们在中原大地上，先后建立了前燕、后燕、西燕、南燕、北燕五个少数民族政权。

金庸武侠名著《天龙八部》中大反派慕容复一心图谋恢复大燕，他所要重建的大燕，就是十六国时期的慕容燕国，就可以追溯到慕容廆这里。

而慕容吐谷浑是慕容廆的长兄，他们的父亲名叫慕容涉归，慕容涉归临死之前，对这两个儿子进行了分家。

有一天，慕容廆和慕容吐谷浑两人的马不知道为什么打起了架，慕容廆觉得自己的马被哥哥的马欺负了，非常生气地说："我们不是早就分家了吗？你的马为什么不离我远点儿？害得我们的马相互打架。"

慕容吐谷浑一听，更加来气，说道："马在一起打架，这是难免的事儿，你却因为这个迁怒于我，既然你叫我离远点儿，那我就走！"

说罢，慕容吐谷浑带着他的族人和部落，一起离家出走了，一路向西，迁徙到了今天的青海、甘肃一带，并建立了自己的国家。

慕容吐谷浑的后人们干脆也不姓慕容了，以吐谷浑的名字为姓，这个国家也就被称作吐谷浑。

因为两匹马的斗殴，直接导致了一对兄弟的决裂，同时也造就了一个古老而神奇的少数民族国家——吐谷浑。

当慕容鲜卑政权在十六国的战乱纷争中悉数凋零灭亡之时，吐谷浑却依然坚挺，虽然实力并不强大，但是却独霸西域。

到了北周时代，吐谷浑的势力依然强大，其首领夸吕也开始以可汗自居。周武帝宇文邕在位时期，就曾派自己的皇太子宇文赟以及王轨等人率兵征讨，并且擒获了吐谷浑的大量国民。

隋朝开国初期，吐谷浑趁机侵扰隋朝边境，隋文帝就派大将元谐前往征讨。后来隋朝灭陈之后，吐谷浑担心隋朝会率兵来攻打，就不再侵扰隋朝边境。之后不久，夸吕病逝，他的儿子世伏继位成为新可汗。然而，世伏上位没多久，就被他的弟弟伏允弑杀，伏允继任为新可汗。

伏允是一个颇有心计的人。从表面上看，他积极和隋朝交好，并且和隋朝互结姻亲，迎娶了隋朝的宗室女儿光化公主做可贺敦，他的儿子也被送到了隋朝当人质。但他招纳了隋朝的对手达头可汗，并且还跟处罗可汗交好。可见，伏允是一个阳奉阴违、两面三刀的人，他对隋朝只是表面上交好，实则经常在暗地里给隋朝使绊子。

这也带给隋炀帝一个难题，那就是伏允毕竟和隋朝是姻亲，也没犯什么事儿，没有合适的借口对他出兵。隋炀帝想的问题，裴矩也想到了，并且很快就有了计策。

什么计策呢？裴矩的计策就是利用铁勒。

铁勒据说是匈奴人的后裔，突厥强大的时候，铁勒臣属于突厥。铁勒部有九大部族，被后世称为"铁勒九姓"，其中有一支叫回纥，后来发展壮大，唐朝名将仆固怀恩、浑瑊都是出自铁勒部。

大业三年（607），铁勒一度侵扰隋朝边境重镇敦煌。但是，铁勒又害怕隋朝发兵攻打他。裴矩觉得这是个不错的机会，就趁机劝说铁勒发兵攻打吐谷浑，只要铁勒照做，隋朝皇帝就既往不咎。

于是，就在大业四年（608），铁勒突然出兵吐谷浑，把吐谷浑打了个措手不及，吐谷浑抵挡不住，就一路向东逃亡到了西平（今青海西宁）。在无计可施之下，伏允终于想到了隋朝，向隋朝求援。

接到伏允的求援时，隋炀帝乐了，这不正中下怀吗？隋炀帝立即派出了心腹大将宇文述率兵前去接应。然而，伏允也是心思缜密之人，他看到隋朝带着大军来势汹汹，就知道这其中有猫腻，一定是隋朝早就设计好了，联合铁勒一起来打自己。

伏允不想坐以待毙，就趁机开溜，向南逃进了山谷中。而吐谷浑的10余万人口，包括王公贵族等，都成了隋军的俘虏。

这一战下来，原本被吐谷浑掌握的大片青海地区成为隋朝的领地。《隋书·吐谷浑传》里记载："自西平临羌城以西，且末以东，祁连以南，雪山以北，东西四千里，南北二千里，皆为隋有。"

这片"东西四千里，南北二千里"的土地自此就成了隋朝的领地。大业五年（609），隋朝在此设立了四个郡，分别是河源郡、西海郡、鄯善郡、且末郡。这四个郡的设立，也标志着隋朝成为中国历史上第一个把青海全境纳入中央版图的中原王朝，隋朝的疆域和国力都达到了顶峰。

《资治通鉴》在记述这一年历史的时候，对隋朝国力的鼎盛作了全面而精准的评价：

> 是时天下凡有郡一百九十，县一千二百五十五，户八百九十万有奇。东西九千三百里，南北万四千八百一十五里。隋氏之盛，极于此矣。

这里面涉及三项综合国力的指标，一是郡县数量，二是户口人数，三是疆域面积。在隋大业五年（609），这三项指标全都达到了顶峰，故而"隋氏之盛，极于此矣"，隋朝的极盛时代到了。

同样是在这一年，隋炀帝做了一个出人意料的决定，那就是西巡河西。

隋炀帝是一个雷厉风行的人，这年一月份还在洛阳，当月二十日从洛阳西返大兴城，二月十一日才回到大兴城，然而他仅仅在大兴城待了二十天，到了三月二日就马不停蹄地开始了他的西巡。

隋炀帝的西巡路线是，从当时的大兴城经西宁到达青海，然后再从青海翻越祁连山到达河西走廊的张掖，这一路可谓是困难重重。

其实，隋炀帝当时可以选择从兰州经河西走廊直接到达张掖，他为什么放着康庄大道不走，偏偏要走这样一条道路呢？

首先，隋炀帝西行的根本目的是为了联络西域各国，重新开辟丝绸之路。但是，吐谷浑毕竟是阻碍丝绸之路的一个巨大隐患，隋炀帝就想事半功倍，顺路把盘踞在青海的吐谷浑残余势力给扫荡掉。于是，他就选择了这么一条放在今天都难以通行的道路来走。

从青海翻越祁连山进入河西走廊，是相当不容易的，这里终年人迹罕至，当时不仅没有公路、铁路，就连一条像样的路都没有，只能凭借人力去开辟道路。祁连山终年积雪，海拔4000米，高寒缺氧，自然环境十分恶劣。可以说，这是一条充满风险的道路，隋炀帝几乎是带着冒险精神走上这条道路的。

隋炀帝精力过人，他不觉得这样走有什么困难和问题，但是却苦了手下的人。隋炀帝从大兴城出发的时候，带了大批军队，还有后宫女眷、文武百官、和尚道士以及杂戏艺人。这些人哪受得了这份罪，但是拗不过皇帝的意志，都得跟着隋炀帝一路这么走。

在青海行进的途中，隋炀帝集结了十多万兵力，连营300里，对潜藏在覆袁川（大通河上游）的吐谷浑进行了合围。吐谷浑仙头王走投无路，最后只能亲率

10余万部众投降了隋炀帝。不过，最后还是让伏允逃脱了，这也为后来吐谷浑的再次崛起留下了机会。

隋炀帝还任命大将刘权镇守河源郡，在此屯田，以防御吐谷浑的侵袭，保障丝绸之路的畅通。

六月十一日，隋炀帝一行人终于抵达了张掖，并在裴矩的安排下举行了一场旷古未有的国际盛会。

根据史书记载，有27个西域国家的使节和首脑会聚于此，他们都是受到隋炀帝的邀请，在裴矩的安排下，不远千里来到此地。这其中不乏西域大国，最具代表性的就是高昌国国王麴伯雅、伊吾国国王吐屯设。

为了举办这一场盛会，隋炀帝做了精心的准备，他把大会的全部事宜托付给了大臣裴矩，而这27国领导人和使节也是裴矩作为隋朝使节邀请而来的。

为了表现出隋朝作为宗主国的威仪，裴矩特意让27国使节在隋炀帝所行道路的左侧一字排开，穿上华丽的民族服饰，佩戴金银玉饰，焚起香烛，演奏音乐，载歌载舞地迎接隋炀帝的到来。同时，所有与会人员的衣服及车辆马匹也都换成了全新的，大量的车马充塞于道路之上，绵延几十里。

在古代，这种场面可以用一个词语来形容，那就是"万国来朝"。作为大隋王朝的最高领导人，隋炀帝看到这种排场，必然也是满心的欢喜。隋炀帝在高兴之余，又把武威、张掖的仕女都召集过来，让她们穿上节日盛装，尽情观赏会上的各种表演。

这些国家的首脑和使节，常年居住在荒凉的塞外，哪里见过如此盛大气派的场面？他们看得是眼花缭乱，心里无不赞叹隋朝的强盛，无不对隋炀帝心悦诚服。

事实上，隋炀帝的目的就是这个，就是要展现大隋的国力，宣扬大隋的国威，让这些西域小邦都来开开眼，看看我大隋是何等国富民强，你们还有什么理由不对我臣服，还有什么理由不对我朝贡呢？

伊吾国国王吐屯设当即表示，要把自己管辖的数千里土地全部无私进献给大隋，隋炀帝喜不自胜，身为帝王的荣耀感油然而生。

然而，隋炀帝并没有兴奋多久，这场盛会结束之后，就在隋炀帝东返大兴城的途中，出现了一场惊天的意外。

在返程途中，隋炀帝一行要经过一个叫作大斗拔谷（今甘肃民乐县）的地方。这是一条南北长50里的山谷，山谷里路况极其复杂，气候更是变幻莫测。

果不其然，就在穿行这条山谷的途中，天气突然风雪交加，天昏地暗，而山谷的道路又极窄，短时间内难以迅速通过。更何况，隋炀帝率领的是一支十几万人的部队，里面还有很多后宫女眷。很多人根本没办法在白天顺利通过山谷，就只能在山谷里过夜，夜里更是饥寒交迫，牲畜马匹都走不了了。

好不容易通过了山谷，隋炀帝立即下令清点人马，才发现"士卒冻死者太半"，士兵有一多半被冻死了，牲畜马匹更是死了十分之八九。

在这场意外中，隋炀帝还失去了一位自己的至亲，谁呢？就是隋炀帝的大姐，曾经的北周皇太后杨丽华。

隋炀帝的这场西巡去的时候是风光无限，回来的时候可就狼狈不堪了，而这一切都是他独断专行的结果。

当隋炀帝回到大兴城，回到东都之后，这场西巡是不是就算结束了呢？并没有。

隋炀帝把很多西域使节和商人带到了长安和洛阳，并且把他们留在了洛阳过年。隋炀帝是个好面子的人，他觉得这是一个向外邦展现大隋强盛国力的良机。

于是，从大业六年（610）正月十五开始，东都洛阳的端门大街上就举行起了盛大的百戏表演。戏场周围长5000步，演奏乐器的有18000人，乐声几十里以外都能听到，从黄昏至清晨，灯火照亮了天地。这种场景一直持续到正月底才算结束，耗费国用不可计数。并且，隋炀帝还把这种奢靡的新年庆祝方式常态化，规定以后每年都这么办。

西域人除了使节，还有大量胡商，他们提出要到市场上去看一看，隋炀帝当即应允。为了迎接西域胡商参观洛阳的闹市,隋炀帝下令,整修装饰店铺,屋檐式样要划一,店内挂设帷帐,珍稀货物摆满店堂,商人们服饰华丽,连卖菜人也要用龙须席铺地。

这些胡商到酒肆中吃饭,吃完饭都不需要结账,店主还诳骗他们说:"中国富饶,酒食照例不要钱。"也就是说,中国地大物博,吃饭从来不花钱。这话让胡人无不惊叹,啧啧称奇。

不过,有些心细的胡商也察觉到了其中的问题。表面上看似富丽堂皇的洛阳城中,也是有穷人的,这些人衣不蔽体,与之形成鲜明对比的是,洛阳街道的树木上缠绕的都是丝绸。如果大隋真的如此富庶,吃饭不用掏钱,又用丝绸缠绕树木,又怎么会有那些衣不蔽体的穷人呢?胡商去询问店家,店家无言以对。

隋炀帝重建丝绸之路,其意义不逊于建东都、开运河,因为从世界的角度来看,丝绸之路的重建无疑大大促进了东西方文明的交流和往来,为后来唐朝的"万国衣冠拜冕旒"奠定了基础。

但是,隋炀帝经营西域以及重建丝绸之路的出发点却是自私的,是一项典型的出于帝王私欲的形象工程。隋炀帝为了自己的面子,不惜铺张浪费,耗费大量财富,穷奢极欲,给百姓造成了极为沉重的负担。

大业五年(609)以及大业六年(610),无疑是隋朝的极盛时代,但是在这繁华盛世的背后,却是无数苦难百姓的哀号。

在这样的时代,底层的普通百姓是失声的,他们的诉求得不到统治者的回应,他们的苦难也得不到统治者的怜悯,他们只能被奴役着,用自己的血肉之躯去修饰这个盛世的繁华。

底层百姓的失语不代表他们是永远可以被奴役的,当他们走投无路的时候,同样可以爆发出摧毁一切的力量。而到了那个时候,不怕死就成了底层百姓对抗封建统治者最强大的武器,如果这个社会中绝大多数人成了亡命之徒,那么这个盛世也就到了彻底崩塌的时候。

这个盛世被捧得多高,就会被摔得多重。

开创科举

在"隋朝的'大一统'对中国历史意味着什么"一节中,笔者提到了历史学家阎步克曾指出隋朝有三大"里程碑式"的"进步",分别是《开皇律》、三省六部制和科举制。这一节,我们就来讲一下科举制。

今天的人一说起科举,往往会大张挞伐,说科举是应试八股,还说科举毒害和束缚了中国人的思想,凡此种种。但事实上,科举作为中国古代的一种选官制度,其实在相当长的时间里保持着领先于世界的制度优势。尤其是跟和隋唐同时代的欧洲中世纪相比,科举制无疑是极具优越性的,它可以最大限度地打破阶层壁垒,为社会选拔出需要的人才。因此,我们应该全面而客观地去看待科举本身。

科举的前身是汉代的察举制。

所谓察举,就是由地方向中央举荐人才的制度。它最早出现在汉文帝时期,汉文帝下诏"举贤良方正能直言极谏者",到了汉武帝时期,这种举荐方式开始制度化,并相继出台了各种规定。

选举的标准有两条,分别是德行和才能,其中尤以德行为重,这也深合汉武帝独尊儒术的政治理念,而最具代表性的科目就是孝廉。所谓孝廉,就是察举孝子和廉吏。元光元年(前134),汉武帝采纳董仲舒的建议,诏郡国每年察举孝者、廉者各一人,孝廉从此成为察举常设科目中最为重要的一科。

然而,到了东汉,随着地方豪强势力的强盛,他们对地方乡里的选举逐渐拥有了支配权，出现了对察举制度的垄断，察举制也变得流于形式。到了东汉末年，社会上出现了"举秀才，不知书；举孝廉，父别居"的谚语，这其实就表明，世家豪门把持了选举的门径，察举成了世家豪门为自己攫取家族利益的工具。之后，曹操提出唯才是举，发布求贤令，其实就是在和当时的高门大族对抗，要打破过去豪门世族对察举权的垄断。

在察举制的基础之上，魏文帝曹丕采纳陈群的建议，开始实行九品中正制，又称九品官人法。具体办法是，在各州郡设置有德望的中正，负责品评本地士人的品级，按照德行、才能和门第划分为上上、上中、上下、中上、中中、中下、下上、下中、下下九个品级，以达到察举人才的目的。同时，中正还有权升降士人的品级，这就是九品中正制。

虽然品评士人的标准有德行、才能和门第，但是在实际操作中，中正官往往是由世家大族所垄断，德行和才能常常被忽视，门第家世就成了最为重要的标准，甚至是唯一标准。因此，从九品中正制诞生之日起，它就是维护门阀统治和利益的政治工具，它本身也是构成门阀制度的重要组成部分。

魏文帝曹丕推行九品中正制，其实是基于当时日趋平稳的社会发展所做的一次政治妥协，他通过这种妥协的方式赢得了世家大族的拥护和支持，进而为自己登上皇位奠定了舆论基础，并维护了自己的皇权统治。

九品中正制确立之初，确实为曹魏选拔了大量的人才，在当时具有一定合理性和积极性，有利于国家的统治。然而，到了两晋时代，九品中正制的弊端开始出现，终于形成了"上品无寒门，下品无势族"的局面。出身寒门者德行才能再高也只能被定在下品，而出身豪门者德行才能再不堪，也能位列上品。到东晋时，门阀巨族把持权柄，逐渐尾大不掉，最后甚至连至高无上的皇权都被士族压制，选举成为门第的攀比和较量，整个社会都以出身高门为荣，出身寒门为耻，九品中正制更是成为维护门阀世族利益的工具。

当历史进入南北朝以后，门阀政治开始走向衰落，九品中正制也随之衰落，北朝和南朝都曾一度废除九品中正制。梁武帝在位时期就提出"不通一经，不得为官",并且开始采用考试的办法来选举人才。西魏宇文泰任用苏绰推行改革,苏绰提出了著名的"六条诏书",其中就有"擢贤良"和"罢门资"。

就这样,九品中正制推行了400年之后,终于走到了它生命的尽头。隋文帝上台之后,就面临着如何来选举官员这一棘手的问题。隋朝是"大一统"的中央集权王朝,隋朝的建立依靠的并不是门阀势力的支持,自然也就不需要继续推行快要被时代所抛弃的九品中正制了。那么,隋文帝具体是怎么做的呢?

开皇三年(583),隋文帝正式下诏,"如有文武才用,未为时知,宜以礼发遣,朕将铨擢"。意思是,如有文武才能突出,但在社会上却没什么名气的人才,应当按照规定举荐,皇帝会亲自选拔。

这道诏书意味着,从今以后选拔人才不再需要中正官了,由吏部负责选拔官吏,并且还要皇帝亲自选定。这就等于是说,隋文帝把原先掌握在世家大族手中的人才选拔权,重新收归中央,巩固了中央集权统治。

到了开皇七年(587),隋文帝下诏:"制诸州岁贡三人。"也就是说,各个州每年选派三个人,到中央参加考试。而且,"制"和"岁贡"也表明这绝非临时命令,而是从此成为常制。另外,"岁贡"又表明贡生要到京城参加朝廷举行的分科考试。

这短短一句话,就标志着科举制度的创设,从此拉开了1300多年科举制的序幕。

隋朝科举考试的科目有秀才、明经和进士三种,考上之后再经过吏部铨选,然后就能被任命为官员,从此踏上仕途。隋文帝时期比较明确的是秀才和明经两科,其中又以秀才科最难,至于进士科的具体创建时间,史学界至今还存在争议,有隋文帝开皇年间和隋炀帝大业年间两说。

从后来的历史来看,对科举制度影响最深的无疑就是进士科,因此学术界也有观点认为,科举诞生的标志应以进士科的创设为准,而不应以开皇七年(587)的这道诏书为准。如此一来,关于科举确立的时间也就存在了争议。

影响最广的是"隋炀帝大业年间说",现在流行的中学课本也遵从此说。

支持此说的史料有不少。比如，《旧唐书·杨绾传》就记载："近炀帝始置进士之科。"《唐摭言》也记载："进士科始于隋大业中，盛于贞观、永徽之际。"《通典》也记载："炀帝始置进士科。"而且，唐代史书中也记载了不少出身大业年间进士科的重要人物，比如杨纂、侯君素、孙伏伽等。可以说，能够支持"隋炀帝大业年间说"的史料证据有很多，也说明此说早在唐代就已成为共识和定论，在此不再做赘述。

另一种是"隋文帝开皇年间说"。

此说最具代表性的是历史学家韩国磐的观点，他结合新旧唐书中《房玄龄传》和《房玄龄碑》的记载，可以确证房玄龄18岁的时候，就已经成为本州进士。再根据房玄龄的卒年来倒推他18岁的年代，正好是隋开皇十五年或十六年。而且，隋文帝时期实行州县两级制，隋炀帝时期又改州为郡，也进一步证实了就是在开皇年间。

日本学者宫崎市定在《九品官人法研究》中也赞同此说，并认为进士科创设于开皇七年（587），即"制诸州岁贡三人"之"制"。如今，"隋文帝开皇年间说"得到了越来越多历史学人的支持。

除了这两说外，还有部分观点认为科举的确立应该在唐朝，理由是隋朝其实恢复的主要是汉代的察举，因为隋朝的科考不像后来唐朝那样可以自由报考，仍然需要地方长官举荐。持此说者，以何忠礼教授为代表。

唐朝的科举，原则上是允许"投牒自荐"的，但是隋朝的科举仍需要地方官员举荐，归根结底应该算作察举。这也是隋朝科举和唐朝科举最为显著的一个区别。

隋朝科举不能自荐，是不是就不能看作正式确立科举呢？笔者认为不尽然，因为任何制度的形成和演变都有一个过程，没有一蹴而就的制度。隋朝的三省六部，隋朝的《开皇律》，乃至隋炀帝开凿大运河，其实都是在结合前代历史经验的基础上改良发展而成的。

诚然，隋文帝下诏"制诸州岁贡三人"，本意或许是想恢复汉代察举，并且延续了举荐的方式，但同时，隋朝明确废除了九品中正制，明确了开科取士，出现了从重德向重才的转变。所以，不应该把隋朝的科举看作恢复汉代察举，我们更应该看到其创新的一面。

由于隋末战乱，隋朝的图书典籍散失严重，这就导致隋朝进士科的记载多被湮没。另外，隋朝的科考规模以及录取名额都十分有限，无法跟后来的唐宋时代相比较，科举在隋朝尚未成为出仕的主要途径。这两点或许才是出现争议的根源所在。

笔者认为，进士科创设在隋朝是可以确证的，但是能够支持开皇年间创设的有力证据只有房玄龄的传记和碑文记载，可视为孤证。保守来看，能够支持大业年间创设的证据相对较多，而且在唐代已经成为共识，所以，大业年间创设进士科的可能性更大一点。

但同时，笔者也认为，科举制的确立时间不应该以进士科的创设为标志，科举制的确立仍然应该以开皇七年（587）隋文帝所下诏书为标志。这是因为，"科举"从字面意义上而言，就是"分科举人"，也就是设置科目通过考试选举人才，而不是通过考察的方式进行选举，即察举。可见，是否分科考试才是察举和科举的本质区别。

虽然科举制在隋朝的影响还十分微弱，但是隋朝创立科举的意义仍然是十分重大的。

科举有两个极为显著的特点：第一，不论出身、地位和财产；第二，严格考试，录取与否取决于考试成绩的优劣。

由于科举具备这两大特点，朝廷可以从各地方各阶层中选拔人才参政议政。可以说，科举让国家扩大了官员选拔的基础，巩固了中央集权的统治基础。

与此形成鲜明对比的是日益衰败的门阀世族。隋炀帝时期，明经出身的韦云起就说："今朝廷之内多山东人，而自作门户，更相剡荐，附下罔上，共为朋党。不抑其端，必倾朝政。"意思是，朝中多是山东高门大阀，他们结为朋党，必定会倾覆朝政。于是，隋炀帝就对这些山东世族进行了一次强有力的打击，流配和免官的人有很多。

事实上，隋文帝和隋炀帝本意都是想利用科举制来抑制贵族政治，进而维护个人集权统治的。虽然科举制在很长一段时间内所发挥的实际作用十分有限,但是中国后来在从贵族政治全面转向官僚政治的过程中,科举无疑是发挥了主导的作用的。

唐中宗和唐玄宗时代,成为宰相的31人中,进士11人,约占三分之一;而到了唐宪宗时期,当时成为宰相的25人中,进士15人,比例已经跃升为五分之三。虽然科举在很长一段时间都未能破除门阀政治,但是也倒逼着门阀贵族去积极上进,为国家做贡献,再也不像两晋时代那样身在其位不谋其政了。

到了唐朝以来,"朝为田舍郎,暮登天子堂"成了科举制最为生动的描绘,社会各阶层的人都可以站在一个相对公平的平台上,靠自己的个人学识和才能步入仕途,而这正是统治者最希望看到的。因此,唐太宗才会自豪地说:"天下英雄,入吾彀中矣!"

来自辽东的威胁

将隋朝引上绝路最直接的导火索,就是隋炀帝三征高句丽。

上天无疑是眷顾隋炀帝的,在隋炀帝决定征讨高句丽之前,哪怕是在他第三次征讨高句丽之前,他都是有机会改辕易辙,避免走上亡国之路的。然而,隋炀帝从来都没有想过去改正,甚至恼羞成怒变成了"战争狂魔",从而把大好河山彻底葬送了。

在说隋炀帝三征高句丽之前,我们不免有个很大的疑问:隋炀帝为何非要拼了命去征讨高句丽呢？

这个要先从高句丽的历史说起。

高句丽，最初也叫高句骊，是由起源于长白山地区的古代扶余民族建立的东北地方政权，其民族成分包括了扶余人、貊貊人和汉人。而扶余和貊貊都是东北地区古代民族，和古朝鲜民族是完全不同的。

高句丽建立于西汉元帝年间，一直到唐高宗时代灭亡高句丽，在历史上存在了700年，是一个极具影响力的古代东北地方政权。

更重要的是，高句丽最初建立政权是在中国古代的辽东，从东汉和帝时代开始向周边扩张。随着历史进入东晋十六国时期，高句丽不仅逐步占据了朝鲜半岛的北部，而且占据了紧邻长城的整个辽东地区。可以说，高句丽是一个地跨辽东和朝鲜北部地区的古代民族政权。

无论从民族还是疆域来看，高句丽都是属于中国境内的古代民族政权。

在南北朝之前，中国的史书一直把高句丽称作高句丽，但是从南北朝开始，中国史书开始习惯性地把高句丽称作高丽。关于易名的具体原因，学界还存在诸多看法，一般认为这是简称。

高句丽灭亡之后，新罗统一了朝鲜半岛中南部，之后朝鲜半岛又陷入内乱，最终王建建立了高丽王朝，并最终实现了朝鲜三韩的再次统一。

为了区别前后两个高丽政权，史学界一般把前一个高丽政权称作高氏高丽，把后一个高丽政权称作王氏高丽；又或者称前一个为高句丽，后一个为高丽。

但需要明确的是，这两个高丽政权的属性是完全不同的，高氏高丽，也就是我们本节所讲的高句丽，基本认为是中国境内的古代民族政权，具体原因上文已经分析过，而王氏高丽才是真正的朝鲜民族政权，二者并不存在血缘和继承关系。

把两个政权都统称为高丽，叫法上是没错的，包括中国古代史书也把两个政权称作高丽，但是这容易让世人混淆这两个政权的性质，以为都是朝鲜民族政权。因此，出于严谨的考虑，本书选择了高句丽的叫法以示区别。

话题转回到高句丽。

那么，隋炀帝为何要执意征讨高句丽呢？包括后来的唐朝也几次三番不惜动用大量兵力去征讨高句丽，原因究竟是什么呢？

先撇开隋炀帝个人的性格缺陷不谈，我们把视角放到整个中古史来看，中原王朝和高句丽其实长期以来一直存在领土争端，而争端的焦点就在于辽东。

从东汉和帝开始，由于高句丽长期对辽东地区的侵扰和占据，导致了中原政权和高句丽政权的长期征战。那么，辽东为什么会成为双方争夺的焦点呢？这就又涉及辽东战略地位的重要性了。

辽东从战国燕国开始，到十六国后燕时期，一直属于中原王朝和北族政权的统治和管辖之下，辽东是最接近中原文明区的东北边陲地区，是制衡和控制整个东北地区的战略要地。

隋朝之后，辽东地区在历史上的重要性越来越强，这里也是中国古代东北地区的核心，不仅是战略要地，更是经济中心。

如果一个少数民族政权把整片辽东地区都占据了，中原王朝又鞭长莫及的话，那它完全可以发展成为以它为中心的东北亚国际政治圈，而且由于这里紧邻长城，势必会威胁到中原王朝的统治安全。

在整个长城以北的地区，辽东也是少有的农业文明相对发达地区，如果游牧政权占领了辽东，就会生发出对农耕文明地区无可遏制的欲望。从后来的历史发展来看，契丹、女真、蒙古无不如此。

而高句丽自西汉元帝时代建国起，就一直在频繁对辽东发起军事行动，一直到十六国时期，随着慕容氏政权的衰落，高句丽才彻底占有辽东。此后，高句丽和北魏大体以辽河划界，这种状况一直持续到隋炀帝东征之前。

在隋炀帝东征之前，高句丽已经占据辽东长达两个世纪（405—610），在这200余年的时间里，辽东地区的经济带动了整个高句丽的农业文明进程，高句丽的经济、军事都有了长足发展。比如，辽东的平郭（今辽宁盖州）从汉代开始就以冶铁而闻名，高句丽占据辽东之后，其冶铁锻造技术得到了迅猛发展。

由于丧失了辽东这块战略要地，中原王朝在这200年里对整个辽东地区都处于战略被动地位，北魏、北齐、隋朝都拿高句丽没办法。

没有了中原王朝的束缚，同时又据有辽东这块宝地，高句丽开始不断对外扩张，其疆域最广时，东到日本海，西至辽河，南至汉江，北至松花江。

高句丽完全不受中原王朝的支配，甚至可以和中原王朝分庭抗礼，周围的契丹、靺鞨等民族也纷纷归附于高句丽，成为其附庸。

正所谓"一山不容二虎"，隋朝完成了华夏一统，要建立东亚霸权，就势必要与东北亚的霸主高句丽产生摩擦和交锋。在隋朝建立之初，隋朝把主要的精力放在了对付突厥上，无暇顾及高句丽。但是，经过20年的经营，突厥问题总算是解决了，隋炀帝即位之后，又成功瓦解了西突厥和吐谷浑，隋朝开始将注意力落在了高句丽身上。

隋朝建国伊始，高句丽的国君叫高汤，他主动向隋朝示好，还频频朝贡，表面上看是想依附于隋朝。但事实上，高汤还同时和陈朝互有来往，暗地里还支持过北齐残余势力（高宝宁）。可见，高汤对隋朝的态度是有点阳奉阴违的。

开皇九年（589），隋朝灭陈之后，高汤的态度就发生了180度大转变，不仅断绝了对隋朝的朝贡，而且在国内整顿军备，囤积粮草，开始了一系列防御工事准备。

隋文帝把主要精力放在了对付突厥上，一直以来都没有对高句丽采取任何行动，只是用旁敲侧击的方式来威慑高句丽。而高句丽也比较会来事儿，始终保持低调的姿态，因此在隋文帝在位前期，隋朝和高句丽之间并没有发生什么大的冲突。

虽然隋文帝一直没有对高句丽动手，但是他先是降服突厥，又积极笼络契丹、靺鞨，实质上就是从战略的高度对高句丽实行政治孤立，是在为征讨高句丽做预先的准备。

隋朝和高句丽关系的转折点，发生在开皇十八年（598）。

此时高句丽的君主高汤已经于上一年病逝，其子高元即位，高元一上位，就向隋朝请求册封,隋朝也正式册封高元为王[①]。然而,转过年来,高元就率领万余兵马突然袭击了辽西,被隋朝营州刺史韦冲成功击退。

高元为何心血来潮要进攻辽西呢?史书上没有直接记载原因,但是根据《隋书·契丹传》的记载,约略能猜测到原因。

当时有一支契丹部落举族背弃高句丽,归附了隋朝,隋文帝欣然接纳并将他们安置在了渴奚那颉之北(约在今内蒙古赤峰)。当时的契丹还没有后世那么强大,只是生活在东北地区的小民族,需要依附周边其他国家才能生存,契丹依附过突厥,也依附过高句丽。而这支契丹部落是背弃高句丽后改投的隋朝,这自然损害到了高句丽的利益,同时也挑战了高句丽在辽东地区的霸主地位。如果其他民族都像契丹这样纷纷去抱隋朝的大腿,那高句丽在辽东地区还有什么威信可言呢?这或许就是高元突然发兵的原因,根本目的就是想对抗隋朝,为自己在辽东地区树立威信。

可见,高元的态度要比高汤激烈得多,也更旗帜鲜明地表达了自己的立场,不仅拒绝向隋朝称藩,而且要维护自己的区域霸主地位,甚至敢向东亚霸主隋朝发起挑衅。

就在当年,隋文帝立刻做出反击,他派汉王杨谅为元帅,高颎为元帅长史,率领水路30万大军征讨高句丽。

然而,隋文帝征伐高句丽并没有像降服突厥那样取得成功。由于缺乏在东北地区作战的经验,对当地的天气和地形都不熟悉,后勤运输也跟不上,隋朝大军刚出临榆关(今山海关)就出现了粮草不足的问题,甚至发生了疫病。周罗睺统率的水军自东莱渡海进攻高句丽都城平壤,结果在海上遭遇大风,多艘船沉没,同样是以失败告终。

高元看到隋文帝真的发兵来攻打自己,他也并不想和隋朝大军硬碰硬,于是就遣使谢罪,自称"辽东粪土臣元",恢复了对隋朝的称藩朝贡。隋文帝虽然失

[①] 关于高元的即位,《隋书》《北史》均记载为开皇十七年(597),但是朝鲜史料《三国史记》记载高元即位于开皇十年(590),今从《隋书》。

败了，但是毕竟高元主动认错，索性也就息事宁人，就此罢兵了。

隋文帝对高句丽的讨伐失败，为后来隋炀帝东征埋下了伏笔。这次失败已经表明，征讨高句丽是劳师远征，过于依赖后勤辎重，另外，陌生的地理环境和气候条件，以及复杂的海上状况，都可能导致战争失利。

而且，从整个事件的前后也可以看出，高元这个人反复无常，首鼠两端，见风使舵，并不是真的愿意向隋朝朝贡，他的"谢罪"只是做做样子，表面上维持和隋朝的和好关系，暗地里却不断地挖隋朝的墙脚，和突厥的往来一直没有间断过。

如果隋炀帝能吸取隋文帝失败的教训，那么他后来征讨高句丽就应该有更充足的准备，以应对各类突发状况，他就更应该认清高元此人反复无常的小人嘴脸，而不是轻易就和高句丽媾和。

如果隋炀帝能够认识到这些，他后来征讨高句丽就不至于深陷战争泥潭，还被高元耍得团团转，也就不至于引发后来一连串的连锁反应，终至亡国了。

然而，后来发生的事实证明，隋炀帝过于心高气傲，他丝毫没有吸取隋文帝失败的教训。

隋文帝罢兵之后，双方的矛盾暂时得以缓和，但是这不等于彼此的矛盾得到解决，只是暂时推迟了战争爆发的时间。

因此，高句丽和中原王朝的战争是注定要发生的，这是整个东亚国际格局所导致的，所以无论是隋炀帝还是后来的唐太宗，他们选择征讨高句丽都是基于国际战略以及国家安全的角度做出的决策。

唐太宗征讨高句丽时也说："今天下大定，唯辽东未宾……朕故自取之，不遗后世忧也。"其战争目的和隋炀帝是如出一辙的，都是为了收复辽东，让高句丽臣服，以绝后患。而且，唐太宗也是连番征讨高句丽，甚至也御驾亲征，其决心和意志都与隋炀帝别无二致。

作为"大一统"的中原王朝，无论是隋朝还是唐朝，做出征讨高句丽的决策都是合乎实际的。尤其是北方突厥和西域诸国的臣服，就更加凸显了隋唐两朝的东亚霸权地位，辽东又是汉朝故地，又怎么会容得下地处东北一隅屡犯边境的高句丽呢？正如后来赵匡胤所说，"卧榻之侧，岂容他人鼾睡"。

因此，隋炀帝东征高句丽的行为，我们不能单纯看作他好大喜功、穷兵黩武的个人之举，东征高句丽的背后是有其深远的战略意图的。

不计代价的豪华出征

隋朝最早提出吞并高句丽的是协助晋王杨广经营江南的陆知命，当时隋朝刚刚平定陈朝，初步实现了"大一统"，只有高句丽还在"狼顾燕垂"，于是陆知命就向隋文帝请命，希望委派自己作为使节前往高句丽，宣扬隋朝的威名，进而争取让高丽主动归顺。

陆知命的这篇奏疏呈上去之后，隋文帝并没有批准他的奏议，但是对陆知命的言论十分赞赏。可见，隋文帝当时就有吞并高句丽的想法。

更重要的是，陆知命出身江南望族，是杨广倾心结交的心腹之臣，陆知命的奏言在很大程度上代表了当时镇守江南的晋王杨广的想法。

从这里也可以看出，杨广早在他经营江南期间就已经有了收服高句丽的想法，只是碍于其父隋文帝的反对，才没有真正付诸实践。

再加上后来发生的一系列变故，高句丽侵犯辽西，隋文帝征讨高句丽失利，这些都进一步加深了杨广收服高句丽的想法。

杨广即位之后，隋朝的国力蒸蒸日上，讨伐高句丽几乎成了朝野的共识。这也再一次说明了，征讨高句丽绝非隋炀帝单纯的个人决策，而是有广泛群众基础的。

之后发生的一件小事，让隋炀帝坚定了对高句丽的征讨。

大业三年（607），隋炀帝北巡突厥的时候，在启民可汗的大帐看到了高句丽的使者，隋炀帝一下子就敏感了起来。这件事在实质上说明，突厥虽然表面上臣服于隋朝，但是背地里早就和高句丽暗通款曲了，高句丽和突厥的这次往来绝非偶然性事件。

隋炀帝担心突厥会和高句丽联合，因为如果他们联合起来，一北一东雄视中原，隋朝的东亚霸主国地位不就不保了吗？隋朝多年来对突厥的经营不就前功尽弃了吗？

裴矩当时也在场，就给隋炀帝出主意说："高句丽的使者已经亲眼目睹了突厥举国臣服于大隋，他的内心一定十分恐惧，他一定会把在这里的所见所闻都回禀高元，我们可以趁此机会，命令他们派遣使者来朝觐大隋，不然就发兵消灭他。"

隋炀帝对裴矩的建议十分欣赏，就让牛弘给高句丽的使者宣读诏书，勒令高元前来朝觐，否则"当率突厥，即日诛之"。

那么，高元有没有来朝觐呢？并没有，而且"藩礼颇阙"，对隋朝越来越不恭敬，还不如原来呢，直接跟隋朝断绝了往来。《隋书·裴矩传》记载："高元不用命，始建征辽之策。"也就是说，诏令高元朝觐一事失败后，隋炀帝最终下定决心征讨高句丽。

虽然隋炀帝在突厥遇到高句丽使者只是一次偶然性事件，但这只是双方由来已久矛盾的一次爆发，偶然性的背后是有其必然性的。

转过年来，到了大业四年（608），隋炀帝诏发河北诸郡男女百万开永济渠，永济渠连接了当时的洛阳和涿郡，这无疑是在为讨伐高句丽预先做准备。因为运河一旦开通，隋炀帝就可以通过水路把兵员和物资运到涿郡，然后再以涿郡为基地进攻辽东。

为了攻打高句丽，隋炀帝不惜用百万民夫开凿永济渠，工程浩大，当年就全部竣工，最后男丁不够用，甚至派上了妇女，民力的滥用表现得淋漓尽致，也说明了他出兵高句丽的迫切。

不过，在接下来的两年里，隋炀帝一直把工作重点放在西北，无暇东顾，一直到大业七年（611），隋炀帝才正式宣布对高句丽进行征讨。

大业七年（611）二月，隋炀帝乘着龙舟从江都一路巡幸至涿郡，一到涿郡就下发了征讨高句丽的诏书，同时开始了一系列的军事动员工作。

第一，打造战船。出征高句丽，除了陆路之外，还有水路，这就需要大量战船。于是，隋炀帝下令，征调民夫在东莱海口造300艘战船。由于工程急，任务重，民夫没日没夜地赶制战船，长期泡在海水里，腰部以下都生了蛆，最后死掉的民夫有十分之三四。

第二，"征天下兵，无问远近，俱会于涿"。隋炀帝几乎是"扫地为兵"，全天下只要能用得上的，无论是远是近，全都征发到涿郡。

第三，征派特种兵。有哪些特种兵呢？有水手1万人，弩手3万人，岭南排镩手（短矛突击手）3万人。

第四，打造战车5万辆，用于运送铠甲辎重。

第五，大量购置战马，一匹马的价钱被炒到了十几万钱。

就在隋炀帝兴师动众，在全国范围内进行军事动员时，这年秋天，黄河发大水，河南、山东三十余郡被淹，百姓只能卖儿卖女，十月在三门峡一带又发生了大地震，堵塞了黄河河道，使河水逆流几十里。

然而，隋炀帝根本无视这些灾情，他依然在不惜一切代价地征调兵员辎重。结果是，通往涿郡的运河水道上舳舻千里，道路上挤满了运送辎重的士兵，昼夜不停，病累而死者互相枕藉，路上到处散发着臭气，致使"天下骚动"。

还有一件事也能表现出隋炀帝征讨高句丽的决心。

隋朝两代君王都崇信佛教，隋炀帝早年在江南就曾受戒拜入了佛门，广建佛寺，大兴佛法。然而，到了征讨高句丽的前夕，却学起了周武帝宇文邕，搞起了废佛政策。隋炀帝下令，没有德业的僧徒全部罢废，拆毁寺庙，裁汰僧尼，再把这些人全都赶上了前线，充作工役。隋炀帝的这一做法，和周武帝当年"求兵于僧侣之间"如出一辙，亦可见其征辽决心之大。

就这样，经过一年时间紧锣密鼓的军事动员，到大业八年（612）正月初一，隋炀帝终于在涿郡做好了全部战争准备。当时，从全国各地调来的大军齐集涿郡，兵力达到了113万多人，号称200万。这仅仅是行军人数，而后勤部队是兵力的2倍。

司马光在《资治通鉴》中对此评价道："近古出师之盛，未之有也。"放眼整个古代史，这种兵力动员是绝无仅有的。

当时隋朝实行的是府兵制，其规模最多不过60万人，而要凑足100多万人，就必须临时征调大量募兵。府兵训练有素，而募兵是未经军事训练的民丁，战斗力不可同日而语。

实际上，高句丽全盛时期的兵力也不过30万人，隋军长途跋涉，真正渡过辽河参与作战的也仅有30万人，其余兵力不仅没有战斗力可言，而且是行军的累赘和包袱，除了能表现隋军人多，真是一无是处。

而隋炀帝根本不考虑这次军事行动背后所要付出的经济成本，也不考虑需不需要动用如此庞大的兵力去攻打仅有30万兵力的高句丽，他只在乎自己的面子，只在乎自己作为"圣人可汗"的威严。

就这样，隋炀帝正式下诏，宣布讨伐高句丽。

在讨伐诏书中，隋炀帝指斥高元是"小丑"，罗列了他无数罪状，然后宣布自己要御驾亲征，吊民伐罪。这道诏书既是给高元看的，也是给四夷看的，如果有谁敢像高元这样不遵从大隋，他就要发兵征讨，以至于隋炀帝把具体的战略部署都公之于众了。

什么部署呢？隋炀帝要把100多万军队分成左右两翼，每一翼又分为十二路军，总计二十四路军。隋炀帝就把这二十四路军的行军路线和番号全都写在了诏书里了，这等于说，在高元面前隋军几乎没有什么军事机密可言。

《隋书·炀帝纪》载录的这份征讨诏书中言道：

左第一军可镂方道。第二军可长岑道，第三军可海冥道，第四军可盖马道，第五军可建安道，第六军可南苏道，第七军可辽东道，第八军可玄菟道，第九军可扶余道，第十军可朝鲜道，第十一军可沃沮道，第十二军可乐浪道；右第一军可黏蝉道，第二军可含资道，第三军可浑弥道，第四军可临屯道，第五军可候城道，第六军可提奚道，第七军可踏顿道，第八军可肃慎道，第九军可碣石道，第十军可东暆道，第十一军可带方道，第十二军可襄平道。凡此众军，先奉庙略，骆驿引途，总集平壤。

另外，打仗讲的是兵贵神速，要打对方一个措手不及，这样才能赢得战争的先机。然而，隋炀帝不是这样，他是"日遣一军，相去四十里，连营渐进"。二十四路大军，每天发一路，每支军队相隔40里，二十四路军发完，还有后勤辎重部队以及天子六军。最后，整个出发仪式完成，就用了整整40天。

而且，100多万人的大军就这么一路一路出发，形成了一字长蛇阵，首尾相隔有1000多里。一旦军中有什么消息，或是出了什么紧急情况，光是传达都需要好几天工夫。更为关键的是，这只是看上去声势浩荡，实际上根本就没有战斗力可言。

这是行军打仗吗？这不是仪仗队吗？事实上，隋炀帝真的就是把100多万大军搞成了仪仗队，搞成了军事大游行，因为这100多万大军里还混杂了一些特殊人士，有鼓吹乐队，有佛道僧侣，还有女眷和大批外国使节。

在隋炀帝眼里，这次出征就是胜券在握，他带上鼓吹乐队，就是给自己庆祝胜利的，带上大批外国使节，就是要杀鸡儆猴，让他们看到大隋"圣人可汗"的威严和决断。

也正因此，隋炀帝从一开始就没把心思放在打仗上，他也从来没有认真考虑过具体的行军部署，他只是想尽各种办法不计成本把声势搞大。隋炀帝相信，有这样的百万雄师摆在高元面前，他吓也得吓死，还有不束手投降的道理？隋炀帝的真实想法就是不战而屈人之兵，这和他之前北巡突厥、西巡河西的想法如出一辙。

可能隋炀帝一生都没有遭遇过失败，因此他骄傲自大的心理越发膨胀，从北巡突厥到西巡河西，契丹、林邑、西突厥、吐谷浑无不拜倒在隋炀帝这位"圣人可汗"的脚下，他觉得一个小小的高句丽又怎会成为自己的威胁呢？

隋炀帝曾对太史令庾质说："高句丽还不如大隋的一个郡大，如今朕亲率大军讨伐，卿以为如何？"结果，庾质却说："打是打得赢的，但是臣有愚见，希望陛下不要御驾亲征。"当时隋炀帝已经在涿郡坐镇指挥了，听到庾质这番话非常不高兴，庾质又说："如果万一没有得胜，会有损陛下的威严，不如把车驾留在此地，派将领出去打就行了，他们可以迅速出击，出其不意，必能取胜。"庾质的分析可谓切中时弊，但是隋炀帝根本就没听进去。

当时的兵部尚书也是前线总指挥的段文振，在征辽途中突发疾病，他在临终时，也对隋炀帝提出了更具建设性的意见。段文振给隋炀帝提出了两点建议。

第一，高句丽人诡计多端，如果他们只是口头上诈降，千万不要轻易相信。

第二，辽东地区冬季严寒，夏季多雨，如今雨季就快到了，有效的行军时间并不多，应该速战速决，否则会陷入被动。

段文段的建议极富远见，且都被后来战场上发生的事情验证了，然而，别人越是劝说，隋炀帝就越是不听，他依然是我行我素，刚愎独断，他要用一场大胜来堵住所有人的嘴。

另外，值得一提的是，大业三年（607）隋炀帝在突厥启民可汗大帐看到了高句丽的使节，当时就表示如果高元不来朝觐，他就会联合突厥一起发兵讨伐高句丽。然而，隋炀帝此次出征辽东，并没有得到突厥方面的支援。这又是怎么一回事呢？

原来，突厥原先奉行亲隋政策的启民可汗已经在大业五年（609）病故了，新上台的是他的儿子始毕可汗，始毕可汗并不像其父启民可汗那样甘心臣服于隋朝，他充满野心，虽然表面上仍然维持着和隋朝的臣属关系，但心里早就想着自立了。

隋炀帝当时降服了西突厥的处罗可汗，对处罗可汗极尽优待，就连征辽都带上了处罗可汗。东、西突厥本就有世仇，势不两立，隋炀帝对处罗可汗的招抚，无形中就是在伤害东突厥可汗。始毕可汗看在眼里，他知道这又是隋朝惯用的"远交近攻，离强和弱"的外交伎俩，他越发觉得隋朝虚伪和善变，因此他内心深处是十分警惕隋朝的。

另外，始毕可汗心里也清楚，如果帮助隋朝一同发兵攻打高句丽，只会让隋朝越来越强势，而突厥自身和高句丽是唇亡齿寒的关系，高句丽一旦被灭，对自己一点好处都没有，反倒会让突厥永远没有翻身的机会。因此，始毕可汗从自身利益的角度考虑，他选择了按兵不动，坐山观虎斗，以期从中渔利。

事实上，在这场战争中，外藩使节的心态普遍和东突厥一样，都是以隋朝外宾的身份随军观战，以旁观者的立场来对待的。如果隋朝获胜，以后就对隋朝俯首帖耳，马首是瞻；如果高句丽赢了，正好可以灭一灭隋朝的气焰。这正应了那句话，没有永远的朋友，也没有永远的敌人，只有永恒的利益，这就是政治。

外夷中唯一支持隋炀帝，并且率部随隋炀帝出征的，只有粟末靺鞨的首领突地稽①。突地稽在大业初年就内附隋朝，长期居住在营州（今辽宁朝阳），并且担任辽西太守。他仰慕中国风俗，平时都身穿汉服，可见其汉化程度很高。虽然有突地稽的支援，但是其兵力毕竟有限，突地稽并没有真正影响到战争的局势。

最有可能成为隋炀帝盟友，并且给予其实际帮助的是朝鲜半岛上的百济。百济和高句丽是世仇，百济王余璋此前就曾积极联络隋朝，请求共同讨伐高句丽，隋炀帝就指示百济王余璋暗中监视高句丽的动向。如果隋炀帝在东征高句丽时，百济能出兵，高句丽就会陷入腹背受敌的境地，隋炀帝取胜就指日可待了。

然而，百济王也是个首鼠两端之人，前脚还盼着和隋朝联手讨伐高句丽，后脚就又和高句丽站在了一起，甚至在大业七年（611）还主动遣使隋朝询问出

---

① 《隋书》作"度地稽"，《旧唐书》和《新唐书》作"突地稽"。

征高句丽的日期，实则是为高句丽刺探军情。究其原因，百济虽然和高句丽有过节，但是百济王余璋心里也十分清楚唇亡齿寒的道理，一旦高句丽被灭，自己就会成为隋朝的下一个打击目标，倒不如维持现状的好。

对此，隋炀帝完全被蒙在鼓里，他自始至终都是以天朝大国的心态来看待四夷外藩的，他认为所有人都会拜倒在他"圣人可汗"的威严之下，没有人敢在他面前怀有异心。

大业七年（611），百济遣使询问出发日期，隋炀帝不知百济有诈，以为百济是自己的盟友，愿意协助自己共同讨伐高句丽，于是便对百济大加赏赐，还专门派出使臣到百济，把隋军的军事部署都告知了百济。

从后来战争的过程来看，百济王余璋把兵力集结在边境处，声称要助力隋朝，但实际上却按兵不动。余璋的真实想法是，如果隋朝赢了，自己再出兵支援也不迟，还能捞到战功和好处；如果隋朝输了，可以继续维持现状，对自己也没什么损失。

从表面上看，隋炀帝过于天真了，但其实他只是活在"圣人可汗"的光环之下太久了，尤其是他从未经历过失败，并且用同样的方式征服了突厥和西域诸国，这让他彻底迷失了自我。

在隋炀帝看来，这次东征只要把声势搞大，摆足排场，就能让四夷宾服，就能不战而屈人之兵，拿下高句丽。因此，隋炀帝打一开始，就没好好制订军事计划和部署兵力，他所思所想始终都是高句丽主动请降。

因此，隋炀帝从来没有考虑或者担心过自己会失败，他唯一担心的就是将领们会贪功出击，那样的话，对方还怎么毕恭毕敬地向自己投诚呢？在隋炀帝眼里，看到对手诚惶诚恐地拜倒在自己脚下，这比什么都重要。

为此，隋炀帝要求军中有任何决策都需要向自己禀报，不设统帅，不允许将领擅自指挥。并且，他给每支大军设立了受降使者，受降使者享有"承诏慰抚，不受大将制"的特权，以监督军中将帅。

俗话说，"将在外，君命有所不受"。战场上风云突变，将领一般都具有便宜行事的特权，如果将领没有指挥权，事事都要向上级禀报的话，战机早就贻误了。

如此一来，这上百万的隋朝大军，就犹如笼中困兽，可谓有力使不出，事事都要向皇帝禀报，大军又被人为割裂成二十四路军，绵延上千里，等隋炀帝最终批复下来，可能都过去个把月了，这仗还怎么打呢？这一点也再次证明，隋炀帝压根儿就没想着好好去打这场仗。

隋炀帝在大战前夕的所作所为，无不为后来的军事惨败埋下了伏笔。

三征辽东为哪般

大业八年（612）三月，当隋军一路挺进至辽河西岸时，隋炀帝原本想象中的请降场景并没有出现。相反，被隋炀帝视作"小丑"的高元已经在辽河对岸严阵以待了。看样子，高句丽大军是打算据河而守了，完全没有一点投降的意思。

两军交锋，岂能被一条河水所阻拦？隋炀帝此次出征还带上了"工程专家"宇文恺。这个时候，就轮到宇文恺一展身手了。隋炀帝下令，让宇文恺主持建造浮桥。

浮桥很快就建造好了，然而，工程却出了一点岔子，原来宇文恺没有计算好长度，桥修短了，距离河对岸还有好几丈远。

这时，右屯卫大将军麦铁杖挺身而出，他身先士卒，请为先锋，冲到河对岸就跟敌人拼杀。看到麦铁杖冲了上去，后面的士兵也跟着向前冲，但是由于桥短了一截，后面士兵只能蹚水过河，支援力度不足，麦铁杖最终英勇战死。

这场战斗算是征辽的第一仗，第一仗就损兵折将，而且结局也极其悲壮，这给隋炀帝此次东征蒙上了一层不祥的阴影。

麦铁杖牺牲两天后，桥再次建造好了，隋军很快冲到了对岸，并很快包围了辽东城（今辽宁辽阳）。

隋炀帝觉得胜利在望，一座小小的辽东城根本不是自己的阻碍，他带着处罗可汗、高昌王麴伯雅、吐谷浑太子以及南洋各国使者，一并渡河观战。

并且，隋炀帝在紧张的攻城之余，还命令何稠连夜建造了行殿和六和城，之后又诗兴大发，先后创作了《望海诗》和《纪辽东二首》。

然而，接下来所发生的事情，却让隋炀帝再也没有了诗兴，因为辽东城久攻不下。百万大军竟然撼动不了一座小小的辽东城？事实上，不是隋军攻不下辽东城，而是因为隋炀帝再次重申了不得擅自纵兵的命令，只要对方请降，就必须停止进攻。如此一来，百万大军就困守在辽东城下，进也不是，退也不是。

这样一来二去，辽东城内的将士很快就明白了隋炀帝的用意，于是就开始了诈降。一旦到了顶不住的时候，就立刻请降，高挂免战牌。敌军要投降，隋军就得停止一切军事进攻，受降使者就得把请降的消息回禀给隋炀帝，这就给了辽东城内守军喘息的机会。当隋炀帝准备受降的时候，辽东城守军就再次据守抵抗，继续跟隋军打起来。

两军就这样对峙在辽东城下，如此反反复复，耗了个把月，辽东守军每次都使用诈降计，每次都能成功，这让隋炀帝十分恼怒。然而，隋炀帝不仅没有反省自己的责任，反而把气都撒在了将士们身上，责令大军必须攻克辽东城。

与此同时，隋炀帝安排了大将来护儿率领水路大军进攻平壤。来护儿的军队很快就打到了大同江，并且大破敌军。

然而，就在这个节骨眼儿上，主帅来护儿和副帅周法尚却发生了争执，来护儿认为应该"宜将剩勇追穷寇"，而周法尚则认为应该等着与陆路大军会合后再一起进攻。

来护儿毕竟是主将，他最终决定继续率军出击，然而，来护儿最终还是轻敌了，落入了敌军的圈套，4万精兵最后只剩几千人。兵败之后，来护儿不敢多做停留，只好原路撤军。

我们再回头看陆路。辽东城久攻不下，隋军便绕过了辽东城，打算跟水军会合，一同攻打平壤。当时，隋军有9路30万大军渡过了鸭绿江，然而由于长途奔袭，人马辎重多，后勤无法补给，士兵们只能自行背负军粮。

当时，士兵每人都负重三石以上，长途奔袭，人马劳顿，疲惫不堪。但是，这也是没办法的办法，如果没了军粮辎重，这仗就更没法儿打了。

隋炀帝在大军出征之前，在军中下令："士卒有遗弃米粟者斩！"士兵们不敢明着丢弃粮食，就在夜里偷偷刨坑，把军粮埋进土里。如此一来，负重是减少了，但是军粮也消耗得越来越快了，结果路才走了一半，军中就快要断粮了。不过，所有人都想着，只要把平壤打下来，就不愁军粮了。

隋军主将于仲文一路上打了不少胜仗，并且好几次都抓获了高句丽的宰相乙支文德。事实上，乙支文德知道隋军有"高丽若降者，即宜抚纳，不得纵兵"的军令，他就屡屡向隋军诈降。

本来，在出征之前，隋炀帝就跟于仲文有过秘密交代，说只要高元或者乙支文德投降，一定要立刻逮捕。于仲文也想着擒贼先擒王，就想直接把乙支文德拿下，然而，军中的监军刘士龙却不知道隋炀帝对于仲文的暗中授意，坚决反对逮捕乙支文德。

最后，原本被抓获的乙支文德就这样被释放了，并且乙支文德此次诈降还发现了隋军面带饥色，之后就跟隋军打起了消耗战。两军只要一交锋，乙支文德就佯装败退，引诱隋军深入，隋军就这样一路"大捷"，一直挺进到了距离平壤城30里外的地方。

然而，到了平壤城下，隋军已经无力再战，主将宇文述原本想到平壤与水军主将来护儿会合，结果根本就不见人影。而乙支文德此时再次耍起了诈降的把戏，宇文述知道此时军中粮尽，继续这么耗着也不是办法，既然乙支文德愿意投降，索性就再相信他一次，正好班师撤退。

隋军就这样紧急撤退，乙支文德却趁此机会，把隋军打了个措手不及。隋军结成方阵，且战且退，损失惨重。当年七月，隋军行进到萨水（今清水江），刚刚渡过一半的时候，乙支文德率领高句丽大军对隋军发起总攻，隋军彻底溃败，四散奔逃。

就这样，隋炀帝首次东征高句丽以惨败告终。当初渡过鸭绿江的有35万大军，最后回来的却只有2700人，唯一的胜果是攻拔了辽西的武厉逻（今辽宁法库南）。但是，与隋军的彻底溃败相比，这一点胜果几乎是微不足道的。

这一次惨败，让隋炀帝颜面尽失，他怎么也不会想到，百万大军竟然会折戟于辽东。隋炀帝不甘心，也不服输，他决心再赌上一把，于是，他任命民部尚书樊子盖留守涿郡，为来年的二次东征做准备。

九月十三日，隋炀帝终于回到了东都，他没有反省自己的错误，而是把怒气全都撒在了出征将士身上。他把监军刘士龙斩首，把宇文述和于仲文"除名为民"。宇文述是隋炀帝的宠臣，和隋炀帝又是儿女亲家，隋炀帝对他并没有重加责罚，而是释放了他。于仲文则忧愤成疾，不久便发病而死。

转过年来，大业九年（613）正月，隋炀帝刚过完春节，就马不停蹄地再次下诏："征天下兵，募民为骁果，集于涿郡。"隋炀帝的目的很明显，他要一雪前耻，他要给自己挽回颜面，所以才迫不及待要再次东征高句丽。

这份诏书中提到了"募民为骁果"。什么是"骁果"呢？就是在府兵制的基础上实行募兵，也就是招募志愿兵。相比于府兵，骁果更渴望建功立业，而且隋朝对骁果的招募条件很高，对骁果的待遇也极高。如此一来，骁果的战斗力可见一斑，要比府兵高出不少。并且，隋炀帝还把自己身边的守卫都换成了骁果，骁果成了皇帝身边的侍卫亲兵。

隋炀帝又下诏，让宇文述等人官复原职，让他们继续随军出征，以戴罪立功。

这一次隋炀帝集结了多少兵力呢？40万。在上一年东征高句丽损失惨重的情况下，隋炀帝还能再次集结起40万兵力，可见隋炀帝这次又是押上了血本，也再次说明隋炀帝根本就没有意识到自己的错误所在。

事实也的确如此,隋炀帝的第二次东征和上一次没什么两样,仍然是水陆并进,水路由来护儿率军从东莱出发,陆路则由宇文述率军从涿郡出发,而且隋炀帝也再次御驾亲征。唯一的不同是,隋炀帝收回了军事行动必须回禀的规定,撤销了招降使,给了了将领便宜行事的特权。

而我们也要知道,此时的隋朝国内已经遍地烽烟,尤其是在征兵最重的山东地区,更是先后爆发了王薄、窦建德等农民军起义。然而,在隋炀帝眼里,这些都只是无关痛痒的小蟊贼,只有高句丽是心腹大患,他已经彻底被仇恨冲昏了头脑。

此时此刻,隋炀帝只想把丢失的颜面再夺回来,其他的一切都无法进入他的法眼。隋炀帝在出兵之前就说道:"高丽小虏,侮慢上国;今拔海移山,犹望克果,况此虏乎!"意思是,高丽这个小虏,竟敢侮慢我隋朝上国,如今就是拔海移山,也是可以办到的,何况是这个小虏呢?

就这样,隋炀帝御驾亲征,踏上了第二次东征之路。

隋军很快便渡过辽河,隋炀帝任命宇文述和杨义臣绕过辽东城,直奔平壤,而自己则亲自在辽东督战,又率隋军主力攻打辽东城。

这次,隋炀帝没有再给高句丽诈降的机会,从一开始就对辽东城发起了猛烈的进攻。在隋炀帝看来,上一年的失败只是自己一时大意,这次一定要给这个蕞尔小国一点颜色瞧瞧,让高句丽人都知道大隋的军威,让他们知道只有自己才是战无不胜的"圣人可汗"。

在接下来的日子里,隋军将辽东城团团包围,使出了飞楼、云梯、撞车等攻城器械,同时还挖地道,昼夜不停地对辽东城发起猛攻。然而,一直攻打了20多天,辽东城还是岿然不动,隋军没有丝毫进展。

当时的辽东城其实仅有3万守军,但是却抵挡住了40万隋军一次又一次潮水般的猛烈围攻。兵力如此悬殊,高句丽是如何做到的呢?

首先,高句丽国家和民族汉化程度是很高的,他们和突厥、契丹等游牧民族是有本质区别的,他们的文化和习俗更接近中原王朝,是典型的农耕民族,他们善于筑城，也善于守城。

其次，辽东城是军事重镇，从十六国时期开始，高句丽就把辽东城修建得异常坚固，城防设施完备，并以辽东城作为桥头堡，不断侵扰中原王朝。

最后，辽东守军士气高涨，同仇敌忾，守城意志坚定。

由于这三方面的原因，尽管隋军人多势众，但是在短时间内根本无法攻克城池。

辽东城迟迟无法攻克，隋军就只能继续耗着，隋炀帝急得焦头烂额，最后，他绞尽脑汁，终于想到了一个好办法。

隋炀帝派人制作了100余万个大布袋，每个布袋装满土，打算用布袋堆积成一条宽30步，与城墙同样高的坡道，这样士兵们不就能攻上城头了吗？当时管这个叫鱼梁大道，顺着鱼梁大道，可以直接攻上城头，这可比云梯、冲车和挖地道攻城的效率高多了。

隋炀帝又命人制作了八轮楼车，楼车比城墙还高，设置在鱼梁道两旁，一来可以射杀城内的人，二来可以掩护堆土袋的士兵。

这种工程办法虽然耗费时间，但也是没办法的事，一般的攻城办法在辽东城面前已经全部失效了，只能用这个土办法。只要把鱼梁大道建好，同时再有了八轮楼车，辽东城就是砧板上的鱼肉，轻而易举就能攻克。

就这样，随着这两大工程的进行，辽东城内开始人心惶惶，攻破辽东城也是指日可待了。与此同时，宇文述和杨义臣率领的隋军已经渡过了鸭绿江，来护儿也已经在东莱集合完毕，随时扬帆出征。

可以说，隋炀帝第二次征辽，着实是认真去打了，虽然在辽东城下遇到不小的困难，但是隋军凭借压倒性优势，整个战争的走向依然是朝着有利于隋朝的方向发展的，只要继续坚持，就能取得最终的胜利。

此时此刻，胜利和隋炀帝仅有咫尺之遥，隋炀帝心里甚至已经在想，终于可以一雪前耻了，终于可以向世人展现"圣人可汗"战无不胜的神圣威严了，你们所有人都要向我顶礼膜拜。

然而，隋炀帝最终还是败了，这次他不是败在战场上，而是败在了大后方——负责督运粮草的礼部尚书杨玄感反叛了。

消息传来，隋炀帝惊愕万分，立即下令停止攻城，即日撤军。而且，撤军的过程十分匆忙，隋炀帝是连夜宣布撤军的，所有的军资器械、攻城之具全都丢弃在了辽东城下，甚至堆积如山，营垒、帐篷也全都原地不动。

当时辽东城的高句丽守军根本不敢相信眼前的场景，一度以为隋军是在使诈，故意佯装撤退，以此来诱骗他们倾城而出。高句丽人始终不敢迈出辽东城，过了两天才派出了几千人的小股兵马去刺探军情。出于谨慎起见，这队人马只敢跟在隋军身后八九十里的距离，一直跟到辽河，看到隋军真的渡过了辽河，这才相信隋军是真的撤退了。于是，这队兵马就对隋军突然发动了袭击。当时负责殿后的是右武卫大将军李景，李景率兵御敌，但还是折损了数千兵马。

杨玄感叛乱到底有多严重？隋炀帝又为何如此惊慌，竟然选择当日连夜撤退呢？

这里有几方面原因。

第一，杨玄感起兵的地方是黎阳（今河南浚县），距离东都洛阳很近，而他的目标也正是东都，国都陷落非同儿戏。

第二，杨玄感是运粮官，而黎阳又是大运河上南北交通的要冲，永济渠自此通往涿郡，他的反叛也就意味着在辽东征战的隋军将士失去了后勤补给，这仗没办法长期打下去。

第三，隋朝的达官子弟都在杨玄感的手上，群臣百官已是人心惶惶。

第四，杨玄感是已故的楚国公杨素之子，是关陇集团的第二代人物，隋炀帝虽然一直想摆脱关陇集团的束缚，但在当时关陇集团依然是隋朝统治的基础和中坚力量，杨玄感的反叛相当于是隋朝内部权贵集团发生了分裂，影响重大。

第五，当时掌管军机事务的斛斯政与杨玄感暗中勾结，担心被问罪，就连夜投奔了高句丽。而斛斯政掌握着隋军的大小军情和全部的军事部署，这对隋军征辽而言是一个巨大的打击，斛斯政逃到高句丽无疑会让东征难上加难。

因此，隋炀帝最终只能选择狼狈撤退，因为相比于高句丽而言，杨玄感才是眼前真正的大敌。

杨玄感起兵之后，有一个人迅速出现在了杨玄感的面前，这个人就是蒲山郡公李密。李密的名字，想必广大读者都听说过，他就是那位日后领导瓦岗军纵横中原的义军首领。

李密其实跟杨玄感一样，都是关陇集团成员，李密的祖父就是西魏八柱国之一的李弼，地位比隋炀帝的祖父杨忠还要高一截。

杨玄感和李密早就相识，而且交情还不错，此时杨玄感打算起兵造反，自然也就把李密一同拉下水了。

当时杨玄感虽然发动了反叛，但是能够征到的兵力也就1万多人，因为山东的男丁都被征派到辽东去了，民力已几近枯竭。而且，杨玄感当时并没有十分清晰的斗争目标，也没有明确的作战方略。杨玄感知道李密足智多谋，这个时候正是需要李密帮助的时候，于是就秘密派人去关中把李密请了过来，并对李密格外倚重。

杨玄感问策于李密，李密便向杨玄感提出了三条建议，史称"李密三策"。

上策是以主力直取蓟州，将辽东隋军堵在关外，候其粮尽崩溃。

中策是迅速袭占京师长安，号令天下，让隋炀帝退无所据。

下策是就近进攻洛阳，但有可能会屯兵于坚城之下，失去兵机。

从战略角度来看，李密确实有相当高超的军事谋略，上策和中策无疑是最佳选择。但是，这只是从战略的角度来看待问题，具体怎么选择还得结合当时的实际情况。

什么实际情况呢？杨玄感当时手中只有1万余人的兵力，而且是临时征调的，战斗力无法跟中央正规军同日而语，更无法长途奔袭。而在李密的三条计策中，无论涿郡还是长安，距离当时的黎阳都比较遥远，只有洛阳是最近的。

正所谓"兵贵神速"，隋炀帝得知后方军情，一定会立刻回援，杨玄感也没时间去长途奔袭。因此，当时摆在杨玄感面前的，只有最近的洛阳，也就是李密的下策。

如果能拿下洛阳，杨玄感就算是成功了一半，因为洛阳是"天下之中"，地形险要，既是关中的门户，也是南北大运河的枢纽，拿下洛阳就可以继续进行军事扩张。而如果连近在咫尺的洛阳都拿不下，兵力单薄的杨玄感根本没有别的路可走，注定是兵败无疑。

然而，当时驻守东都洛阳的守将是樊子盖，职务是东都留守。樊子盖出身江淮寒族，深受皇恩，他对隋炀帝忠心不二，所以他不仅拒绝了杨玄感的招降，而且加强了洛阳的防备，积极加强御敌工事。长安得到杨玄感反叛的消息后，刑部尚书卫文升也率军7万驰援东都。

杨玄感最初起兵之时，原本还想着能一呼百应，但实际情况却是，只有江南余杭的刘元进起兵响应。刘元进远在余杭，距离东都相去甚远，对杨玄感起不到任何支援作用。

这等于是说，杨玄感的起兵根本就没有群众基础，他相当于是孤军奋战，形势对他而言非常不利。

最终，杨玄感久攻洛阳不克，而隋朝援军已经从四面八方赶来，他只能放弃洛阳，选择西攻长安，最终兵败身死。

隋炀帝此次征辽，本来已经胜利在望，然而杨玄感却在关键时刻发起反叛，这也让隋炀帝此次征辽功亏一篑。先后两次征辽失败，而且第二次的失败还是因为杨玄感在背后捣乱，隋炀帝的心中充满了怒火。

杨玄感叛乱平定后，隋炀帝没有想着稳定后方，也没有想着平息民怨，而是开始了对参与叛乱涉事人员的大肆株连滥杀。杨玄感围攻东都的时候，曾经开仓放粮，如今隋炀帝秋后算账，把凡是从杨玄感手中领过粮食的人，全部逮捕活埋。这一杀就是3万人，流放的还有600人，其中有一大半是枉死。

当时的隋朝民怨四起，天下百姓十个里就有九个是盗贼，隋炀帝为了发泄怒火，如此大开杀戒，其实等于是在自掘坟墓，把自己往绝路上又狠狠地推了一把。当时的义军浪潮已经不再局限在最开始的山东了，起义的烽烟迅速蔓延至江南、岭南以及秦陇地区。而且，义军的规模也越来越大，山东长白山王薄、孟让的起义军已经发展至10万人，渤海格谦、孙宣雅的起义军亦有10万之众。

然而，被愤怒冲昏头脑的隋炀帝完全不自知，他一方面大肆滥杀，另一面又打起了第三次征讨高句丽的主意。

此时此刻的隋炀帝犹如赌徒，他根本不懂得见好就收的道理，他已经彻底输红了眼，他只想着最后再奋力一搏，不把最后的本钱全部赔尽，他就决不认输，也决不罢休。

转过年来，大业十年（614）二月，隋炀帝又一次召集文武百官，商议再次讨伐高句丽。此前两次东征，朝中都有积极给隋炀帝建言献策的人，也有严厉反对隋炀帝的人。然而，这一次，朝臣们一致地选择了沉默。《资治通鉴》记载了一句话："数日，无敢言者。"

经过前两次东征，以及杨玄感叛乱之后的株连滥杀，隋炀帝独断专行、暴戾恣睢的秉性已经显露无遗，群臣最终都选择了噤声不语，选择了唯唯诺诺，唯恐惹祸上身。

当然，沉默也是一种态度，就是反对隋炀帝征辽，大家只是没办法说出来，因为谁说出来都可能惹祸上身。

大业十年（614）二月二十日，隋炀帝下了一道颇为奇怪的诏书。内容呢，一是过去杨谅和高颎无能（指开皇十八年隋文帝命杨谅和高颎出征高句丽），致使高句丽遗患无穷；二是此前多次征辽的将士的尸骨无人掩埋，我们要去把阵亡将士的遗骸收葬，并设坛超度。

这份诏书的口吻和隋炀帝此前的诏书大为不同，要温和许多，并且体现出了他悲天悯人的一面。事实上，隋炀帝之所以突然用这样的口吻发布这道诏书，就是为了给接下来的第三次东征造势。

隋炀帝也知道自己这些年劳民伤财，两次征辽搞得民怨沸腾，但是他并不想放弃征辽，更不想丢失颜面，索性就用下诏书的方式来安抚和激励众人。

诏书的第一点内容再次体现了隋炀帝不愿承认个人错误，诿过于他人的性格特点，他把责任推给杨谅和高颎，其实也就等于是诿过于隋文帝；诏书内容的第二点则体现出隋炀帝猫哭耗子假慈悲的虚伪面目，也是为继续征辽所寻找的一个借口。

三天后，二月二十三日，隋炀帝正式下诏，宣布第三次发兵征讨高句丽。

为了给自己此次征辽寻找更为充足的理由，他在诏书里说，黄帝打了52场战役，成汤也打了27场战役，这才能"德施诸侯，令行天下"。言下之意就是说，成功从来都不是一场战斗能决定的，像黄帝、成汤这样的古代先贤不都是打了几十场战役才成功的吗？所以，一两次失败算不了什么，哪里跌倒就要从哪里站起来，继续战斗下去！

然后，隋炀帝又在诏书里列举了汉高祖和汉光武帝的例子，他们都多次亲征平叛，都是为了"除暴止戈，劳而后逸"。最后，隋炀帝又照例细数了高元的一系列罪状，并宣称自己是吊民伐罪，是"顺天诛于海外，救穷民于倒悬"。

隋炀帝把自己征讨高句丽的行为说得义正词严，其实就是蛊惑和煽动隋军将士为他个人的独夫行为去战场上送命。

那么，隋军将士们还愿意给隋炀帝卖命吗？

并没有，因为当时各地的义军势力已经呈现出燎原之势，各地不断有义军攻占郡县，杀死郡吏，称王建号。这是明摆着的事实，只有隋炀帝一人装聋作哑，闭目塞听，但这些根本欺骗不了随征的百官和将士。

因此，隋炀帝从率兵出征的第一天起，就不断有士卒逃亡，《资治通鉴》称当时是"士卒在道，亡者相继"。

隋炀帝觉得这样不是办法，等到了辽东，到了平壤，人岂不是都跑光了？那还怎么打仗呢？于是，他就想了一个威慑士卒的办法。

三月二十五日，隋炀帝带着军队来到了卢龙县的临榆宫（今河北抚宁）。在这里，隋炀帝举行了设坛祭祀黄帝的仪式，他亲自穿上了一身戎装，将抓到的逃亡士兵斩首于军前，再用人血涂抹在军鼓鼓面上，然后擂鼓号令三军，以此来警告逃亡者，宣示自己的威严。

隋炀帝这么做奏效了吗？并没有。《资治通鉴》称"亡者亦不止"，逃亡者仍是络绎不绝，根本无法禁止。

这是隋炀帝万万没有想到的。

在接下来的时间里,由于军队里逃亡者不断,以及内地叛乱四起导致后勤运输不畅,出征军人越来越少,行军速度也越来越慢,一直到七月中旬才开拔到辽河边的怀远镇(今辽宁怀远)。

这是三次征辽中行军最慢的一次,一路上竟然走了将近3个月,而且七月意味着雨季即将到来,最佳的作战时机即将错过。

可以说,这次征辽是三次中遭遇困难最大的一次,天时、地利都不利于隋朝一方,而且人心涣散,士气低落,更谈不上人和。这仗还能打吗?

事实上,走到这一步,隋炀帝此次征辽已经没有太大意义了。如此不计成本地劳师远征,即便取胜又能如何呢?除了能给自己挽回一点颜面,什么用处都没有。自己的国家都乱成一锅粥了,还能指望以后高句丽向自己臣服吗?

隋炀帝开始内心发虚,他开始担心自己又会一败涂地,他害怕面对接下来的失败。

然而,老天这次却跟隋炀帝开了一个巨大的玩笑。仗还没打,高元就主动请降了,并且把在杨玄感叛乱时投奔高句丽的斛斯政送交给了隋炀帝,以此作为请降的诚意。

隋炀帝正愁怎么打呢,高元的主动请降,无疑让隋炀帝有了台阶下。

隋炀帝三番五次征讨高句丽,其实就是因为高元不听从隋朝的命令,不愿意像别的国家那样向隋朝朝贡。所以,隋炀帝的根本目的,并不是消灭高句丽这个国家,而是要让高元听话,向自己臣服。

如今,高元都已经主动请降了,隋炀帝还犯得着继续打吗?只要高元给足自己颜面,这仗根本没必要去打。于是,隋炀帝立刻接受了高元的请降。

在隋炀帝眼中,这次征辽是他最顺利也最满意的一次,他并不是真的喜欢打仗,他心里最初的设想就是不战而屈人之兵。

隋炀帝第三次征讨高句丽,就此落下帷幕,隋朝可谓是不战而胜。

然而,隋炀帝真的胜利了吗?恐怕隋炀帝本人也在扪心自问,这样的胜利算是胜利吗?这样的胜利值得吗?

大业的崩塌

我们为什么惋惜隋炀帝？就是因为他身上有一般帝王所不具备的大才，但是因为性格中的一些缺陷，进而导致了他一系列的战略失误，最后把大好的山河全都葬送了。

事实上，如果隋炀帝在大业八年（612）之前意外去世的话，那么隋炀帝的历史评价绝对会是另外一番模样，他会是一个年轻有为、英年早逝的盛世明君，而绝非现在我们所看到的荒淫无道的暴君形象，隋朝的历史恐怕也会被彻底改写，绝非二世而亡的短命王朝。

我们对古人的评价常常用盖棺论定的说法，也就是说，要综合其一生的所作所为来评判其功过是非。但是，评价隋炀帝却很难，因为隋炀帝其人是一个充满矛盾的综合体，很难用功过是非来给他盖棺论定。

隋炀帝在历史上有两个谥号。我们最熟知的谥号是"炀"，这是唐朝给隋炀帝死后的评价。《谥法解》上说："好内远礼曰炀；去礼远重曰炀；逆天虐民曰炀。"可见，"炀"是一个不折不扣的恶谥，代表着昏暴荒淫。

但是，隋炀帝在历史上还有一个不太为人所知的谥号，这就是"明"。当隋炀帝被弑杀于江都，王世充就在东都洛阳拥立皇泰主杨侗（隋炀帝之皇长孙）为帝，"明"的谥号就是杨侗政权给的。《谥法解》上说："照临四方曰明，谮诉不行曰明。"这其实是一个有褒有贬的谥号。

在笔者看来,"明"其实更符合隋炀帝的历史定位,"照临四方"可以用来肯定他开疆拓土、万国来朝的功绩,"潛诉不行"也可以体现出他的刚愎独断、断绝言路的弊政。然而,历史最终给了杨广一个"炀"字,世人也只记住了他昏君、暴君的历史形象。

隋炀帝是一个想要做出一番经天纬地帝王功业的人,他的最高理想就是要建立万世之功业,成就千秋万代的盛世美名,因此他给自己定的年号是"大业"。

当时在议定年号的时候,有人提过反对意见,说大业的"业"字不吉利,因为"业"的繁体字拆开来就是一个"苦"字和一个"末"字,大业就成了"大苦末",这是非常不吉利的。

历史上因为年号不祥而被更换的例子不在少数,比如后来唐高宗时期就拟定了一个年号"通乾",但是"通乾"的反语(声母、韵母对换)是"天穷",大家都觉得不吉利,这个年号最终就作废了,也没正式使用过。可见,古人对年号的拟定是十分谨慎的。

但是,隋炀帝偏偏就不信这个邪,他坚决不换,固执地使用了"大业"这个年号。这说明什么?一方面说明隋炀帝有超强的自信,自信到可以忽略一切迷信;另一方面也说明了他对自己的理想有着坚定不移的信念,他就是发誓要做出一番前无古人后无来者的千秋伟业。

然而,历史最终跟隋炀帝开了一个巨大的玩笑,他确实成就了一番"大业",但是这份沉甸甸的"大业"最终压垮了大隋盛世下的子民,他的帝国最终轰然倒塌,他没有造福于当世,而是把这份丰厚无比的遗产留给了后世历代王朝,直到今天。

隋炀帝三征高句丽结束之后,隋炀帝的"大业"之梦就宣告破产了。这体现在三个方面。

第一,作为大隋王朝统治基础的关陇集团内部出现了严重的分裂。

隋文帝杨坚能够轻易地篡周建隋,是建立在关陇集团内部成员的拥护之上的,这是隋朝的根本所在。隋炀帝杨广即位之后,他建东都,开运河,兴科举,其实就是想摆脱关陇集团的束缚，但是这并不能改变关陇集团作为隋朝统治基础的历史事实。

最能体现关陇集团内部出现分裂的就是杨玄感叛乱。隋炀帝第二次征讨高句丽，本来是有很大胜算的，而且是胜利在望，但是因为后方杨玄感叛乱，胜利最终化为泡影。隋炀帝之所以放弃眼前的胜利，选择立刻撤军，前文已经分析过了，一个很重要的原因就在于杨玄感的身份是关陇贵族集团成员，这和那些山东农民起义军有着本质上的区别。

杨玄感叛乱，其实应该让隋炀帝有所警醒了，统治阶层内部的背叛和分裂，就代表着隋朝最为重要的统治基础出现了震动，然而他没有稳固集团内部，而是选择了"攘内必先安外"，选择了第三次东征高句丽。

当第三次东征结束之后，隋炀帝并没有反思，他又做了另外一件破坏统治阶层内部稳定的蠢事，这就是诛杀李敏、李浑家族。

从大业十年（614）开始，社会上就开始流行起一句谶语，叫作"当有李氏应为天子"，另有版本为"桃李子，洪水绕杨山"。简而言之，就是天下会出现一个姓李的真龙天子，而且可能跟水（洪水）有关。

本来，隋炀帝是不信邪的，从他坚定使用大业年号就可以看出这一点，但是到了大业十年（614）以后，由于征辽受挫，隋炀帝开始了自我怀疑，他便开始相信这样的谶语了。

于是，有方士就劝隋炀帝杀尽天下李氏。但是，李姓自古就是大姓，真要大开杀戒的话，哪里能杀得完啊？而且，山东义军正风起云涌，杀尽李氏根本不现实。最后，隋炀帝把目标锁定在了李敏、李浑家族。

前文说过，隋朝开国第一功臣是李穆，也正因如此，李穆家族在隋朝享受到的尊崇是最高的，而李敏和李浑就同出于李穆家族。李敏的祖父是李贤，李贤是李穆的哥哥，而李浑则是李穆的小儿子。这样看来，李敏和李浑还算得上是叔侄，家族显贵之至。

李敏的小字是洪儿，而李浑的名也和水有关，这就再次印证了谶语中的内容，李敏和李浑家族就成了隋炀帝的重点嫌疑对象。

再加上，李敏娶了隋炀帝姐姐杨丽华的女儿宇文娥英，李敏就算得上是隋炀帝的外甥女婿，可谓皇亲国戚。杨坚当年就是靠着皇亲国戚的身份篡位的，隋炀帝自然也对身边的外戚势力格外提防。

最终，李敏、李浑家族以谋反罪被诛杀，牵涉到的李氏宗族有32人。

要知道，李氏家族不仅属于关陇贵族集团，而且是隋朝的头号功臣贵戚家族，享有免死铁券，这样的家族都能被皇帝说杀就杀，那其他关陇贵族岂不人人自危？

这件事发生后，可谓朝野震荡，就连身在太原的李渊都终日惶恐不安，招权纳贿，沉溺声色，自始至终都在夹着尾巴做人，唯恐祸及自身。

杨玄感叛乱和李氏家族被屠戮两起事件，都进一步加速了关陇集团内部的分裂和反叛，这对隋炀帝的统治无疑是致命性的打击。

第二，从隋文帝时期建立起来的以隋朝为主导的东亚国际新秩序被彻底打破了。

隋炀帝第三次出征高句丽，表面上看是不战而胜，隋炀帝似乎也为自己挽回了颜面，然而，事情并没有那么简单。隋炀帝东征归来后，就立刻征召高元入朝觐见，然而高元根本就不予理会，拒绝入朝。

隋炀帝自觉上当，恼羞成怒，就把怒气全都撒在了高句丽使者和斛斯政身上。隋炀帝先用酷刑处死了叛逃高句丽的斛斯政，然后又把斛斯政的尸首分解烹煮做成肉汤，让群臣百官品尝，最后再把残余的骨头"焚而扬之"，这才算稍微得以解恨。

到了大业十二年（616）元旦，按照往年的惯例，都是要举行大朝会的，会有外邦诸国使节前来朝贡，然而，这一年的大朝会却格外冷清，因为此时已经没有外国君主或者使者前来朝贡了。这就意味着从隋文帝以来苦心经营的以隋朝为主导的东亚国际新秩序已经彻底崩溃，四夷宾服、万国来朝的景象已经一去不复返了。

造成这种局面的原因，一是隋炀帝三征高句丽的惨败，让外邦看到了隋朝外强中干的真面目；二是隋炀帝北巡突厥遭遇了屈辱的雁门之围，往日臣服于大隋的突厥和隋朝撕破了脸，彻底走向了决裂。

自从启民可汗去世，始毕可汗上位后，突厥和隋朝的关系就开始趋于紧张，这在隋炀帝三征高句丽的过程中就可以看到。突厥作为隋朝最重要的藩属国，同时也是最重要的盟友，竟然在隋炀帝三次征辽中未发一兵一卒援助，始毕可汗的态度完全可以料想得到。

隋炀帝知道始毕可汗怀有二心，于是就想用巡幸的方式来镇抚突厥，然而，他的如意算盘却打错了。大业三年（607）隋炀帝北巡突厥的时候，当时还是亲隋的启民可汗在位，隋朝也是鼎盛时期，突厥自然甘愿臣服，然而今时不同于往日，隋朝早已不是原来的那个隋朝了，突厥也不再是原来的突厥了。

大业十一年（615）八月，隋炀帝率领后宫女眷、百官群臣、僧尼道士等开始了北巡。突厥始毕可汗得到隋炀帝北巡的消息后，立马率领几十万突厥兵马向隋炀帝扑袭而来。隋炀帝虽然也提前得到了突厥可贺敦义成公主的密信，但是他还是来不及撤退和防御，只能退守雁门郡（今山西代县）。

隋炀帝退守雁门郡的第二天，突厥大军就奔袭而来，把雁门郡团团包围。隋炀帝虽然手中也有十几万人，但是这次北巡根本就没准备着去打仗，都是轻装简从，真正能够用于战斗的兵力并不多，因此隋军根本无法抵御突厥大军。很快，雁门郡下属的41座城被突厥攻克了39座，仅存的两个城池也是危在旦夕，形势十分严峻。

迫于形势，隋炀帝做出两点决策，一是激励士卒，不仅许诺了优厚的封赏，而且答应从此不再征讨高句丽；二是号召天下兵马前来勤王。

最终，当时隶属于屯卫将军云定兴、还只是16岁的李世民率兵驰援，再加上雁门守城官兵的誓死抵抗，隋炀帝才化险为夷，平安渡过了这次劫难。

隋炀帝本想靠北巡突厥来重建大隋雄风，结果却是赔了夫人又折兵，自己还差点丢了性命。隋炀帝在雁门被围困了整整37天，最为狼狈之时，他竟然抱着小儿子赵王杨杲痛哭流涕，哭到眼睛都浮肿了，往日的帝王威严荡然无存，可谓极尽屈辱。

隋炀帝不仅三征高句丽失败，而且被往日臣属于自己的突厥逼到了险些丧命的绝境，西域各国自然也就纷纷离去，就连被隋朝打得逃入深山的吐谷浑也趁此良机重新复国，并夺回了原属于自己的地盘。因此，大业十二年（616）的元旦大朝会才会如此凄凉，这也标志着以隋朝为主导的东亚国际新秩序彻底崩溃。

第三，隋末农民起义已成燎原之势。

农民起义是最为隋炀帝所忽视的，他打一开始就没把义军势力当成一回事儿，当起义军从山东发展到全国，从几千、几万发展到数十万的时候，隋炀帝的噩梦就真的到来了，隋朝也到了无力回天的地步。

大业六年（610）正月，洛阳城里有几十个穿着白衣白帽的人，焚香持花，自称弥勒佛，闯入了皇城建国门，守卫官兵信以为真，都连忙叩头礼拜，这几十个人趁机夺取了官兵手中的武器，企图打入皇宫。这起事件很快就被平定，但是却牵连诛杀了上千家，这也是隋末最早的一次起义事件。

这起"弥勒佛闯宫事件"虽然看上去像一场闹剧，但却预示着隋末农民大起义的烽火即将被点燃。

到了大业七年（611），河南、山东40余郡被黄河大水淹没，然而，隋炀帝却在全国范围内四处征兵，为接下来大举出征高句丽做战前准备，置黎民百姓于水火而不顾。百姓走投无路，只能"剥树皮以食之，渐及于叶，皮叶皆尽，乃煮土或捣稿为末而食之"，最后连树皮都没得吃，只能"人乃相食"。

也就在这一年的秋天，山东邹平人王薄自称"知世郎"，在长白山率先举起反隋的义旗。他还创作了一首《无向辽东浪死歌》，劝百姓不要去辽东送死，拿起武器和朝廷作斗争。这首歌在当时的山东地区流传很广，在王薄的影响之下，举起义旗的人也越来越多。

很快，平原（今山东平原）的刘霸道、高鸡泊（今河北故城）的孙祖安、清河（今河北清河）的高士达与窦建德、韦城（今河南滑县）的翟让、章丘（今河南章丘）的杜伏威也都纷纷起兵反隋，人数迅速达到了10多万。

这一年的十二月十三日，隋炀帝下敕令，命各地都尉、鹰扬与郡县"相知追捕，随获斩决"。

为了镇压起义军，隋炀帝规定"天下窃盗已上，罪无轻重，不待闻奏，皆斩"，谁敢反抗，就砍谁的脑袋。之后，隋炀帝觉得这样还不足以震慑起义军，又下诏"盗者籍没其家"，实行株连之法，谁敢举义，就杀他全家。

隋炀帝这样做有用吗？没有用，相反，隋炀帝越是肆意滥用刑罚，百姓就越是造反，正所谓"舍得一身剐，敢把皇帝拉下马"。史书记载，当时"百姓转相群聚，攻剽城邑，诛罚不能禁"，实行株连之法后，更是"群贼大起"，"百姓怨嗟，天下大溃"。

因此，这才有了后来祖君彦在《为李密檄洛州文》中所说的"父母不保其赤子，夫妻相弃于匡床，万户则城郭空虚，千里则烟火断灭"。意思是，当父母的保护不了他们的孩子，夫妻在舒适的床上分手，拥有万户的城市空空荡荡，千里之内没有烟火。

到了大业八年（612），隋炀帝第一次东征高句丽失败，损失惨重，这更进一步激化了国内的农民起义运动。这一年，光是见诸史书记载的新增的义军势力就多达21支之多，地域涉及山东、河南、江淮大片地区，甚至扩展到了关中、河西地区。

大业九年（613），随着隋炀帝第二次征辽失败以及杨玄感叛乱的爆发，农民起义的浪潮迎来了新的高潮。这一年，起义范围迅速波及江南、岭南以及秦陇这些偏远地区，当时除了西南地区外，几乎全国都被裹挟进了起义的浪潮中，起义的烽火燃遍了大江南北。

然而，面对国内风起云涌的起义浪潮，隋炀帝仍然执迷不悟，丝毫没有悔悟之意，他甚至还认为"天下人不欲多，多即相聚为盗耳"，不加大株连力度，就不足以警戒世人。

正所谓"民不畏死，奈何以死惧之"，隋炀帝的残暴镇压最终使得"举天下之人十分，九为盗贼"，天下十分之九的人都成了隋炀帝口中的"盗贼"。

就这样，隋王朝的统治陷入了"普天之下，莫匪仇雠，左右之人，皆为敌国"的绝境，隋炀帝几乎是在与全民作战，举目之下都是反叛势力。

在杨玄感叛乱的带动之下，隋朝的一些贵族子弟和地方豪强也陆陆续续加入了反叛的浪潮中。有李渊、罗艺这样的贵族高官子弟，也有薛举、刘武周、梁师都、李轨这样的地方豪强，还有萧铣、沈法兴这样的江南大族。

到了大业十三年（617）前后，隋末农民大起义大致发展成了三股主要力量：翟让、李密领导的瓦岗军；窦建德领导的河北义军；杜伏威、辅公祏领导的江淮义军。

也是在这一年，担任太原留守的李渊在太原起兵，并迅速攻取长安，隋王朝的历史进入了倒计时，历史也将迎来一个崭新的王朝——唐朝。

在这三股力量的相互作用之下，隋炀帝的大业之梦最终破碎，他真正成了"孤家寡人"，成了"独夫民贼"。

大业十二年（616），隋炀帝感到无力回天，预感到了王朝危在旦夕，他一次次从梦中惊醒，需要宫女安抚才能勉强入睡，甚至出现了幻觉，总觉得农民起义军攻陷了皇宫。

骄傲的反面是懦弱，隋炀帝曾经有多么骄傲，如今就有多么懦弱乃至绝望，他的自信已经被彻底摧毁。

惶惶不可终日的隋炀帝最终选择了逃避，他开始拒绝听到外界任何有关民变的消息，他在自我麻痹中渐渐消沉堕落。

隋炀帝有时也想探听一下外界的消息，但是群臣无不噤声，唯独宇文述敢向隋炀帝汇报，说天下的盗贼已经越来越少了，少到只有原来的十分之一。

宇文述这不是睁眼说瞎话吗？纳言苏威看不下去了，就说了一些有关民变的实情，并且劝谏隋炀帝不要再举兵征辽了，最后却被隋炀帝削职为民。苏威被逐之后，朝堂上就更是没有人敢提出异议了。

与此同时，隋炀帝开始加紧修建龙舟（之前的龙舟被杨玄感焚毁了），还在江南修建离宫，其目的不言自明，就是想再次下江都。当然，虽然说是下江都，但隋炀帝已经有迁都之意了。

隋炀帝来到了江南后，对萧皇后说："外面有太多人算计我，但是不用怕，大不了我做长城公，你来做沈后。"这里的"长城公"指的就是陈后主陈叔宝，而沈后就是陈叔宝的皇后沈婺华。隋炀帝这番话的意思就是偏安江南，这话既是用来安慰萧皇后的，也是用来自我安慰的。

隋炀帝在这个时候下江都，所有人都能想到隋炀帝的真实用意，此去江南很可能就不会再回来了，这不就等于要把大好江山拱手放弃吗？朝中高官要员虽然噤若寒蝉，但还是有一些位卑言轻的下层官员主动请谏。

比如，当时有一个名叫赵才的武将就向隋炀帝进谏说："今百姓疲劳，府藏空竭，盗贼蜂起，禁令不行，愿陛下还京师，安兆庶。"如今百姓疲惫劳苦，国库空虚，盗贼蜂拥而起，国家法令都已形同虚设。希望陛下返回京师，安抚天下百姓。

隋炀帝根本不听劝谏，他就是打定了主意要去江都，任何人都无法阻拦。后来又有建节尉任宗上书劝谏，隋炀帝直接将他在朝堂上乱棍打死。

就这样，隋炀帝不顾众人的反对，不管不顾地坐上了龙舟，踏上了南下江都之路，把两京托付给了自己的孩子和大臣。

当时，负责留守长安大兴城的是代王杨侑，负责留守东都洛阳的则是越王杨侗，这两个人都只有十几岁。当时北方一片乱局，隋朝已是大厦将倾，隋炀帝自己处理不了，也不敢去面对，却把烂摊子留给了两个十几岁的孩子，隋炀帝真是懦弱到了极点。

隋炀帝把他人生最后一年多的岁月留在了江都，他在这里整日醉生梦死，沉溺于声色，把这里当成了世外桃源，完全不顾外界发生了什么。

《资治通鉴》用一段文字描述了隋炀帝来到江都后的复杂心境，它记载道："帝见天下危乱，意亦扰扰不自安，退朝则幅巾短衣，策杖步游，遍历台馆，非夜不止，汲汲顾景，唯恐不足。"意思是，隋炀帝看到天下大乱，心情也忧虑不安，下朝后常头戴幅巾，身穿短衣，拄着拐杖在宫内散步，走遍了行宫的楼台馆舍，一直从白天走到晚上，不停地观赏四周景色，唯恐没有看够。

后世演义小说常常把隋炀帝描绘成荒淫无道、骄奢淫逸的昏君和暴君，这对隋炀帝来说是非常不公正的，因为在他大部分的人生中，他是一个积极有为、敢想敢做的君王，他最讨厌的就是那些终日沉溺深宫的南朝君主。

但是，隋炀帝最终还是活成了自己最讨厌的样子，他躲在深宫中顾影自怜，生怕自己的脑袋哪天被人砍了。此时此刻，隋炀帝早已放弃了自己年轻时的理想，他放弃了责任，放弃了担当，他此刻的所思所想都是及时行乐，后世那些演义小说中隋炀帝的形象也正是由此而来。

隋炀帝南下江都，带了很多从关中来的官员，以及十几万大多出身北方的骁果。他们看到隋炀帝整日沉浸深宫，根本就没有回到北方的打算。尤其是当时隋炀帝在丹阳（今江苏南京）修建丹阳宫，他想划江而治、割据江南的想法已是昭然若揭。

骁果内部开始人心惶惶，他们之所以应召参军，无非就是看中了朝廷的封赏和荣耀，但他们绝不想流落异乡。出于这样的担忧，骁果中的不少人开始趁机溜号，逃回家乡。

为了解决禁卫军逃跑问题，隋炀帝采纳了裴矩的建议，把江南待字闺中的少女都集中到江都宫，让将士们随意挑选，并许以婚姻，在江南成家立业，如此一来骁果不就可以把心留在江南了吗？但是，这个办法终究治标不治本，骁果叛逃事件依然是屡禁不止，叛逃的人数和规模也越来越大。

以司马德戡和裴虔通为首的禁军首领开始暗自谋划叛逃事宜，甚至是在大庭广众之下商议，毫无避讳之意。有宫女听说了他们的谈话内容，就禀报给了萧皇后，萧皇后没有阻拦，就让她直接向隋炀帝禀报，结果隋炀帝听完大怒，认为这不是一个宫女该管的事，便处死了这个宫女。

之后，又有宫女向萧皇后禀报禁卫军谋反，萧皇后无可奈何地说道："天下事一朝至此，无可救者，何用言之，徒令帝忧耳！"意思是，如今的天下局势已经无可挽回，多说无益，何必再给皇上徒增烦恼呢？

隋炀帝多年来的所作所为，萧皇后全都看在眼里，她也早已看清了局势，作为多年以来相濡以沫的妻子，她也深深理解隋炀帝此刻忧惧又无助的心态，她选择了帮助隋炀帝逃避现实、自欺欺人，这样或许会让隋炀帝内心好过一些。

司马德戡等人又共同推举了宇文化及作为领袖，一是因为司马德戡等人威望不足；二是因为当时宇文述已经病逝，宇文化及承袭了宇文述许国公的爵位，有足够的资历和威望。

那么，宇文化及对此是什么反应呢？按照《资治通鉴》中的记载："化及性驽怯，闻之，变色流汗，既而从之。"宇文化及吓得大惊失色，汗流不止，但是，最后还是接受了。

宇文化及为何会接受？一来宇文化及的确有这样的野心，推翻隋炀帝之后，自己作为首领，自然也就可以一步登天过把皇帝瘾；二来宇文化及是当时发动政变的最佳人选，如果宇文化及不听从，气势汹汹的骁果也不会给宇文化及一条活路。

大业十四年（618）三月十日深夜，兵变正式开始了。

看守城门的唐奉义早已成为叛军中的一员，他早早就虚掩好了城门，司马德戡欺骗骁果将士们说皇帝将设宴用毒酒毒死众人，数万骁果将士群情激愤，迅速攻入了玄武门，将宫城团团包围。

隋炀帝觉察到外面有异响，就询问出了什么事，值班的裴虔通就搪塞说："草场失火了，大家正救火呢。"

第二天清晨，一个叫令狐行达的校尉提刀闯入宫禁，隋炀帝无处可去，就这样狼狈被擒。

隋炀帝被带到了朝堂之上，面对着满腔义愤的骁果将士，隋炀帝泰然自若，说道："我何罪至此？"

骁果军将领马文举开始罗列隋炀帝的罪状，隋炀帝听罢叹息一声，说道："我实负百姓；至于尔辈，荣禄兼极，何乃如是！"我确实对不起老百姓，可你们这些人，荣华富贵都到了头，为什么还这样？

司马德戡等人无言以对，只说："整个天下的人都怨恨你，何止一人！"

隋炀帝知道自己在劫难逃，就说："天子自有天子的死法，取鸩酒！"

众人没有答应，隋炀帝便解下练巾交给令狐行达，令狐行达随即用练巾将隋炀帝绞杀。

隋炀帝在最后时刻为自己保住了身为帝王仅有的一丝尊严，终年50岁。

一同被杀的还有隋炀帝的爱子、年仅12岁的赵王杨杲，他当时就死在隋炀帝的身旁，鲜血溅在了隋炀帝的龙袍之上。

之后，隋朝的宗亲、外戚也全部罹难，唯独和宇文家族交好的秦王杨浩（杨俊之子）幸免。

江都兵变之后，杨浩被拥立为帝，宇文化及自任大丞相，总理百官。不久之后，宇文化及还是诛杀了杨浩，定国号为许。

我们再回过头来看，这场兵变可以说是相当顺利，整个酝酿过程甚至都谈不上是密谋，而是赤裸裸的阳谋，几乎是公开化的，但隋炀帝却是一无所知。可以说，在隋炀帝人生的最后时刻，他是极度绝望的，绝望到对自己的生命都选择了放弃，他心里不是没有想到会有兵变，但他选择了坐以待毙。

隋炀帝的死讯传到长安，唐王李渊恸哭，说道："我北面称臣侍奉君王，君主失道不能挽救，岂敢忘记哀痛悲伤呢？"

然而，李渊的眼泪终究是廉价的，不久之后，他就废掉了自己拥立的隋恭帝杨侑，改国号为唐，改义宁二年为武德元年，并给隋炀帝拟定了谥号"炀"。

隋炀帝从38岁即位，到50岁客死江都，在他13年的帝王生涯中，他经历了盛世的巅峰时刻，也经历了大厦将倾时的至暗时刻。

他这一生大起大落，有荣耀，有屈辱，有骄傲，有卑微，他既做出了功盖千古的帝王伟业，但他也是万民切齿的独夫民贼。

我们很难给隋炀帝盖棺论定，因为他的人生实在过于复杂，无论是"炀"还是"明"，都很难概括他这功高罪重的一生。

《警世通言》里说："不可以一时之誉，断其为君子；不可以一时之谤，断其为小人。"诚如此言，我们应该辩证地去看待隋炀帝的一生。我们不能只记住他荒淫无道的一面，因为那只是他人生中很小的一部分；我们也不能一味地拔高隋炀帝的历史贡献，因为他每一项壮举的背后都堆积着累累白骨。